UM HOMEM DE PALAVRA

Nazir Hamad

UM HOMEM DE PALAVRA

Tradução
Procopio Abreu

Editor
José Nazar

Companhia de Freud
editora

Título Original
Un homme de parole

Direitos de edição em língua portuguesa adquiridos pela
Editora Campo Matêmico
Proibida a reprodução total ou parcial

Capa
Hieronymus Bosch, 1450-1516, Duas Cabeças de Figuras, possivelmente representando sumo-sacerdotes. Roterdão, Museum Boymans-van Beuningen

Editoração Eletrônica
Victoria Rabello

Tradução
Procopio Abreu

Revisão
Sandra Regina Felgueiras

Editor Responsável
José Nazar

Rio de Janeiro, 2004

FICHA CATALOGRÁFICA

H185h

Hamad, Nazir, 1947-
Um homem de palavra / Nazir Hamad; tradução: Procopio Abreu; revisão: Sandra Regina Felgueiras. – Rio de Janeiro: Companhia de Freud, 2004.
224 p.; 23cm.

ISBN 85-85717-89-0

1. Hamad, Nazir, 1943- I. Título.

CDD-848

Companhia de Freud
editora

Endereço para Correspondência
Rua Barão de Sertório, 57 – 6º andar
Rio Comprido – Rio de Janeiro
Cep 20.261-050
e-mail: ciadefreud@ism.com.br

I

Minha mãe sempre me dizia que eu tinha nascido no ano em que nossa vaca Abla pariu dois bezerros. Minha mãe possuía uma memória infalível. Lembrava-se de tudo nos mínimos detalhes:

– "Naquele ano" – afirmava ela –, "os aldeães saíram de casa duas vezes para vir nos visitar. Na primeira, para admirar o meu menino; na segunda, para ter certeza de que Abla de fato havia gerado dois maravilhosos machos".

Respondi à minha mãe:

– Se eu confiar na data de nascimento que está na minha carteira de identidade, foi no mês de julho que eu nasci. Logo, bem depois dos bichinhos, que costumam nascer na primavera.

Minha observação a desconcertou. Ela franziu as sobrancelhas num esforço de memória e disse:

– Na primeira vez... tenho certeza. Foi na época do seu nascimento. Lembro-me como se fosse ontem. Não fazia um tempo de verão. Tínhamos fogo na lareira.

– Quanta bobagem! – interrompeu meu pai. – Sempre havia fogo na lareira, nem que fosse para cozinhar e esquentar água.

Minha mãe não apreciou a reação dele. Para ser justo, ela nunca apreciava as reações dele.

Meu pai só se mostrava bom marido se não aparecesse, se ficasse num canto da casa ou do pátio, voltado para si mesmo.

Sempre me perguntei se, durante a vida inteira que passaram juntos, minha mãe tinha, uma única vez, sentido afeição por seu marido. E sempre me perguntei por que concurso de circunstâncias tínhamos vindo ao mundo, eu e meus sete irmãos e irmãs.

Meu pai falava pouco, muito pouco. Talvez porque tudo o que dizia irritasse sua cara esposa. Mas talvez também não tivesse muita coisa a dizer. Depois de cada troca de palavras hostis, ele se refugiava em seu Corão. Retirava-se para seu canto favorito do pátio e salmodiava em voz alta os textos do livro sagrado, balançando o tronco como se estivesse em transe. Vi essa cena cem vezes, mil vezes.

Se me lembro bem, só uma vez o vi se irritar. Ele me disse, depois de ter sofrido uma agressão de minha mãe:

– Já teria me divorciado, se não tivesse medo do que as pessoas vão dizer.

Nesse dia, meu pai, numa raiva como eu nunca vira, ultrapassara os limites: ousar pensar em divórcio! Ainda bem para ele que minha mãe nunca ficou sabendo.

Ela o detestava. E o proclamava, desconhecendo nele seu valor de pai aos olhos dos filhos.

Queria que partilhássemos o seu ódio. "Um inútil", como gostava de repetir o dia inteiro.

"Nunca conseguiu nada em sua vida imbecil".

– Consegui sim – sussurrou-me ele –, consegui meus filhos.

– Ainda bem – apressava-se ela em retomar – que estou aqui! O que você fez por eles? – ela o acusava. – Diga-me, diga às crianças. Você tinha um belo pedaço de terra e o perdeu bestamente. Eu também tinha um belo pedaço, e você o perdeu do mesmo jeito. Você, um camponês? A única coisa que você herdou do campesinato foi esse pedaço de terra que você sequer soube manter.

Mesmo assim, em nenhum momento minha mãe pensou em se separar dele. Mesmo durante as crises de mau humor, ela nunca expressou tal desejo:

– Estou aqui por meus filhos – justificava-se com freqüência. – Só por eles, senão uma mulher não teria razão de ser. Desde que nasceu, ela está destinada a fazer filhos. Ela os cria por sei lá que milagre e depois vive para eles e por eles, é só.

Quanto a meu pai, não sei por que razão ele vivia. Há muito tempo não ocupava mais seu lugar de pai, exceto que, como bom religioso, rezava a Alá para vir nos ajudar.

Ele não podia dizer que estava ali pelos filhos. Ele se encontrava ali porque devia viver enquanto o corpo funcionasse, enquanto Alá não o chamasse para seu lado. Nesse meio tempo, fazia cada vez mais seu dever de homem religioso e cada vez menos seu dever de homem e de pai de família.

Para ele, cada dia era o último. De noite, ao entregar o corpo ao leito, não adormecia com a certeza de encontrá-lo de manhã. Tinha uma espécie de perpétuo encontro marcado com a Morte. Arrumava-se todo, como antigamente para ir encontrar minha mãe na pequena aldeia ao lado. Ia vê-la, órfã como ele, como ele miserável e sem afeição, com o assentimento das famílias que não tinham outra escolha a lhes propor e porque se pareciam muito.

Mas duas infelicidades não formam uma felicidade.

Para meu pai, a morte não representava um objetivo. Ele via nela antes uma saída, uma passagem para um além onde é bom ficar:

– Lá se vive para viver, só para o prazer de viver. Aqui embaixo, tudo nos incomoda, pois Alá nos formou de contrários: o bem comporta o mal; a felicidade engloba a infelicidade. Mas lá em cima o contrário não é mais necessário ao equilíbrio e à harmonia do mundo.

E após um bom momento de reflexão acrescentou:

– Fiz sinceramente o que pude, mas não tinha sorte. É a vontade de Alá. Tenho confiança nele e espero que seja misericordioso comigo.

– Fez o que pôde! – exclamava minha mãe, irônica. – Esta é a maior! Ele vendeu bestamente aquela terra magnífica e chama isso seu dever de chefe de família! Meu Deus... Eu teria feito melhor se tivesse me casado com aquele homem da minha aldeia. Ele, pelo menos, fez fortuna, graças apenas ao trabalho das mãos.

– Um homem sem escrúpulos – sustentava meu pai com ar ferido.

Quando minha mãe ficava sem argumentos e sem agressividade para "levar" a discussão, ela caía, como por encanto, doente. Tinha, aliás, sua pequena farmácia, onde classificava os remédios por cores. Comprimidos brancos para dor de cabeça; vermelhos para as crises de fígado; os azuis contra o excesso de bile; os amarelos para acalmar a ciática; os supositórios contra a dor generalizada. O que não a impedia de recorrer ao médico ou de ir ao hospital.

Será que gostava de que sentíssemos pena dela? Em todo caso, ninguém tinha o direito de fraquejar ou de se queixar na sua frente, sobretudo meu pai. Além disso, ficar doente, se não fosse ela, era de fato uma falta de consideração com ela, era não ter respeito pela doença dela, uma espécie de maldade gratuita que lhe faziam.

Lembro-me de que meu pai foi hospitalizado após uma crise aguda provocada por uma úlcera no estômago mal cuidada. O médico sugeriu uma intervenção cirúrgica. Ele foi operado, mas, dois dias mais tarde, o mesmo cirurgião teve de operar minha mãe de apendicite.

Essas reações "expostas" não lhe eram particulares. Todas as mulheres de minha aldeia eram costumeiras nisso. Assim, quando uma vizinha vinha visitar minha mãe – que de repente esquecia seus males –, elas primeiro falavam disso ou daquilo, à guisa de introdução, para chegar ao essencial:

– Andei doente nesses últimos tempos – anunciava a vizinha.

– É mesmo? Você também? – replicava minha mãe.

– Estive mal mesmo.

– Eu também! Tive umas dores de cabeça!

– Comigo, é a ciática.

– Era atroz!

– Nem me fale. Não acredito que você tenha sofrido tanto quanto eu – defendia-se a vizinha.

– Foi o inferno – rugia minha mãe.

– Ah! não fale, pensei que fosse morrer.

– O médico me disse que nunca vira aquilo.

– O meu me disse: "existem casos que ultrapassam a ciência e o seu é um deles".

– Na última vez – replicava minha mãe –, quando tive aquele mal misterioso, pensei que era o pior dos sofrimentos; mas, creia-me, não era nada comparado com essa vez agora.

– Comigo – explicava a vizinha –, é a vesícula biliar que me mata mais. Começa embaixo da barriga feito uma fisgada aguda e depois vai subindo lentamente, lentamente em direção ao estômago, para chegar enfim à garganta. Tento respirar, mas é inútil. Então, sinto vontade de rasgar a roupa, vontade de bater com a cabeça na parede, vontade de me estrangular e depois, cheia de suor, caio dura, inconsciente, para despertar um pouco mais tarde, com a boca seca, morrendo de sede.

– Aliás, como vão os filhos?

Essas conversas duravam horas. Elas contavam uma para a outra as mesmas histórias a cada visita, mas acrescentando a cada vez, para dar mais encanto, uma dose suplementar de infelicidade e desespero.

Se a miséria dessas mulheres existia na realidade, o mal que as atingia vinha do diabo. Ele surgia de lugar nenhum, atormentava-as terrivelmente e desaparecia misteriosamente sem deixar rastro algum, indício algum.

Assim se passavam as coisas em cada casa, em todas as casas; sem exceção, a tal ponto que os habitantes pareciam estar há séculos marcados por elas. A própria atitude deles se ressentia disso: quanto mais uns eram necessitados, mais os outros os olhavam com indiferença; quanto mais uns precisavam de amor, mais os outros se mostravam avaros de sentimentos e de gestos amigáveis para com eles. Assim iam as coisas, até a loucura, às vezes...

Meu pai, muito sentimental, só se exprimia de verdade pelas lágrimas. De alegria ou de tristeza, suas lágrimas corriam, torrenciais. E, quando lhe acontecia revelar assim seu sentimento, era sempre em relação a um homem ou a uma criança – nunca a uma mulher. Menos ainda a dele: não se conversa com a esposa, e os gestos ternos ou simplesmente amigáveis não são comuns a seu respeito.

Nas relações do casal, tudo se passa em silêncio e numa aparente indiferença que esvazia a vida conjugal de calor humano e felicidade.

Assim, minha mãe ficava doente e meu pai não entendia nada. Não podia entender. Como os outros homens, muito ligados, o tempo todo juntos, por demais prisioneiros de sua virilidade sagrada para condescenderem num entendimento com as mulheres, ele buscava o prazer detestando aquelas que o davam.

Pois nelas era o próprio diabo que tentava os homens e os rebaixava. Sem elas, eles poderiam ter sido perfeitos. Mas Alá havia criado a mulher e a necessidade da mulher para lembrar ao homem a sua imperfeição. Ele então se vingava dela como podia. Referia-se ao livro sagrado, às palavras atribuídas ao Profeta e a seus companheiros. Dali tirava o argumento irrefutável para condenar definitivamente a mulher e para saciar a sua paixão.

As mulheres, por sua vez, não possuíam tais referências para pagar na mesma moeda ao homem. Mas tinham o corpo para contar a infelicidade e o nojo, e para impedir o homem de saciar as suas vontades.

Minha mãe ficou um ano no hospital depois que eu nasci. Afirmava estar desolada com "seu menorzinho".

– Um ano? – espantou-se meu pai. – Acho que você está exagerando.

– Como você pode saber? – disse ela, amarga. – Quantas vezes você veio me ver no hospital? Uma vez, duas talvez. Porque o menino estava doente.

Sem dar tempo a meu pai de reagir, digo:

– Então você não podia estar em casa quando a vaca deu cria depois que eu nasci. Logo, devo ter nascido depois dos bezerros.

Meu pai jubilou. Não esperava tanto. E não pôde esconder a alegria ao ver o embaraço de sua mulher. A seu ver, eu era o único capaz de deixá-la em dificuldade com minhas respostas sempre pertinentes. Aliás, ele dizia isso ao primeiro que aparecia: "Só o último tem peso contra ela".

Na realidade, eu não era o último. Meus pais tiveram duas filhas depois de mim. Mas meu pai me chamava "o último", ele queria dizer o último dos meninos. Minha mãe fazia igual quando me chamava de "meu pequeno" ou "o menorzinho". As duas últimas só eram pequenas pela idade, ao passo que eu o era porque esse lugar estava reservado para mim no íntimo de meus pais. Se minhas irmãs estavam ali, era porque tinham querido nascer e porque depois se obstinavam em querer viver.

Quando explicavam a minha mãe que eu não era o mais novo, ela se indignava. Provavelmente com a falta de tato das pessoas. O mais novo eu não era, ela sabia disso muito bem, mas, mais além, havia sempre o menino pequeno, que nunca crescera em sua imaginação.

Os grandes me deviam proteção, e os pequenos, respeito. Passavam por mim para chegar a ela, não como intermediário, mas antes como catalisador da troca entre ela e os outros.

Minha autoridade sobre ela me vinha desse lugar que nem meu pai nem outra pessoa tinha junto a ela. A cada prova de força entre os dois, ele se retirava, confiando-me, inconscientemente, a tarefa.

Ele, se não tinha muita certeza de minha data de nascimento, por outro lado era categórico quanto à ordem de nossa chegada ao mundo. "Os bezerros primeiro". Mas, como ambos estavam seguros, havia forçosamente uma certeza menos firme que a outra: a de minha mãe apoiava-se em argumentos que, às vezes, é verdade, não eram claros, mas tinham o mérito de ser sempre convincentes.

– Mas é claro, é claro! Como posso ser boba – interrompeu ela, sarcástica. – Ele está seguro de si, esse homem. Aliás, ele sempre está seguro de si. Que alegria tê-lo como marido! Se há algo seguro nas suas palavras, é porque você se engana. Você não estava em casa quando eu dei à luz.

Depois, dirigindo-se a mim, acrescentou:

– É assim que ele se lembra do dia em que você nasceu.

– É porque eu estava tomando conta de Abla e dos filhotes – respondeu ele, com uma ponta de culpa. – Ela alimentava a família inteira. O seu nascimento significava uma boca a mais para alimentar! – acrescentou, amargo, como se quisesse justificar por que faltara a seus deveres de esposo e pai de família.

– Sim, meu pequeno – interveio minha mãe, irônica. – Abla era caprichosa, ciumenta e sei lá mais o quê. Ela nunca aceitou que o seu pai se afastasse dela, nem por uma razão familiar séria.

Pai enrubescia à medida que se desdobrava o ataque de sua mulher. Admitiu de bom grado que dedicava a maior parte de seu tempo a vigiar e a cuidar de seu animal, mas sentia um mal-estar enorme ao ter de explicar o porquê dessa atenção exagerada pela vaca.

– Porque ele nunca teve dinheiro o bastante para pagar uma segunda mulher. É esta a explicação – comentou ela. Depois, estcurando de rir, perguntou-me se eu ainda me lembrava de Abla.

II

Fiquei sabendo que Abla era uma vaca branca com pintas pretas, dotada de um belo par de chifres, mas quase sem tetas. Era magra, muito magra, quando pai a comprou. Ao voltar do mercado, em sua companhia, viu os aldeães se aglomerarem embasbacados em volta dos dois.

– Ela tem uma pele branca velha remendada de preto – brincaram alguns.

– Não – completaram outros. – Ele comprou um esqueleto e ganhou a pele de quebra.

Embora os comentários sobre o estado da vaca variassem, todos estavam de acordo em dizer "que só um sujeito como ele compraria aquela carcaça ambulante".

Minha mãe caiu dura aos pés de nosso vizinho Abou* Elias. Este se debruçou sobre ela e lhe cochichou ao ouvido.

– Vamos! Afinal não é hora!

Ela foi carregada para dentro de casa, seguida de um cortejo de mulheres.

---

* A utilização de *Abou* [pai] e *Oum* [mãe] antes do prenome do filho mais velho é uma marca social de reconhecimento. Significa que essa pessoa é casada e que tem um filho. O primogênito. Como é dado o prenome do pai ao primeiro nascido quando, é claro, é do sexo masculino, perpetua-se a tradição e a linhagem. O segundo trará o prenome de seu avô materno. Assim, o indivíduo é pai e filho ao mesmo tempo: pai de seu filho e filho de seu pai cujo prenome o filho agora traz. (NT)

Pai conseguiu se soltar do cerco que os aldeães curiosos tinham feito à sua volta. Dirigiu-se para o estábulo com um ar indolente, amarrou sua preciosa vaca na frente do cocho e foi saber do estado de sua esposa.

Nossa vizinha Oum Elias o impediu de penetrar no quarto conjugal, que era o de toda a família pela boa razão de que a casa não tinha outros.

– Mas por quê? – perguntou ele, intrigado.

– Ela está com muita raiva.

– Não vejo por quê.

– Pois – disse, tentando conter o riso – acho que ela não está contente com a compra que você acaba de fazer.

– A vaca? – disse ele, cada vez mais indignado.

– É, a vaca.

– Mas meu Deus, o que é que ela tem, essa vaca? Um pouco magra? É verdade, mas basta alimentá-la bem durante algum tempo e tenho certeza de que vai ficar mais bonita que Abla* (daí seu nome).

– Você ao menos a viu antes de comprá-la?

– Mas é claro – disse ele, com ar de entendido.

– E a comprou mesmo assim?

– Por que este "mesmo assim", por favor?

– Porque, imbecil – explodiu ela enfim, diante da atitude quase arrogante de seu interlocutor –, se você está querendo alimentá-la, é preciso primeiro que ela ainda tenha um estômago!

– Deus do Céu – explodiu ele por sua vez –, estão todos contra mim! Estão todos zombando de mim. Não paguei caro por ela, lhe asseguro. Fiz um negócio prestando ao mesmo tempo um favor.

Oum Elias estourou de rir mais uma vez, mas meu pai, no auge do desespero, determinado a pôr termo àquela situação constrangedora, retorquiu:

– Comprei-a de uma pobre família. Um pai miserável acompanhado de um punhado de crianças infelizes. Eis a verdade. De todas as pessoas presentes, foi a mim que ele se dirigiu. Suplicou-me que lhe comprasse o

---

* A mulher de Antar, herói mítico e poeta árabe do período pré-islâmico, era célebre por sua beleza.

animal, que lhe fizesse esse favor, que salvasse seus filhos. O homem tinha um ar sincero. Afirmou-me que não tinha mais nada no mundo, nem mesmo um feixe de palha para alimentá-la. Estava procurando alguém para salvá-la e salvar ao mesmo tempo a sua família. Mas as pessoas, como de costume, desconfiavam dele. A desconfiança no outro sempre é grande. Ora, é nessa desconfiança maléfica que a miséria se instala confortavelmente. Pensei: sempre tem de haver alguém que considere o outro e que acredite nele, senão o mundo ficaria infernal. Então, comprei a vaca, para grande espanto das pessoas. Mas o homem, antes de me deixar, apertou-me longamente a mão e disse-me com uma voz cheia de gratidão "Que Deus o recompense, irmão". E eu, no calor e na sinceridade de suas palavras, senti a presença de Deus.

A vizinha escutou até o fim, de boca aberta. Meu pai, em sua simplicidade de homem religioso, a havia convencido. Ela o encarou por um bom momento e disse:

– Mas você não é muito mais rico que o vendedor!

– Pode ser! Pode ser! – contentou-se em repetir antes de acrescentar: – "Mas ainda posso dar de comer a esse animal".

Abla foi o acontecimento na aldeia. Falava-se muito dela e talvez, por um momento, só se falasse dela. Era um prazer citar e recitar a história daquele "monte de ossos que o infeliz Abdul se esforçava em reconstituir para dele fazer surgir o animal que foi outrora". Os adultos zombavam dele, seguros, eles, de sua sabedoria e de seu bom senso. As crianças riram com um riso são, mostrando a capacidade da aldeia de ainda fazê-las rir. E as mulheres por solidariedade se apiedavam daquela mãe corajosa, a minha, que não tinha sorte.

Mas, em nossa aldeia, a piedade estava à altura do prazer, um prazer perverso que arrastava os aldeães em seus turbilhões sádicos e fazia de cada um o carrasco do outro.

A cada acontecimento, os aldeães se descobriam e descobriam também o prazer de se comunicar e de saber. Um saber cujo objeto era o outro, aquele por quem o escândalo chegava e que era olhado como se nunca o tivessem visto ou conhecido. Tudo era escândalo nessa aldeia. Todo ato, até o mais pessoal, o mais íntimo, era vivido como vergonhoso enquanto não fosse justificado pela aprovação coletiva. Assim, os homens tornavam-se transparentes através de seus muros de miséria, e suas almas e seus segredos desenhavam-se legíveis através dessa transparência.

Se, em seus ditos caluniadores, os aldeães nomeavam o animal, era para melhor designar meu pai. Nos fluxos de qualificativos que uns e outros atribuíam a Abla, eles traçavam através dela um retrato detalhado de sua pessoa.

Mas ele, imperturbável, ou fingindo estar, continuava a cercar a vaca de seus cuidados e a crer profundamente em seu gesto.

Um dia, viu suas penas recompensadas; ela lhe deu o mais belo par de bezerros da aldeia.

À zombaria das pessoas sucedeu um espanto geral misturado de respeito pelo homem simples e piedoso que era meu pai, pelo animal de fundo nobre que era Abla e pela fé em Alá que fez acontecer esse milagre extraordinário.

No dia seguinte, Abdul passeou orgulhoso pela aldeia. Para ele, havia nesse acontecimento uma metáfora: as vacas magras libertaram as vacas gordas, e a vontade de Alá triunfou.

Os comentários ainda foram numerosos, mas foi o de Oum Elias que se impôs. Para ela, "o vendedor não podia ser um homem". Ela estava certa de que se tratava de um santo que elegera o homem que mais merecia. "Se a sua escolha recaiu sobre Abdul, é que um santo vê além da simples aparência, que costuma enganar os mortais".

Meu pai acreditou profundamente na história desse santo vendedor de vacas magras. Aliás, por que não teria acreditado, já que disso tinha a prova tangível que eram aqueles dois magníficos animais. Só tinha então que esperar e interpretar bem os sinais, todos os sinais, naturais ou sobrenaturais, para comparecer ao encontro com a chance de sua vida.

Todos os aldeães esperavam com ele. Até aqueles que, num primeiro momento, ostentavam sua indiferença. Alguns tinham exagerado na fantasia a ponto de levar alguma coisa de nossa casa a fim de partilhar a baraca que ia nos cair do céu. Uma pedra, um torrão, um vidro quebrado, ou uma panela furada; qualquer objeto, até o mais insignificante, representava aos olhos dos crédulos um elemento da mensagem que Alá ia revelar a meu pai.

Oum Elias vinha todos os dias nos contar uma nova história sobre algo de anormal que tinha notado em sua casa, ou na frente da nossa porta de entrada, ou na praça principal da aldeia, e assim por diante. Desse modo, ficamos sabendo que, certo dia, um pardal quase pousou sobre o focinho de seu gato que, de hábito famoso caçador, não se mexeu. Noutro dia, ela jurou por todos os deuses, para nos convencer de sua boa fé, antes de nos afirmar que vira nosso cachorro brincar amigavelmente com seu gato. Minha mãe, apesar de seu ceticismo, às vezes tinha dúvidas. "E se um dia descobrisse que era excessiva em sua tendência geral para julgar mal o marido?". Recomendou-se prudência e reconciliou-se momentaneamente com ele.

Mais tarde vou conhecer o conto "O ganso de ouro", dos irmãos Grimm, no qual uma mãe pede a seus três filhos para pegarem lenha na floresta. Tarefa verdadeiramente penosa, pois nos dias de hoje não se consegue avaliar bem os perigos que ela comportava. As florestas eram cheias de animais selvagens, de seres estranhos e de espíritos duvidosos, e foi justamente um encontro dessa natureza que deviam ter os irmãos.

Ao primeiro, a mãe dera um bolo delicioso e uma garrafa de vinho fino. Bem na entrada da floresta, este cruzou com um velho de barba e cabelos grisalhos que a ele se dirigiu com estas palavras: "O senhor não poderia partilhar sua refeição comigo, um velho faminto e sedento?". Mas o primeiro filho respondeu de um jeito esperto – "Se eu lhe desse meu bolo e meu vinho, seria eu quem teria fome e sede" – e seguiu seu caminho, deixando o miserável ancião em seu estado lamentável. Mas o lenhador desajeitado cortou o braço no primeiro golpe de machado e teve de voltar de mãos vazias.

O segundo irmão não fez melhor. Vendo a infelicidade da mãe e a má sorte que seus irmãos conheceram, o terceiro, de nome Simplório, suplicou à mãe que lhe confiasse a pesada tarefa. Esta, para fazer cessar as súplicas de seu último imbecil, indicou-lhe o caminho da floresta, depois de lhe dar um bolo de água, cozido nas cinzas, e uma garrafa de cerveja amarga.

O velho de novo apareceu no encontro, no mesmo estado de inanição. Como bom Simplório, o terceiro irmão não se fez rogar quando o homem lhe dirigiu o mesmo pedido. Respondeu-lhe simplesmente:

– Se você não vê inconveniente em comer bolo de água e beber cerveja amarga, convido-o com prazer a partilhar a minha refeição.

Mas, para sua surpresa, Simplório descobriu que sua refeição não era magra, como esperava o filho não desejado, mas rica e deliciosa, fruto do desejo desse homem.

No fim do almoço, o velho lhe indicou uma árvore para cortar e recomendou-lhe prestar bem atenção, pois havia algo escondido nas raízes. Essa coisa mostrou ser um ganso de ouro, mas sobretudo o início dourado de uma epopéia que só vai terminar com o casamento de Simplório com a filha do rei.

Meu pai tinha em seu repertório religioso uma multidão de contos com a mesma inspiração. Ele gostava de lembrar a vida do profeta: o próprio Maomé foi um homem muito simples. Órfão, pobre, mal amado, viuse forçado a praticar vários pequenos ofícios, antes que Alá o chamasse a seu serviço para dele fazer seu Mensageiro.

Se todos os simplórios do mundo tivessem a idéia de passear com um miserável bolo de água e uma garrafa de cerveja amarga, aumentariam consideravelmente a probabilidade de encontrar a baraca. Mas se não o fazem é porque, embora sejam uma condição necessária, esses apetrechos não bastam. O melhor do Simplório é a sua inocência.

Meu pai não era mais inocente a partir do momento em que se tornara interessado. Dedicou seu tempo a Abla não mais em razão da generosidade da alma que foi a sua no momento da compra, mas guiado pela cobiça imoderada do vulgar mortal.

Abla morreu dois anos mais tarde, e com sua morte apagou-se o sonho da felicidade paterna. "Só lamento" – disse-me ele um dia – "ter-me deixado levar pelo orgulho, sinal de minha incapacidade de assumir a predileção de Alá".

III

Éramos oito filhos. Um acontecimento particular marcou a história de cada um de nós para tirá-lo do anonimato. Meu irmão Ali nasceu no ano da enchente; Zeine, o segundo, no ano da abundância; Karim, o terceiro, no ano da paz, no fim da Segunda Guerra Mundial; e eu, Hakim, no ano da vaca.

As meninas também tinham seus anos, mas em geral eram esquecidas, exceto quando o nascimento coincidia com um fato que se imprimia de modo muito notório na memória familiar ou comunitária. Djamila, por exemplo, minha segunda irmã, nasceu no ano do confisco de nossa terra.

Era porque uma filha pertencia à outra, à família de seu futuro esposo, que ela não tinha lugar dentro da própria família. Bom ou ruim, seu destino se inscrevia, assim que se casava, no destino da família do marido. Evitava-se falar demais dela, com medo de reduzir as suas chances no mercado matrimonial. Uma moça virtuosa era uma moça do silêncio, da história banal e da discrição. Ela deixava a mãe, fiadora de sua pureza virginal, para entregar-se de corpo e de alma talvez, mas de corpo com certeza, ao homem que a tornaria mulher e mãe. Uma condiciona a outra; toda aberração era sancionada pela morte, simbólica para a mulher sem filhos e efetiva para a mãe solteira. Pois não há maternidade sem sexo, para não dizer sem desejo sexual. Justificar o ato sexual pelo desejo de ter filhos não enganava ninguém. Uma mulher que consentia em deitar com um homem que não era seu marido fazia isso antes de mais nada por prazer. Assim estatuía a lei dessa sociedade. Um sentimento só era nobre na medida em que conciliava o desejo com a moral, quando se inscrevia na idéia que a coletividade tinha da felicidade.

Nascer sob o signo de um acontecimento sempre deixava rastros no destino do recém-nascido, em razão da crença das pessoas mais próximas no poder sobrenatural manifestado nos fatos e da certeza de que essa crença era verdadeira. Tudo estava inscrito, predestinado: a felicidade, a infelicidade, o êxito, o fracasso, a saúde, a doença... Tudo, sem exceção.

As pessoas mais próximas faziam tudo para lembrar ao indivíduo suas origens, sua fortuna, seu lugar e seu destino. Ele não tinha o direito de se afastar disso sem provocar a desaprovação comum. O trajeto pessoal estava traçado por Alá e ninguém podia se afastar dele. Alá é grande.

Ali era um menino miraculoso. Deveria ter morrido jovem, mas foi resgatado, não se sabia muito como. Nasceu numa primavera ruim. Uma primavera que copiou o inverno e, no dia em que a estação verde se lembrou de que havia outra coisa além de tempestades, chuvas e mau tempo, já era tarde demais, o verão havia chegado. O sol esquentou nesse ano em sei lá que fogo e, quando decidiu brilhar para queimar o tapete verde que cobria a terra do lugar de uma ponta à outra, esse tapete, nessa primavera, parecia um pano molhado. A água caíra torrencial, dando a riachos e rios um aspecto diluviano. As casas de terra batida, cercadas de poças lamacentas, davam a impressão de pequenas arcas perdidas que nunca tinham aprendido a navegar. Os camponeses, desacostumados com tal furor da natureza, estavam desprovidos de víveres e de idéias. Impacientavam-se e rezavam a Alá o todo poderoso e o misericordioso para vir ajudá-los. Mas, ao longo dos dias, perdiam o alento e se angustiavam com a idéia de que suas casas mal adaptadas ao meio aquático iam desabar. Tentavam cavar fossos, construir barragens improvisadas, explodir ou demolir tudo o que arriscasse tapar ou retardar o escoamento da água. Mas, como os meios técnicos eram medíocres, os esforços afundavam na água. Os camponeses, como contam as anedotas que sobreviveram à enchente, obrigavam o gado a beber o máximo possível e proibiam-se de urinar com medo de elevar o nível da água.

Assim, foi durante uma noite de tempestade que Ali decidiu deixar o paraíso intra-uterino. "Talvez estivesse querendo ver o que se passava", comentava meu pai sempre que alguém evocava esse ano. Quanto mais minha mãe mostrava os sintomas do parto, mais meu pai entrava em pânico e lhe recomendava que esperasse, pelo menos até de manhã. Mas, vendo que seus apelos à paciência e ao sangue-frio se misturavam aos berros de dor da esposa, ele decidiu buscar Helimi, a avó da aldeia, que funcionava como parteira. Mas Helimi, vítima de um reumatismo crônico, temia o frio e a umidade. Meu pai lhe ofereceu suas costas como único meio de transporte disponível. Helimi recusou com medo do escândalo. Ela era praticante. Subir nas costas de um homem a teria posto em contato corporal direto com a carne masculina estranha à sua linhagem direta. Tocar um homem, mesmo sem tê-lo desejado sexualmente, a teria sujado. Não ousando arrastá-la à força, meu pai voltou para casa, recomendou de novo à mulher que esperasse, pegou a bacia grande de cobre e um pedaço de corda e foi oferecer à preciosa Helimi uma travessia em seu estranho barco. Vendo-a reticente em fazer-se ao largo na bacia de massa de pão, meu pai fez-lhe uma demonstração para provar-lhe a confiabilidade da embarcação. Enfim, achando a idéia engraçada, ela aceitou embarcar. Envolveu-se por inteira em sua capa preta e sentou-se dentro da bacia, com as mãos agarradas às bordas. Meu pai amarrou a corda numa das alças da bacia e saiu arrastando-a. Tinha feito apenas uma centena de metros quando Helimi se pôs a pedir socorro. A bacia virava em todos os sentidos; tremendo de medo, sua ocupante a desequilibrava ainda mais com seus sobressaltos descontrolados. Meu pai segurou então a bacia com as duas mãos e a empurrou diante de si, com as costas curvadas, andando às cegas. A água lhe subia até os joelhos, mas ao fim de uns vinte metros o nível atingiu a cintura. "Nunca na memória dos aldeães se viu a água subir nessa rapidez", pensou ele. Alguns passos mais adiante, a água lhe subiu até o peito. "É o dilúvio, sem dúvida alguma". Ele começou a imaginar ser Noé com a bacia como arca. Aquela infeliz da Helimi começava a irritá-lo, pois ele queria voltar para junto da esposa antes que fosse tarde demais. "De que adianta salvar Helimi e perder o mundo?", perguntou-se. "É dever do homem socorrer primeiro os seus". A família, o bebê que ele ainda não pudera ver. De repente, ele foi engolido, arrastando consigo a companheira. Esta, certa de seu fim, berrou:

– Na jarra enterrada debaixo do cocho à esquerda. Diga a meus filhos!

Meu pai deu-se conta de seu erro de navegação. A bacia havia afundado com corpos e bens num fosso. Mas, como bom capitão, ele sabia o que lhe restava fazer: "salvar as mulheres e as crianças primeiro".

Helimi recusou de novo o contato carnal com o homem, até para seu salvamento.

"Quando há dois: um homem e uma mulher, há três; o terceiro é Satã", era a máxima que ela gostava de ensinar às jovens, sempre que cruzava com uma.

Assim que meu pai tentou agarrá-la pela cintura para tirá-la do fosso, ela se debateu, vociferando blasfêmias e invocando contra suas tentativas insidiosas a onipotência de Alá. Exasperado com aquele comportamento histérico, pai decidiu recorrer aos grandes meios. Pegou-a pela mão direita, apertou-a forte e disse-lhe antes de nadar com ela para a salvação:

– Não vou violentar você na água, não sou um pato.

Uma vez fora de perigo, ela desabou.

– Meu Deus, ele me matou. Meu Deus, esse monstro me desonrou. Meu Deus, eu vou morrer.

Ele não lhe deixou muito tempo para se lamentar, colocou-a sobre as costas e dirigiu-se para casa em grandes passadas.

Ao chegarem, minha mãe não estava mais só, Ali já estava lá, mas inerte. Muito enfraquecida, mamãe chorava, mas só se ouviam soluços e uma voz pequena clamando feito um eco.

– Ele está morto... ele está azul... ele está morto...

Helimi esqueceu sua infelicidade e pediu a meu pai para esquentar um pouco de água salgada numa bacia.

– Droga, a bacia! – lembrou-se.

Pôs sebo nas canelas até o lugar onde ela havia afundado. Mergulhou quatro ou cinco vezes antes de se dar conta de que tínhamos outra, menor. Renunciou, então, a suas prospecções submarinas e voltou de novo para casa a passos rápidos. Helimi acabava de reanimar o bebê que ela passou a meu pai para que ela pudesse cuidar da jovem mãe.

Pai examinou o filho atentamente à luz da lâmpada de petróleo. Ele de fato estava azul. Em sinal de dúvida, esfregou os olhos. Virou-o de barriga para baixo para estudar as costas. Abriu-lhe as pernas, levantou as mãos, nada a dizer, ele estava azul.

Foi questionar Helimi.

– Dê-lhe o Corão – disse ela, ainda ocupada pelos cuidados que prodigalizava à jovem mãe.

Ele correu para recuperar seu imponente Corão, que pesava dois quilos, deitou o bebê numa pele de carneiro e colocou o livro sagrado sobre seu pequeno ventre desnudo. Satisfeito de seu gesto, dirigiu-se de novo a Helimi.

– Não há pessoas azuis na minha família, nem na da minha mulher. Não é, Nora? – perguntou-lhe, sacudindo-a forte, para se assegurar de que ela de fato o ouvira.

– Não – respondeu, constrangida com aquela cor inesperada.

– Eu estava certo... Então, Helimi?

– Falta de sangue – diagnosticou ela. – A sua mulher não come o bastante.

– Ela diz que você não come o bastante – repetiu ele, sacudindo a esposa.

– Ela precisa de beterraba vermelha e de laranjas sangüíneas. Muitas laranjas sangüíneas – prescreveu Helimi, perita prevenida.

– Beterraba vermelha e muitas laranjas sangüíneas – repetiu ele com uma voz mais forte, para que entrasse bem na cabeça dela.

Não sei se meu pai estava realmente convencido do que estava recomendando à mulher ou não, pois não havia laranjas em minha aldeia, ainda menos sangüíneas, aquelas repletas de sangue e que enchiam as artérias secas em menos de um minuto e davam às faces a bela tez rosa que têm as mulheres francesas. Às vezes chegavam pequenas quantidades, quando vinha alguém da costa mediterrânea, onde elas eram abundantes, para a planície do Beka, onde ficava a aldeia. Não havia circuitos organizados de venda, pois o raro dinheiro líquido disponível nas mãos dos camponeses era essencialmente destinado às necessidades indispensáveis às quais a organização familiar não podia atender. Era preciso ser irresponsável como Abou Elias para gastar dinheiro em compras supérfluas. As famílias viviam principalmente em autarquia, consumindo o que produziam, legumes, leite, ovos, carnes, lãs, etc. O dinheiro da terra pertencia à terra. O excedente era reinvestido nela ou destinado à compra de gado. Entre o camponês e a terra havia uma espécie de contrato moral. Ele a trabalhava, investindo nela energia e tempo, e ela o perpetuava de uma geração a outra. O prazer não podia ser terreno sem ser incestuoso. Não havia parceiros nessa troca homem-terra; havia antes uma comunhão sagrada ligando simbioticamente um ao outro, como fora outrora a relação do filho com a mãe. O camponês que perdia a sua terra ficava órfão. Aquele que a vendia era indigno. Era possível mudar de ofício ou liquidar um comércio e manter a dignidade, ao passo que vender a terra implicava o homem, sua honra, seu pertencimento e talvez mais.

Assim é que meu pai teve proibido o acesso à mesquita. E quando, além disso, abriu sua loja e aceitou vender álcool aos cristãos, acabou definitivamente banido da comunidade.

De repente, ouvimos Helimi berrar e correr feito uma endiabrada, assustando os jovens pais felizes. Ela livrou o bebê de seu fardo divino e o tomou nos braços, presenteando meu pai com uns "maluco", "assassino"!

Ele não estava entendendo. "Um Corão não mata ninguém, nem mesmo um bebê. Seu peso objetivo reduz-se a nada no peso eterno representado pelo livro sagrado. Crer nos malefícios do objeto, o livro, como entidade autônoma funcionando fora de seu destino sagrado é como materializar o signo de Alá, torná-lo anódino como qualquer vulgar objeto produzido pelo ser mortal".

Esse discurso deixou Helimi embaraçada. Ela também era religiosa e tinha pelo Corão a mesma estima, mas seu reflexo deixava transparecer uma dúvida inconsciente: seria por ter assistido a tantas mortes de crianças?

A criança que morre é um anjo do Paraíso. Não há destino melhor que esse... os pais deveriam ficar felizes, pois a dor de se separar do bebê defunto que sentem na hora vai encontrar reconforto na eternidade.

Magro consolo. Helimi sabia disso perfeitamente. Perdera três filhos. Sabia, como mãe, que a dor presente era dominadora demais para que se tivesse em mente a promessa da felicidade longínqua.

– Ali está menos azul – notou meu pai –, o Corão lhe fez bem.

Estava convencido disso. Insistiu para que a própria Helimi verificasse e aconselhou-a a abrir os olhos e a louvar o Criador. Ela não ousou dizer nada. Limitou-se a balançar a cabeça e dirigiu-se ao lugar onde negligentemente deixara o Corão. Recolheu-o com cuidado, deu-lhe um beijo, levou-o à testa coberta por uma *chéchia** preta e colocou-o sobre o caixote coberto por uma toalha branca que servia de mesa de leitura para meu pai.

---

* Cobertura em forma de barrete, capuz. (NT)

– Que Alá seja louvado – murmurou ela, à guisa de explicação de sua atitude inesperada.

Fora isso, Ali era um bebê muito bonito. "Ele pesava dez libras", gostava de dizer minha mãe, sempre que a visitavam ou que lhe pediam notícias dele. "Não, oito libras", costumava corrigir meu pai. Mas, como não havia balança de bebês naquele tempo, nunca foi possível saber quem tinha razão.

Helimi passou o resto da noite com a jovem família. Mas no dia seguinte, antes de deixar a nossa casa, pediu a meu pai que esquecesse a história da jarra.

– Você tem ouro?

– Ouro? Eu, pobre mulher! – indignara-se.

– Por que esconder então uma jarra que não contém ouro?

– Não sei – respondeu, como se não fosse nada.

– E a sua?

– A minha?

– A que está enterrada debaixo do cocho?

– Que cocho?

– Como quiser – resignou-se –, mas acho que não é prudente esconder uma fortuna debaixo de um cocho.

Ao espanto que ela manifestara durante essa discussão que mais parecia um interrogatório sucedeu uma sensação de inquietude.

– Meu Deus, você tem razão! – acabou por admitir.

– Por que não conta a seus filhos?

– Sabe – disse, aliviada –, seja eu ou sejam eles quem esconde esse ouro, o resultado é o mesmo.

– O que você está dizendo, Helimi? Acho que você não está sendo justa, os seus filhos precisam tanto.

Ela ficou pensativa um momento. Seu rosto, que de hábito desafiava o tempo com sua juventude inalterável, deixou-se sub-repticiamente invadir por sulcos profundos, como se os anos de repente acordassem para acabar um trabalho que, sei lá por que razão, tinham esquecido de prosseguir. Helimi, que parecia ter esquecido de envelhecer durante todo esse tempo, descobriu, não sem angústia, a verdade de sua idade.

– Tenho oitenta e dois anos – revelou num tom de confidência. – Sei que não vou durar muito tempo. Não custo caro: um pouco de pão, um pouco de cebola, um pouco de azeitonas. Não tenho mais nada a desejar, exceto morrer o mais rápido possível e com a mínima dor. Amo os meus filhos e sei que os meus filhos me amam. Tenho confiança neles. Mas estão todos casados. Não me permito nem importunar meus genros, nem depender demais de minhas noras. Elas são como são. A gente está bem quando está longe, somos interessantes enquanto guardamos nosso segredo. Minha jarra é o meu segredo. Todos me tratam bem porque sou a mãe, e porque, com o meu segredo, alimento o sonho deles. Se eu desse meu ouro agora, não teria mais nada para dar e ficaria só, tristemente só. Se amanhã eu perdesse a minha autonomia, eles viriam em meu socorro, e eu, antes de entregar a alma, saberia recompensá-los. Sem esse ouro, temo que me rejeitem na hora em que eu mais precisar deles.

– Seus filhos? – disse meu pai irritado. – Vamos, eles são homens religiosos. Eles temem Alá... – Depois, sério, acrescentou: – Você se lembra da história do meu avô. Ele morreu de repente. Nunca conseguimos encontrar o esconderijo.

– Meu Deus, é mesmo! – disse ela. – Ele era um dos mais afortunados da aldeia.

– Afortunado? Não, mas muito rico – corrigiu meu pai. – Como não podia incorporar seu ouro, ele o enterrou. É típico entre nós muçulmanos. Quando somos pobres, somos miseráveis, e quando somos ricos não escapamos à miséria. Você conhece a família El Haj, presumo. Os Haj são cristãos. Eles não têm terra, não têm ouro, mas têm uma alegria de viver que os muçulmanos da aldeia não conhecem. Trabalham como empregados agrícolas na sua casa e na minha. Mesmo assim, de todo o bairro, são os únicos que sabem ler e escrever. Quando precisamos escrever uma carta ou preencher um formulário, corremos a procurá-los. É para isso que nos serve nosso ouro. Para que o enterremos e vivamos feito imbecis.

Ele falava rápido e num tom seco, como se, através dela, ele estivesse acertando as contas com o avô. Depois, retomando fôlego, acrescentou, sereno:

– Quero lhe confessar algo. Estou contente por meu avô não ter me deixado seu ouro, pois ele causou a perda de meu pai e não prestou serviço à minha mãe; por isso, considero que esse ouro não é capaz de me ser útil.

Helimi escutou até o fim. Estava com os olhos úmidos. Tentava em vão reter as lágrimas. Ela tinha uma certa queda por meu pai.

– Você me lembra tanto o seu avô. Você tem os olhos azuis dele. Quando você fala, é através deles que você se abre, para o seu coração, para se contar. Meu Deus, você tem os olhos dele, o mesmo rosto redondo e os mesmos cabelos louros! Talvez você esteja sendo duro ao julgá-lo... mas não há nada a fazer, vocês todos são duros... O seu pai também era assim. Por Alá, vocês são cheios de ternura, mas que carapaça!... Vai ver que é necessário mesmo, caso contrário seriam frágeis.

Depois, hesitando um pouco, apertando a *chéchia* na testa, disse:

– Eu amava loucamente o seu avô. Mas eu não tinha escolha.

Foi saindo, abriu a porta, mas, justo antes de atravessá-la, virou-se para meu pai e disse sorridente:

– Se você se propusesse a me acompanhar, eu subiria com prazer nas suas costas.

IV

Foi preciso esperar três dias antes que a primeira pessoa chegasse a nossa casa. Foi Oum Elias. Calçara as grossas botas de borracha do marido a fim de proteger seus belos pés de citadina da lama abundante nas ruelas de minha aldeia. Oum Elias não estava acostumada àqueles lamaçais gentilmente denominados ruas. Era a primeira beirutina, ou talvez até a primeira citadina que a aldeia conheceu. Gostava muito de minha mãe, pois, como eram as duas estrangeiras, chegadas naqueles cantos pelos caprichos da sorte, haviam estreitado laços de amizade que iam durar décadas.

Oum Elias era cristã, grega católica mais precisamente. Seu marido era grego ortodoxo. A aldeia era composta de uma maioria de muçulmanos sunitas e de uma minoria cristã. Mas, como se ser cristão já não fosse uma diferença suficiente, eles se distinguiam entre si por especificidades e sutilezas religiosas que perturbavam um muçulmano na simplicidade de sua fé e na clareza de sua doutrina. Mas, fossem de doutrinas diferentes ou não, para nós eles eram todos cristãos. Não entendíamos a necessidade de ser grego católico, ou grego ortodoxo, ou maronita ou sei lá o quê, já que a diversidade de pertencimento só servia para agravar as infidelidades para com o espírito da mensagem divina que Alá havia confiado a Jesus, como atesta o Corão.

O casamento inter-religioso era proibido, não de acordo com uma interdição religiosa estrita. A proibição pertencia antes a uma ordem social que funcionava como lei. Se os membros da comunidade majoritária só excepcionalmente sofriam com isso, os da minoria padeciam dolorosamente. Pois, às vezes, era preciso ir longe buscar a mulher ou o homem que faltava ao grupo local.

O que havia de especial no caso de Oum Elias era a sua origem. Ela pertencia à grande burguesia da capital. Seu interesse por essa aldeia esquecida de Deus e de seus anjos intrigava as pessoas. Por mais que fosse evocado o tema do amor: o amor apaixonado que transcende toda noção de fortuna ou de classe, mas, na miséria grande demais em que viviam, os aldeães não tinham nem tempo nem coragem para investir num tal romantismo supérfluo.

Nada de extraordinário distinguia seu marido. Era um homem médio sob todos os aspectos, mas bem magro se comparado à saúde rechonchuda dos outros camponeses barrigudos. Havia outros mais belos na aldeia, mais fortes, mais inteligentes, mas era preciso que fosse ele quem ganhasse o coração dessa bela mulher. Vai-se lá saber porquê. Ele fora com freqüência a Beirute, mas isto não parecia ser uma qualidade suficiente para arrebatar a bela Teresa, a futura Oum Elias, aos jovens beirutinos mil vezes mais sedutores.

– O amor é cego – comentavam alguns para dissipar o mistério.

– Cego talvez – retorquiam os outros –, mas a esse ponto ele é imbecil!

"Cego" ou "cego imbecil" dava no mesmo, pois Teresa casou-se com Soliman, e este tinha todas as razões para ter orgulho disso.

Ele cultivava o trigo como muitos camponeses. Produzia umas cinqüenta toneladas por ano, mas parecia muito rico em relação aos outros, que no entanto faziam tanto quanto ele, até mesmo mais. Vendia seu trigo a preço de ouro a um comprador beirutino que parecia preferir seu produto a qualquer outro, fosse de melhor qualidade ou não. Num esforço de solidariedade, meu pai se referia ao livro sagrado para defender o amigo quando críticas sorrateiras eram proferidas a seu respeito.

Os outros não podiam colocar em questão a fala do Todo-Poderoso, mas mesmo assim eram amargos:

– Se Alá devesse eleger alguém, seria muito duro admitir que o feliz eleito fosse um cristão numa comunidade de muçulmanos necessitados.

– Nada entender da justiça de Alá em nada fere a infinita sabedoria de nosso Criador – indignava-se meu pai. – A justiça não é uma resposta imediata a uma preocupação circunstancial, mas é, para além do indivíduo, do lugar e do momento, uma disposição que engloba o homem em seu meio humano e a infinidade de seu tempo.

Quanto mais Soliman enriquecia mais parecia desprender-se do espaço e do tempo da aldeia para pertencer a outra época e a outra geração. Com sua gravata, seu terno ocidental, a cabeça descoberta, o cigarro no canto dos lábios, ele sozinho representava um sinal precoce de uma mutação social tornada certa. Com seus "bons dias" ditos distraidamente à guisa de "salamaleque", Soliman era decididamente o homem do futuro e a primeira ilhota da civilização "franca" no meio daquela cultura preta de calças bufantes turcas usadas pelos outros aldeães.

Quando o casal se pavoneava pelas ruas da aldeia, ela, de mangas curtas e de cabelos soltos, ele, em mangas de camisa, os dois pareciam ter caído de pára-quedas numa terra estranha. Quando passavam, os homens desviavam o olhar com medo de cometer o pecado de ver a parte desnuda do corpo de Teresa. As mulheres a olhavam com o rabo do olho, mitigadas entre a inveja e a hostilidade. "As citadinas só pensam naquilo", comentavam quando se encontravam na intimidade da confidência.

– Que quer dizer "naquilo", mamãe? – perguntei um dia.

À guisa de resposta, recebi um tapa de minha tia, que, indignada com a minha curiosidade malsã, observou num tom de reprovação que eu era muito malcriado.

Um dia, a aldeia ficou sabendo que Soliman conhecia franceses, intimamente até. Era para não entender mais nada. Tratava-se de um herói ou de um traidor, pois ainda era a época do mandato francês. Boatos corriam, fazendo dele ora um homem fora do comum, ora um homem sem honra. A conclusão era que a família de sua mulher mantinha relações diversas com o exército francês e que ela seria um dos principais fornecedores dos franceses em gêneros de consumo corrente. Tudo parecia entrar na ordem. Soliman teria a sua parte desse mercado colossal. Os franceses pagavam caro por suas compras e aparentemente buscavam favorecer a criação de uma burguesia de intermediários com o objetivo de desenvolver o mercado interior e de contribuir para o enriquecimento das pessoas a fim de ganhá-las para sua causa.

As duas fontes principais de informação eram representadas por minha tia, a mulher de meu tio paterno, e Abou Ahmad, nosso único vizinho muçulmano do bairro.

Minha tia habitava a outra extremidade da aldeia, na beira da estrada nacional que liga Beirute a Damasco. As poucas casas que surgiam aqui e ali dos dois lados da "estrada francesa" (assim era chamada porque foi asfaltada pelos franceses) iam se tornar o núcleo da renovação da aldeia. As pessoas aos poucos iam renunciando a suas moradas ancestrais de terra batida para irem se instalar em casas feitas de cimento ao longo da estrada. Minha tia, relativamente isolada num canto futurista, entediava-se a morrer. Levantava-se cedo de manhã, cumpria seu dever de esposa e de mulher do lar e ia dar uma volta na aldeia para ficar a par de tudo. Chegava por volta das dez horas em nossa casa e, como relatora formal, informava minha mãe das últimas notícias.

Minha tia era alta e forte. Estava sempre vestida com sombrios vestidos longos e amplos que a tornavam enorme. Debaixo do vestido, trazia duas ou três saias de bolsos que ela enchia até em cima de objetos diversos. Como nunca estava segura do que havia trazido, costumava levantar as saias uma após a outra, enfiando a mão e o antebraço até o cotovelo nelas, verificando seu botim pelo tato, e recomeçando até revelar um tesouro de calcinha, grande a ponto de rivalizar com uma calça bufante, e remendada em cor de arco-íris.

Ela trazia na testa uma *chéchia* cinza, sempre cinza, amarrada atrás da cabeça. Uma outra *chéchia* branca lhe cobria o rosto, deixando de fora só os olhos e a boca quando dela fazia uso. Tinha cabelos negros cacheados que acho que não penteava nunca, olhos negros, sendo que o esquerdo tinha a particularidade de se inclinar para baixo ao mesmo tempo que a narina esquerda e a comissura esquerda da boca. Levantavam-se apenas quando ela estava com raiva ou fazia caretas.

As mulheres costumavam se encontrar durante o dia quando os maridos estavam ausentes. De hábito instaladas no chão, no quarto de dormir, as costas contra a parede, as pernas cruzadas, conversavam bebericando uma xícara de café turco. Os meninos só tinham acesso à sociedade das mulheres quando eram pequenos. Eu gostava muito de escutá-las, pois costumavam ser misteriosas, muito mais misteriosas que os homens. Falavam de tudo; além disso, não sei por que razão, baixavam a voz e cochichavam palavras que as faziam rir ou as indignavam. Isso podia durar horas, e só se separavam, enfim, por volta das quatro horas, na terceira chamada do *muezim*. Este chamava os fiéis para o dever e indiretamente anunciava que os maridos estavam para voltar dos campos; elas tinham de voltar para casa para lhes preparar a comida.

Os homens tinham direito à sala de recepção. Lá costumavam se encontrar de noite. Sentavam-se sobre peles de carneiro ou sobre tapetes de pelos de cabra ou de camelo dispostos habitualmente em torno de um forno aberto, de cobre brilhante e decorado de arabescos. Recuavam, alargando o círculo à medida que outros chegavam, arrastando cada um sua pele ou seu quadrado de tapete, para constituir uma forma circular quase perfeita tendo ao centro o forno, sobre o qual era colocada uma série de três cafeteiras de tamanhos diferentes, cinzeladas com os mesmos motivos que o forno, alinhadas em ordem decrescente, a maior voltada para a borda exterior. Esta servia para guardar o bagaço do café, a média continha o café novo e a pequena, colocada bem no meio do braseiro, continha uma beberagem espessa para ser tomada com o garfo. Algumas gotas eram servidas em duas xícaras redondas de porcelana que o dono da casa, cafeteira à mão, fazia circular de um a outro. Bem perto do forno ficava exposto, não sem orgulho, um almofariz de madeira, verdadeira peça artística, destinado a esmagar os grãos de café. A madeira variava em função da fortuna da família. O de meu pai era de carvalho, de uns trinta centímetros de altura e de um diâmetro mais ou menos equivalente; era esculpido com cabeças de elefantes que tinham, na testa, um prego de cobre. A metade superior do pilão também era esculpida em cabeça de elefante. No meio, bem onde terminava a tromba, um fio de prata localizava o lugar que permitia obter um equilíbrio perfeito entre os dois pólos do pilão. Era empunhado no nível desse ponto central e então usado. Um pequeno golpe seco na parede interna da parte mais larga permitia testar a sonoridade e, ao mesmo tempo, a qualidade da madeira e do trabalho.

– Não fazemos isso na casa dos outros – recomendava-me meu pai. – É deselegante e pretensioso.

Abou Ahmad me afirmava o contrário. Ele me dizia:

– Esmagar os grãos do café é uma arte. É preciso primeiro afinar o instrumento, senão é melhor fazê-lo no almofariz de sal.

Aquele Abou Ahmad tinha o ritmo no sangue. Quando manejava o pilão, ficávamos todos com vontade de cantar. Era acompanhado no rababe (um instrumento de música que lembra o violino mas com uma única corda) e nós cantávamos. Primeiro em glória de Alá e, em seguida, cantos de amor melancólicos que sempre me faziam chorar.

A fama desse café temperado com cardamomo era comparável à hospitalidade das pessoas. Um bom anfitrião fazia um bom café. Isso se sabia. Quando se oferecia a primeira xícara a um novo visitante, já se conhecia sua apreciação só nas maneiras de pegá-la e de degustar seu conteúdo. A xícara era segurada com três dedos, girada de modo a permitir que o líquido percorresse as suas paredes, depois a dose era engolida de uma só vez, ficando por um momento na boca. Em seguida, estendia-se a xícara. Aí, havia duas possibilidades: ou era estendida na direção do anfitrião, sinal do desejo de tomar de novo, ou era então levantada e girada em sua direção, o que queria dizer que ele estava servido. Quando a xícara chegava reto, um olhar de cumplicidade que satisfazia o amor-próprio do anfitrião era trocado, indício preliminar de uma abertura rápida.

Abou Ahmad sempre tinha algo de sensacional a contar. Estava a par de tudo o que se encontrava ou se passava na aldeia ou fora. Não era preciso solicitar muito a sua verve. Achava que era descendente do Profeta e aproveitava a mínima oportunidade para dizer isso. Vestia-se com distinção, djelaba branca no verão, bigodes cujas pontas faziam cócegas no nariz; um fez, relativamente alto, usado inclinado do lado esquerdo, deixava livre em sua testa um cacho de sedução. Andava sempre com um cajado, porque o profeta – pretendia ele – havia feito o mesmo. Falava em voz alta e apressava-se em interromper os outros para retificar o que diziam ou para acrescentar um elemento à narração.

Sabia tudo sobre Soliman e sua mulher. Para ele, Teresa era uma mulher que teria perdido a virgindade numa aventura amorosa infeliz com um soldado francês. A família, para abafar o escândalo, teria procurado um homem que aceitasse a mão da filha, tal qual, em troca de uma pequena fortuna. Alguém, com certeza, o comerciante beirutino por exemplo, teria introduzido Soliman, que, fascinado por tanto dinheiro, teria consentido sem fazer muitas perguntas. "Por que um soldado francês?". "É simples. Os franceses não podem ficar sem mulheres. Eles parecem ter algo de anormal, suas mulheres também. Quando os maridos estão ausentes por uma razão ou outra, e quando as mulheres não encontram homem, qualquer um, dizem que elas dormem com os cães. Os soldados aqui não têm mulheres, mas, habitados pelo diabo, pai de todos os vícios, tentam a sorte com o primeiro rabo-de-saia que aparece. A muçulmana, piedosa por natureza, os desencoraja à mínima tentativa. Só lhes resta, então, a cristandade".

Histórias como essa proliferavam nas casas dos muçulmanos. Qualquer um podia eventualmente ouvir contar a honrosa aventura de uma mulher, uma das nossas, bem entendido, que soubera frustrar, graças a Alá que está do nosso lado, as espertezas baixas que um franco, com ou sem a cumplicidade de um cristão, empregara para fazê-la cair em pecado. Quanto mais ela resiste, mais se torna desejável. Em todo caso, assim vai, desde o começo dos tempos, a luta entre a virtude e o vício.

Não se podia dizer o mesmo das mulheres da outra comunidade. "A Mulher", concluiu Abou Ahmad, "é comparável a seu homem. A honra de um homem recai sobre a sua mulher. Por exemplo, eis como acontece entre eles. Quando o marido volta de noite, um boné ou uma boina colocada na entrada da casa lhe significa que sua mulher está ocupada e que ele deve, por conseguinte, sair de novo".

Esses relatos modulavam assim um canto à glória dessa comunidade de fiéis "que é a nossa", de sua piedade e de sua integridade perfeita. Mas, como se ser honrado não bastasse ao orgulho, era preciso também rebaixar a outra comunidade, denegri-la.

– E Georges? – interveio meu pai com hostilidade.

– Que Georges? – perguntou Abou Ahmad, irritado com aquele desmancha-prazeres que sempre parecia pôr em dúvida histórias verdadeiras, histórias que todos conheciam em seus mínimos detalhes. Histórias que valorizavam nossa comunidade e que mostravam a sua pureza.

– Que eu saiba, Georges não é muçulmano. Todo o vale saudou esse homem. Ele atirou assim, à queima-roupa, na mulher e no soldado que estava em sua cama.

Abou Ahmad balançou a cabeça consentindo, antes de continuar como se o apostrofasse:

– Georges é um homem, um verdadeiro, um homem raro, um verdadeiro muçulmano diria eu.

– E Fátima? – continuou meu pai. – Ninguém pode afirmar que ela seja um exemplo de castidade. No entanto, é uma muçulmana, e uma verdadeira.

– Fátima está só com os quatro filhos – apressou-se o outro em responder. – Desde que o marido morreu na Primeira Guerra Mundial, ela se encontra sem ajuda com quatro bocas famintas a seu encargo.

– Por que ninguém pensou em vir ajudá-la? Por que esta piedosa comunidade não a socorreu com seus pequenos infelizes. Vamos, diga-me, por quê?

Meu pai se calou, como se o esforço intelectual que acabava de fazer o tivesse extenuado. Depois, olhou o interlocutor direto nos olhos, em sinal de desacordo total, bateu-lhe cordialmente nas costas e acrescentou:

– Não acredito que haja um povo honesto e outro desonesto. Existem pessoas de todas as naturezas em todos os países. Uma mulher só é casta porque é casta. Veja, vou lhes dar um exemplo. Aicha, a mulher do Profeta, não é suspeita de ter-se envolvido com Safouan?

Meu tio, que até então escutara passivamente, arrancou o cajado da mão de Abou Ahmad e dirigiu-se a meu pai num tom ameaçador:

– Em nome de Alá, vou lhe furar os olhos, seu renegado. Quando o muçulmano se encarrega de veicular e de transmitir as calúnias dos infiéis então adeus religião! Que eu não o ouça mais repetir tais besteiras!

Abou Ahmad, na intenção de conciliar, procurava separar as opiniões. Primeiro deu razão ao tio:

– Não se brinca com religião. Que Alá, o Todo-Poderoso, castigue os infiéis como eles merecem.

Depois, dirigindo-se a meu pai, acrescentou:

– Admitamos o seu raciocínio. Mas resta um fato ao qual você parece não dar importância. Uma muçulmana poderia cair em pecado, seja, mas daí a consentir em se deitar com estrangeiros, há uma diferença. Aliás, vejo mal como poderia fazê-lo. Ela não fala o franco.

O discurso dos homens não costumava parecer com o das mulheres. Viril e conservador na sala de recepção, no quarto de dormir tornava-se libertário. Os homens falavam, ditavam a vontade e pareciam reger a vida e a morte; as mulheres, por sua vez, davam a impressão de uma passividade completa. Diante dos homens eram silenciosas, mas, em seu silêncio, não consentiam. Pois, se o homem detinha o discurso oficial, a mulher por sua vez agia na sombra. O homem ocupava a cena, ao passo que ela, atrás da cortina, mexia os pauzinhos. Assim, cada qual tinha o seu lugar.

Ao chegar, Teresa encontrou minha mãe ocupada em fazer fogo na lareira. Tirou as botas, arrumou-as num canto da porta de entrada, um quadrado em nível mais baixo do solo do quarto, e foi cuidar do fogo, rogando à jovem mãe que fosse se deitar.

– Você sabe fazer fogo? – perguntou esta, surpresa.

– É claro!

– Em Beirute, vocês fazem fogo como nós?

– Não exatamente como vocês, mas fazemos fogo mesmo assim – disse ela, soprando o fogo na lareira a ponto de fazer explodir os pulmões. Pelo menos temos o fole.

– Onde vocês acham esterco na capital?

– Não é só o esterco seco que queima – disse ela, com olhos vermelhos e lacrimejantes sob o efeito da fumaça abundante que soltava o esterco mal aceso.

Não sei se Teresa tinha razão ou não. Na aldeia, em todo caso, só se conhecia esse produto natural que nos chegava sem intermediário, diretamente do produtor ao consumidor. Era popular, tão popular que era festejado: "a festa do esterco". As festividades se desenrolavam no início do outono. As mulheres traziam água e os homens, palha. Os próximos e os amigos eram convidados. As mulheres pisoteavam descalças o estrume e os homens iam aos poucos jogando por cima baldes de água e esvaziando enormes sacos de palha. Com o pé ágil, as mulheres, como os viticultores antigamente, misturavam tudo numa espécie de pasta cinzenta ou amarronzada, não me lembro mais. Quando os preciosos pés cessavam sua dança endiabrada que dava à massa a consistência requerida, fazia-se a pausa do meio-dia. Era preciso vê-las cobertas da ponta dos pés até o umbigo por uma espessa camada daquela massa para entender o sentido do vínculo estreito que liga o homem aos excrementos. Eles estavam em seu elemento. E é talvez nessa regressão a esse estádio anterior do desenvolvimento sexual que se encontra a única explicação que se pode encontrar para a aproximação que se efetuava, então, entre os dois sexos. Nos numerosos ritos dessa ordem que a aldeia conhecia, o homem sempre tinha o seu papel e a sua parte de responsabilidades, e as mulheres os seus, bem delimitados, mas só esse rito confundia os papéis e transcendia os sexos. Ficavam cansados, encharcados, mas felizes a ponto de esquecerem de se lavar antes de se instalarem, agachados no chão em volta de uma grande bandeja de cobre que continha o prato preparado para a ocasião e que era devorado com a ajuda de pequenos pedaços de pão dobrados em forma de pá.

Em seguida, as mulheres se dividiam em dois grupos: um grupo ia retomar seu lugar sobre o estrume enquanto o outro subia no teto. Os homens com suas pás iam postar-se cada um diante de uma mulher do grupo colocado sobre o esterco. Com as duas mãos, cada uma pegava uma quantidade de esterco de mais ou menos dois quilos, fazia com ele uma bola e a depositava sobre a pá. O homem, com um gesto viril, enviava sua carga para o telhado. Lá em cima, a segunda equipe feminina achatava as bolas, que tomavam a forma de um bolo espesso de vários centímetros; e o trabalho prosseguia até o fim da tarefa. Os bolos permaneciam uma ou duas semanas sobre os telhados antes de serem estocados nos estábulos à espera do frio.

Teresa assistia como espectadora, ora enojada, ora divertida; no que lhe dizia respeito, em todo caso, optou pela lenha que um camponês lhe conseguia ao longo do ano.

– É um menino! – exclamou minha mãe, com um sorriso de satisfação nos lábios. – Ele pesa dez libras.

– Por *el Rabb*, é um bebê enorme! Deixe-me vê-lo!

Mamãe chegou toda sem jeito, segurando entre as mãos o bebê quase rígido, apertado, com uma cordinha azul indo da altura dos ombros até os pés. Ali parecia uma múmia. Mas uma múmia tão bem conservada que continuava a respirar.

Teresa deu sua apreciação positiva. “Louro de olhos azuis! Parece até um francesinho”.

– Ele parece com o pai – respondeu minha mãe.

Insistiu na semelhança como se quisesse confirmar aos olhos de Teresa e a seus olhos a paternidade de seu marido.

– A avó deve ter dormido com um francês – concluiu Teresa, sempre em admiração diante daquele bebê de físico de importação.

– Todos os que conheceram o avô afirmam que ele também era louro de olhos azuis – replicou minha mãe numa tentativa de inocentar as mulheres da família do marido.

– Que nome vocês deram a ele?

– Ali.

– Meu Deus! Não. Diga-me que não é verdade. Não esse nome fora de moda num menino tão bonito!

– Abdul faz questão. É o nome do pai dele. Não o conheceu, mas mesmo assim é seu dever, como filho mais velho, perpetuar a memória do pai.

O respeito às tradições não convencera Teresa. Avô ou não, Ali não convinha a seu gosto de citadina modernista. Para ela, um nome como aquele era digno de outras famílias muçulmanas, como os Mahmoud ou os Saraj, dois clãs cujos membros eram fanáticos, brigões, portadores de adagas e facas automáticas. Gente suja, desleixada, má, violenta, ladra e tudo mais. O nome de Ali era muçulmano demais, atrasado demais, e marcado demais para poder se adaptar a uma sociedade que pretendia ser civilizada.

O fato de nós mesmos sermos muçulmanos não era para ela uma razão suficiente:

– É outra coisa. Vocês são diferentes dos outros. Vocês são abertos, sociáveis e honestos. É isso que vocês são, vocês são quase cristãos. Quando escuto o seu marido e escuto os outros, penso sempre que eles não estiveram na mesma escola. Enquanto ele raciocina e questiona, os outros estão à vontade em seus julgamentos e suas afirmações. O seu marido é analfabeto, mas Deus sabe que não lhe falta lucidez! É por isso que fico triste por vocês. Pobre bebê, é um começo ruim para ele.

Será que éramos realmente diferentes das outras famílias muçulmanas? Não estou seguro disso, mas, se estou seguro de algo, é de que éramos a única família muçulmana que ela conhecia intimamente.

Minha mãe sentiu-se culpada por seu filho, ainda bebê inocente, por seu futuro já mal iniciado, e pela família marcada para sempre por aquela escolha talvez apressada. Viu-se reduzida ao estado detestável de atrasada ao qual achava não mais pertencer. Mas o que fazer? Suplicou a Teresa que convencesse Abdul a voltar atrás em sua escolha. Não entendia mais por que era preciso honrar a memória daquele avô indigno que nunca se preocupara com a mulher nem com os dois filhos pequenos, que um dia embarcara para Cuba a fim de escapar do serviço obrigatório no exército turco no início da Primeira Guerra Mundial e que, desde então, nunca manifestara o menor sinal de vida.

V

Na aldeia diziam que avô tinha um "gênio terrível". Era "brigão" segundo alguns, "leal" segundo alguns outros. Sabia fazer-se respeitar e fazer-se ouvir. Nunca tolerara uma ofensa contra a sua pessoa ou contra um membro de sua família. Nunca tampouco esquecera um bom gesto manifestado em sua intenção ou em intenção de um dos seus. Em suma, era "justo" mas firme.

Falava-se muito de sua força, ora com admiração, ora com dissimulação. "Forte como um Deus", ou "forte como um animal". Nos dois casos, parecia ter exercido essa força implacavelmente, nos limites de seus direitos. Mas, como a noção de direito era totalmente pessoal, disso resultava um direito elástico que se estendia ou se encolhia em função da força empregada. Contavam a seu respeito muitas anedotas, felizes ou infelizes, mas sempre divertidas.

Num dia de labuta, um de seus bois viu-se em apuros. Avô o liberou de seu jugo para deixá-lo retomar forças. Ao fim de uma hora de espera, o estado do animal não deu sinal de melhora. Temendo perder um dia de trabalho, confiou o controle do arado a seu irmão Mohammad, "um mole", tomou ele mesmo o lugar do boi doente e puxou até o esgotamento de seu companheiro chifrudo.

Nessa época, a propriedade da terra não era reconhecida por um ato oficial escrito, mas por um acordo tácito estabelecido entre os clãs para a paz de todos. Esse acordo era mais ou menos respeitado em função da evolução das relações de força entre eles. A terra pertencia àquele que a trabalhava. Mas o trabalho não era uma garantia suficiente de propriedade, pois era preciso também saber proteger seu produto. Por exemplo, nada impedia um agricultor de ceifar a metade dos campos limítrofes, porque mal guardados, ou de lá deixar pastar seus animais. Daí um esforço de vigilância que se impunha dia e noite e a importância de ter ou de pertencer a uma família numerosa e extensa.

Avô às vezes tinha métodos de dissuasão bem particulares:

– Gado pastando em meu campo me pertence – decretou ele um dia. O efeito desse decreto foi imediato, pois em volta de sua propriedade os animais domésticos foram amarrados. Mas, se ele tinha o mérito de se preocupar com seus assuntos, o mesmo não acontecia com os assuntos dos outros. Daí resultava às vezes rixas com os vizinhos imediatos, mas felizmente nada de grave.

Foi por causa de sua propensão para brigas que seu pai preferiu afastá-lo, em vez de vê-lo morrer na guerra dos turcos. Fascinado por tudo o que era prova física, ele arriscava identificar-se com aquela guerra como se fosse sua. Partiu numa manhã bem cedo. Tinha como bagagem apenas uma trouxa contendo uma calça bufante, uma camisa branca, um blusão vermelho e algumas moedas de ouro que o pai generosamente lhe dera. Não acordou nem a mulher nem os filhos. Queria retirar-se sem fanfarra, fazer como se nunca tivesse existido para a família nem para mais ninguém. Teve o desejo de se tornar seu próprio destino, de partir para renascer noutro lugar longínquo, de se tornar novamente o rapagão que ele era, mas sob outro céu e com identidade nova.

O pai fez com ele um trecho do caminho, ele a cavalo e o filho a pé. Não disse uma única palavra, pois tinha medo de trair seu estado de espírito, ele que sempre buscava dar-se como exemplo de coragem e bravura aos filhos. O filho entendia, mas jogava o jogo. Durante o caminho, evitou olhar na direção do pai. Fixava o horizonte, procurando o canto que ia, dentro de algumas semanas, acolhê-lo e aceitá-lo como um de seus filhos, agora que era filho de ninguém. Quando, num ponto da estrada que levava a Beirute, seu pai lhe disse:

– Confio você, filho, à baraca de Alá.

Ele não teve tempo de responder. O pai deu uma chicotada em seu cavalo que galopou sem descanso até em casa.

Ficaram a esperar por suas cartas. Mês após mês, ano após ano, continuavam a esperar. Só seu pai sabia, no fundo, que aquela espera era inútil. Ele conhecia o filho, e sabia que se parecia com ele e que através dessa semelhança podia adivinhar o que os outros não podiam imaginar. Primeiro acusavam a guerra, talvez para desculpá-lo. Terminada a guerra, não sabiam mais quem ou o que acusar. A espera, esgotada por sua própria impaciência, acabou por virar a página de Ali, tornado uma vaga lembrança da qual um boato vinha de vez em quando retirar a poeira. O que tinha a preferência de meu pai provinha de um antigo emigrado que lhe afirmava ter conhecido seu pai intimamente. Segundo o testemunho desse homem, avô se tornara muito rico, um dos homens mais ricos de Cuba, mas sua fortuna, infelizmente para ele, fora nacionalizada por Fidel Castro.

A honra estava salva. Essa versão da história de meu avô, que fazia dele duplamente um herói, reavivou o amor-próprio filial:

– Ficar milionário, talvez mais, tendo apenas como capital inicial uma calça bufante turca não era coisa fácil. Ceder em seguida essa fortuna colossal sem reagir, como se se tratasse de uma velha camisa usada, o era ainda menos. Grande avô!

Meu pai estava convencido de que um dia se daria ao luxo de partir para Cuba e de ir diretamente bater à porta paterna, de abraçar o primeiro que abrisse e de pedir a seu pai para fazer as malas e voltar a seu país bem-amado. Vivia convencido disso.

Se o assunto de meu avô estava relativamente bem resolvido, o de minha avó o estava menos. O que se fazia com uma mulher sem marido? Uma mulher sem protetor era a protegida de Satã. Seu vício estava inscrito nela. Uma mulher que conhecera o homem e que ficava só era uma porta aberta que arriscava tentar as pessoas honestas tanto quanto as desonestas, pois, é bem conhecido, uma fortuna sem controle ensinava as pessoas a roubar. Mas, além de todas essas considerações, havia o fato de que uma mulher que experimentara o prazer carnal era uma mulher que sabia demais daquilo. Um saber em demasia que devia ressoar em sua memória como um rangido de cama no quarto vizinho de um hotel. O consolo da virgem estava em sua ignorância. E, se a ignorância não era uma garantia total, a virgindade, esta, o era. O hímen era uma membrana frágil demais para prestar-se aos maus-tratos, e era precisamente nessa fragilidade que se baseava o equilíbrio social. A moça sabia bem disso; o rapaz também. Tanto um como o outro evitavam comportadamente forçar a natureza das coisas pela passagem ao ato. Amavam-se, mas de um amor casto, caso contrário a morte era o preço do prazer. Tudo o que um jovem noivo podia pedir à sua jovem noiva na noite de suas núpcias limitava-se a algumas gotas de sangue, uma resposta bem feminina à sua penetração viril, algumas gotas com que manchar uma toalha branca que ele iria expor aos aldeães, testemunho da pureza de sua mulher e de seu pertencimento ao mundo dos homens fortes. Mas se, por infelicidade, o sangue não viesse, nada mais dava certo. O marido devolvia a jovem esposa a seus pais e, escandalizado, reivindicava o dote que lhes havia pago. Quase sempre, aliás, negociava um preço para o silêncio, bem superior ao dote. Mas o silêncio não enganava ninguém, pois havia momentos em que o silêncio era muito loquaz.

O que poderia resgatar a honra perdida? Não o dinheiro, não o arrependimento da faltosa nem suas declarações de boa intenção ou suas promessas de conduta exemplar. Só havia o sangue... A cabeça da mulher! Só essa medida suprema restituía à família seu lugar na coletividade e a tornava digna desse lugar. Matava-se a pecadora de cabeça erguida, e por conseguinte o fruto de seu pecado. Sufocava-se a serpente no ovo, o eventual bastardo, mancha negra na linhagem. Sangue de pureza ou sangue purificador era sempre necessário para estreitar os vínculos sociais e salvar a comunidade.

Alá nunca deixava as coisas ao acaso. Em sua infinita sabedoria, ele fez chegar à aldeia uma família de imigrados. "Pessoas esquisitas, xiitas". Até então, nunca havíamos conhecido membros dessa comunidade muçulmana. "Muçulmanos talvez, mas não como nós". Veneravam Ali, genro do Profeta e quarto califa, e, em seu extremismo, às vezes chegavam até a colocá-lo antes do mensageiro de Alá.

– Era melhor ter cristãos como vizinhos que essa gente – reagiu oficialmente o meio sunita, que se prevalecia da ortodoxia islâmica.

O cristão, sabíamos, era diferente, logo, não trazia surpresas, ao passo que eles se diziam muçulmanos e, por conseguinte, reivindicavam o mesmo *status* que nós outros, buscando insidiosamente fazer com que admitíssemos uma divergência que o xeque classificou como "herética".

O homem se chamava Abbas. Tinha cavalos em vez do habitual camelo que caracteriza a sua comunidade. Chegava com uma mulher doente que não tardou a entregar a alma e a colocar um problema de enterro... de cemitério. Pois ninguém quis saber dela como vizinha na outra vida. Mas, num impulso de generosidade, os aldeães acabaram encontrando um local, quase a meio-caminho entre o cemitério dos muçulmanos e o dos cristãos, afastados cinqüenta metros um do outro.

Segundo os testemunhos dos vizinhos, Abbas era um belo homem, mas não se vestia como os muçulmanos. Em vez da calça bufante preta, ele usava uma estranha calça bege, não tão bufante para ser a nossa e não tão apertada para uma calça ocidental; chamamo-la por comodidade "uma calça xiita". Pois os xiitas eram avaros demais para pôr numa calça tanto pano quanto nós.

Duas outras particularidades ainda desagradavam os aldeães. Primeiro o sotaque. Ele acentuava as vogais; além disso, quando falava, dava a impressão de falar em árabe literal para grande espanto dos que ouviam. "Um dos traços do Imã* – comentava-se – era a sua eloqüência". Não era ele um dos homens mais eloqüentes do Islã? Gostávamos de escutar Abbas, mas evitávamos valorizá-lo, pois afinal não havia mérito algum em falar rebuscado quando na realidade não se era nem um pouco. O xeque Assad, à espreita de qualquer polêmica religiosa, não tardou a intervir para resolver essa desavença religiosa, velha como o Islã, e que a chegada de Abbas expusera à luz do dia.

– Ali – disse ele – foi um grande Imã, ninguém pode negar, mas ninguém tem o direito de glorificar o papel de um dos companheiros do Profeta sem turvar a grandeza da mensagem e de seu Executante. Todos têm méritos na propagação do Islã, Alá assim o quis, logo, não poderia ser diferente.

O xeque tinha a capacidade de convencer: cada uma de suas intervenções privadas ou públicas, durante a prece da sexta-feira ao meio-dia, punha um termo num debate ou acalmava os espíritos. Costumávamos ir vê-lo para solicitar sua opinião sobre tal ou tal questão, e sempre, Deus seja louvado, dela voltávamos satisfeito. O xeque Assad era decididamente um santo.

---

* O Califa Ali.

A segunda particularidade de Abbas, que parecia a mais criticável, era seu hábito de usar uma *chéchia* preta, em vez da branca habitual dos sunitas. “Ele dá uma impressão de mau agouro com seu chapéu preto, seus olhos negros penetrantes e sua barba preta”, diziam os mais incomodados por sua presença, acrescentando às vezes em seu impulso de intolerância que “devia trazer infelicidade encontrá-lo antes de ter feito as preces da aurora”.

Todas essas histórias eram sem real gravidade. Abbas parecia adaptar-se admiravelmente. Não perdia nunca o sorriso e continuava a ser o primeiro a cumprimentar sempre que em seu caminho cruzava com outro passante. Mas alguém levou a brincadeira mais longe e, não fosse a intervenção do xeque Assad, Abbas teria deixado a aldeia. Com efeito, espalhou-se um dia um boato que dizia que os xiitas tinham rabo. Os aldeães de bom senso se indignaram. Mas, como o bom senso não estava ao alcance de todos, havia aqueles que acreditavam nessa história. Alguns meninos se encarregaram, sob o impulso dos pais ou por vontade própria, não posso dizer, de verificar a validade da notícia. Organizaram-se em três grupos que se revezavam na vigilância das atividades de Abbas. Toda vez que este se dirigia à fossa comum cavada fora da aldeia para fazer as suas necessidades, via-se recebido por um estranho comitê de boas-vindas, que se instalava à sua volta e se esforçava para fazer como ele. Esse modo de observação científica durou semanas. Recolheram-se muitas observações interessantes, mas tão contraditórias que dali não se pôde tirar conclusões. Nunca se pôde saber com certeza se Abbas tinha um, dois ou três, mas, em todo caso, todas as opiniões concordavam vagamente em mais de um. Quando Abbas acabou por entender a maquinação de que era vítima, decidiu fazer as malas e ir ao encontro dos seus, membros de sua comunidade em outra aldeia.

Alertado, o xeque veio em seu socorro. Foi pessoalmente convidá-lo para a prece de sexta-feira e pediu-lhe humildemente que lhe concedesse algum tempo para pôr fim àquela brincadeira sem graça.

A mesquita estava cheia nessa sexta-feira. Abbas estava ajoelhado na primeira fila diante do altar, lugar habitualmente reservado aos notáveis e aos próximos do xeque. Os fiéis tinham os rostos graves, virados todos na mesma direção, a de Assad. De cima do altar e contrariando seus hábitos, ele tinha o olhar fixo no vazio, como se, através dos muros de pedra daquele lugar santo, comungasse com Deus, ou talvez, no auge da indignação, não se dignasse mais a lançar o mínimo olhar para aquele povo pecador. Vestia, como em toda ocasião solene, seu amplo manto cinza de mangas largas, o turbante e o cajado, sinal de que pertencia à linhagem do Profeta. Muitas testemunhas afirmaram, e mantinham suas afirmações muito tempo depois dessa prece da sexta-feira, que tinham visto uma pequena luz branca emanar nesse dia de seu rosto de ancião.

O fato de descender ou não da linhagem do Profeta não tinha importância em si, o que conta é que os Assad eram todos xeques, de pai a filho, dotados de um poder quase místico que confirmavam de uma geração a outra. Quando dirigiam as festas religiosas da aldeia, o milagre acontecia inevitavelmente, todos os anos. Vi pessoalmente o filho do xeque Assad, igualmente chamado xeque Assad, um homem forte de uns cem quilos, montar em seu cavalo e fazê-lo andar sobre as costas de uma dezena de aldeães deitados de bruços, apertados uns contra os outros. Todos afirmavam nada ter sentido do peso da montaria e de seu cavaleiro. Mentiam? Não posso dizer. Em todo caso, eu não havia notado o mínimo sinal que pudesse colocar em dúvida a sinceridade deles. Um outro rito, o rito do sabre e da lança, exercia uma fascinação quase mágica sobre mim. Imaginem uma dezena de homens, torso nu, dançando, quase em transe. Por volta das onze horas, o xeque chega, trazendo nas mãos uma xícara de leite, oferece um gole a cada um deles, depois, a seu sinal, eles começam a balançar e a dar pequenos golpes de lança ou de sabre no peito ou no ventre, e, aos poucos, o ritmo da orquestra composta de tambores e tamborins se acelera, arrastando os dançarinos numa cadência louca. Atos fantásticos acontecem então. Um enfia sua lança no lado esquerdo do ventre, até fazê-la sair do lado direito, e depois a retira sem deixar o menor rastro ou fazer pingar a mínima gota de sangue. Um outro, portando um sabre cujo corte ele experimenta num pedaço de pau, baterá com toda força no ventre de seu vizinho, ou no próprio, sempre sem causar o menor mal aparente. Vi tudo isso, e lembro de ter me beliscado o braço várias vezes para me assegurar de meu estado de vigília. Os Assad tinham esse dom, era o segredo deles, que transmitiam através das gerações até os nossos dias. Desde o século doze talvez... Saladino parece ter praticado esse rito como arma psicológica contra os Cruzados. Buscava através desse espetáculo assustador demonstrar-lhes que o soldado muçulmano era invencível.

Em suma, os Assad gozavam de um poder espiritual e de uma autoridade moral reconhecidos bem além de nossa aldeia. Sua ajuda era solicitada em qualquer problema litigioso, e eles, estritamente imparciais e absolutamente desinteressados, decidiam para a satisfação geral.

Mas, com a construção do Estado libanês, em que cada comunidade será oficialmente autônoma na resolução de seus próprios assuntos religiosos ou de estatuto pessoal, íamos ver chegar xeques assalariados, formados na tradição do Corão e da *Charia* (lei islâmica). Estes se revelaram mais bem armados teoricamente e iam assim elevar o nível dos debates religiosos; mas com eles a função vai lentamente perder o valor simbólico que tivera com os outros. "Guloso como um xeque" tornou-se a imagem de marca desses turbanados, que quase sempre vinham de famílias modestas e que procuravam ganhar bem a vida através desse ofício. Instituíam um prêmio de casamento, um prêmio de festa, um prêmio de falecimento, um prêmio de colheita, etc... sem esquecer, é claro, o lugar de honra que ocupavam em cada mesa e em cada cerimônia. Ignorando tudo da vida da aldeia, de seus problemas e das preocupações das pessoas, pregavam a religião, mas a esta faltava vida como se ela se esvaziasse de sua alma, isto é, do interesse pelos aldeães em sua vida cotidiana. Continuavam a contar a biografia do Profeta e de seus companheiros, mas esqueciam em seu prosaísmo que se dirigiam aos vivos. Com eles, Maomé fazia parte apenas da anedota moralizadora, sem relação com os cuidados de todos os dias ou a realidade do povo.

Nesse dia, na assembléia dos fiéis na mesquita, Assad saiu de seu mutismo, agradeceu Alá o misericordioso, louvou seu profeta e continuou:

– Aqueles que por infelicidade ainda não sabem que um homem tem rabo, saibam que ele tem um que contribui para a identidade de homem. Mas aqueles que na bestialidade da alma confundem o homem e o animal, saibam eles também que o rabo que eles fazem crescer no outro é apenas o reflexo de seu próprio estado.

Primeiro inquieto, o olhar dos fiéis virou-se na direção da *chéchia* preta de Abbas, conciliador e quase amigável. Em algumas palavras, o xeque acabava de dar seu lugar a Abbas na comunidade dos muçulmanos. Na saída, vários se precipitaram em sua direção para apertar-lhe calorosamente a mão, denunciar os caluniadores, ou propor-lhe um serviço. Intimidado, ele agradeceu a todos pela solidariedade e exprimiu-lhes sua gratidão e seu orgulho de estar entre eles.

O incidente teria sido quase encerrado se alguns descontentes não tivessem formulado críticas em relação a Assad. Julgaram sua intervenção junto aos muçulmanos inoportuna, pois, feita dentro da mesquita, incriminava nossa comunidade apenas e inocentava os cristãos. "Deus sabe que aqueles 'porcos' não têm a consciência tranqüila".

Assad reagiu com moderação. Afirmou que só fazia "seu dever diante da comunidade. E se, por sorte, ela nada tinha a ver com aquela história, sua inocência a honrava perante Deus".

Contam que ele morreu alguns meses depois desse incidente. Atingido pela dor que ele lhe causara, ou chamado por Alá? Ninguém poderia dizer. Parece, em todo caso, que força alguma, humana ou animal, conseguira mexer o caixão uma única polegada, até que seu filho mais velho o tivesse beijado na testa e lhe tivesse murmurado no ouvido algo como "a promessa de prosseguir na linha dos ancestrais". Foi, em todo caso, a interpretação dos que estavam presentes ao enterro.

Abbas instalou-se definitivamente como veterinário. Com o tempo, revelou-se nobre demais para um simples "criador de camelos". Conhecia os cavalos à perfeição. Bastava lançar uma olhada rápida para um animal para dar um monte de informações relativas à idade, à raça e ao estado físico geral. Assim, cavalos curiosos de suas origens e de seu valor iam, pelas mãos dos donos, bater à porta de Abbas. Agradavelmente surpreendidos ou profundamente indignados, todos vinham mesmo assim conhecer esse homem.

Abbas era decididamente um homem cheio de truques. Belo, jovem, irresistível, divertido, e só, viúvo, para ser preciso. Em suma, tinha tudo o que era preciso para agradar às jovens da aldeia. Com certeza sabia disso, pois não hesitava em tentar a sorte com elas.

Talvez tivesse ambicionado alto demais? Ou talvez se tivesse deixado enganar pela aparente fraternidade manifestada pelos aldeães! O fato é que sua tentativa junto aos Mahmoud não deu em nada.

Por mais que pusesse metros de tecido entre as pernas para imitar a calça bufante sunita, por mais que trocasse sua *chéchia* preta por uma branca, seu camelo, sua mediocridade se manifestavam sempre que Abbas parecia esquecer demais sua origem.

VI

Quando mais o tempo passava, mais aumentava o desejo da família de se livrar de minha avó. Apesar de uma vida estritamente sem histórias, e apesar de uma conduta quase exemplar, ela não cessava de causar preocupações aos seus. Ora por ser ainda jovem e desejável com seu ar de tristeza que lhe caía maravilhosamente bem, ora por lhes parecer séria demais para receber crédito, e ora por ser incômoda.

Ela perdera a autonomia no lar conjugal desde que o marido se fora. De um dia para o outro foi transferida para a sala comum a fim de ficar sob a vigilância direta dos sogros. Perdida nesse espaço impessoal, só se encontrava através dos pedidos que uns e outros lhe faziam. Dava uma ajudinha aqui, outra ajudinha ali, mas, preocupada em se tornar útil, deixava de lado o dever para consigo mesma e para com os filhos.

Assim viviam. Os dois meninos seguiam a mãe, e ela buscava apenas sinais através dos quais esperava ver um reconhecimento por parte da família; mas, uma vez emitidos os sinais, estes se revelavam enganosos, pois nunca eram capazes de satisfazer seu pedido de amor.

Ela nunca quisera guardar o luto do marido, pois o luto teria sido primeiro o da esperança, ao passo que, para ela, o marido continuava a viver em seu íntimo como antigamente: jovem, forte, belo e afetuoso. À sua volta, as pessoas ganhavam idade, mas ele, no lugar onde ela o trazia, permanecia imutavelmente jovem. Ela às vezes lhe falava, mas antes como a um bebê, exatamente como fazia com Abdul e Kassim. Acontecia-lhes, então, ou reagir ou responder-lhe, pensando que se tratava deles. E toda vez, quando ela se derretia em lágrimas, eles compreendiam que as coisas eram complicadas demais para as suas cabecinhas.

Rápido ela ia perder aqueles momentos de parada em sua viagem indeterminada, momentos de encontro com outros. Esses momentos que faziam sua felicidade e lhe davam a impressão de existir, em vez de estar reduzida a tapar fisicamente alguns buracos insignificantes que a falta de coesão da família de vez em quando deixava transparecer.

Como não tinha mais lugar no desejo do outro, ela passava a ser incômoda com seus dois filhos. De dia ou de noite, quando a sala comum recebia visitantes, ela ia se refugiar no quarto dos sogros, ou em qualquer outro lugar, esperando a liberação de sua morada provisória, que recebia seu corpo e os de seus filhos num lar sem amanhã. Ela não entendia o porquê daquilo tudo, mas não se faziam perguntas aos homens, que, estes, sabiam o que faziam. Ela aceitava, embora penosamente, o incômodo de sua existência, tanto que ainda tinha idéias a seu respeito ou a respeito dos filhos pequenos, mas, agora que ela não estava mais ali, nada a incomodava mais. Ela estava longe. Talvez lá onde devesse estar, junto a seu homem, naquele estranho país cujo nome ela sequer conhecia. Ela sabia bem que ele precisava dela, de sua presença, de seu corpo, de seus serviços e de suas palavras tranqüilizadoras, ele que semeara o medo nos quatro cantos da aldeia. Depois de cada humilhação, ou de cada rixa com um aldeão recalcitrante, ou a cada frustração encontrada em sua vida rude de camponês, ele viera sentar-se a seu lado, colocar a cabeça em seu ombro, fechar os olhos e refugiar-se num mutismo total. Ela tirava sua *chéchia*, acariciava-lhe com ternura os cabelos até que se levantasse, para juntar-se novamente à companhia dos homens.

Amavam-se profundamente apesar da raridade das trocas verbais. Olhavam-se timidamente em silêncio, mas o desejo se exprimia claramente em seus olhos.

Todas as noites, depois das duras jornadas de trabalho, ela o esperava com a bacia de água quente para lavá-lo de cima abaixo, pôr nele a camisola de dormir e servir-lhe a refeição guardada no calor no fundo da lareira. Comiam rápido, às vezes até queimavam a língua e o céu-da-boca, mas sempre tinham comido rápido. Ela lhe perguntava como fora o dia, só para dizer alguma coisa, ou para ouvi-lo falar, uma única frase, uma frase bem pequena, sua resposta familiar, por exemplo: "Tudo bem". Sorriam-se ao fim da refeição. Sorriam-se com ternura. E ela, em troca dos sorrisos afetuosos do marido, dava seu corpo. Deitava-se no lugar onde estava sentada, bem perto da bandeja de cobre sobre a qual eram servidas as refeições, e ele ia, como todas as noites, afastar-lhe as pernas e fazer-lhe amor.

Ele sempre tinha pressa de voltar de noite; nunca perdia inutilmente um momento no caminho de volta. Aqueles que de início o interpelavam por uma razão ou outra rapidamente tinham entendido que ele só tinha cabeça para a mulher e era melhor não incomodá-lo antes que a visse. De noite, quando ele entrava na sala de recepção, as pessoas costumavam parar de conversar para examiná-lo com os olhos de cima a baixo e para em seguida brincar a seu respeito, e a respeito de seu amor imoderado pela mulher, ou antes, de sua fraqueza diante dela. Mas ele, com sua maneira habitual, sabia tornar as brincadeiras deliciosas ao encurtá-las.

Algo misterioso o chamava a ela feito uma voz de sereia. Algo irresistível o atraía sem descanso, como uma borboleta subjugada por uma fonte de luz fora de alcance, ou como um enfeitiçado, todos pensavam, comandado por um poder sobrenatural, que executava estritamente uma ordem bem precisa, a de amar apaixonadamente a mulher. Tinham se casado jovens. Ele tinha dezessete anos, ela tinha quinze. Tinham-se visto uma única vez, mas foi mais do que suficiente para serem um do outro para sempre. Fora durante o concurso hípico anual organizado entre as aldeias da região, do qual ele participava e ela era expectadora. Nada havia de extraordinário em torno desse cavaleiro, exceto talvez que era desajeitado em sua maneira de usar o *keffieh**. Uma vez dada a partida aos cavalos, ele só tinha uma preocupação: lutar contra o vento que teimava em retirá-lo de sua cabeça. Como estava dividido entre as rédeas e o chapéu, o vento levou vantagem sobre ele e, feito um mensageiro do coração, enviou o véu branco para envolver a feliz jovem, que respondeu com o coração ao herói bem-amado. Ela dobrou cuidadosamente o *keffieh*, sentindo de vez em quando o cheiro do homem, ou escutando sua respiração acelerada pelo esforço da corrida. E,

---

* Cobertura ou lenço dos beduínos, formado de um quadrado de tecido dobrado em triângulo e preso por um laço. (NT)

de repente, ei-lo: o homem de olhos azuis e transparentes como o céu da aldeia, que estendeu a mão. Confusa, ela lhe deu a sua num gesto inconsciente. Ele a apertou ternamente e lhe perguntou num tumulto de emoção:

– Como você se chama?

Ali perdeu a corrida, mas não o tempo. Enviou o pai, naquela mesma noite, para pedir a mão de Leila. Um mês mais tarde, aconteceu o casamento. Toda a aldeia esteve presente, assim como todos os cavaleiros. Foi um acontecimento importante, pois, para além da pequena anedota do *keffieh*, havia a mão do destino, que, naquela enorme multidão, havia reunido os dois. Os cavaleiros, para comemorar esse extraordinário acaso, seguravam cada um seu *keffieh* na mão; depois, em plena corrida, como uma nuvem de pombas, os *keffieh* saíram voando em todas as direções, cada um para seu destino, mas o acaso não tem dono.

As festividades duraram sete dias, e em cada dia sete carneiros foram degolados para alimentar todo aquele povo. Dançava-se noite e dia ao som do tantã e da flauta. O cantor mais conhecido da região fora convidado. Com seu *rababe** e suas belas canções improvisadas, ele conseguiu despertar as noites da aldeia durante uma semana. Na noite das núpcias, quando a noiva chegou no dorso de seu cavalo branco, acompanhada do padrasto à frente do cortejo familiar, e quando o marido, no dorso de seu cavalo negro, deixou os seus para ir a seu encontro, levantando com a ponta de seu bastão o véu branco que cobria o rosto de sua jovem esposa, e dando-lhe um gentil golpe na cabeça, sinal de sua autoridade sobre ela, o cantor entoou:

"Quando o teu véu branco envolveu-me o corpo
Ele me despertou para meu ser de mulher
Arrebatada pelo encanto de teus olhos azuis,
A inocente moça que eu era deu-te a mão".

Foi o êxtase. Todos os solteiros queriam se casar naquele dia. As mulheres berravam seus iuius com toda a força multiplicada pelo calor da

* Instrumento de música de uma só corda.

emoção. Os homens davam salvas de tiros para fazer com que seus sentimentos ressoassem mais profundos.

Quando digo mais profundos, não exagero nada, pois a arma de fogo era e continua sendo a linguagem cotidiana dos libaneses. Ela é o companheiro na alegria e no desamparo, um porta-voz eloqüente da alma deles: são convincentes quando atiram para o ar, de certo modo codificam as emoções; projetam-se, como as balas da arma, num horizonte desconhecido, mas familiar à população. Ao verem a arma brandida num gesto bem estudado e o gatilho sabiamente roçado, as mulheres uivam as suas canções, os homens gritam sua admiração e as crianças, excitadas, contam os tiros e se empurram na disputa para recolher as cápsulas. A arma de fogo representa uma parte integrante do folclore nacional. Seria difícil imaginar um casamento, uma festa ou um acontecimento social sem a salva de tiros. A defloração da jovem noiva, a dança do ventre de uma mulher, a homenagem aos mortos, a volta à terra de um emigrado, o sucesso de um negócio, tudo é honrado por esse ritual.

Foi difícil abrir passagem. A noiva, sempre no dorso de seu cavalo, transpôs a porta principal que dava para o pátio da casa e parou imóvel diante da porta do quarto conjugal, onde a sogra a esperava com uma massa redonda enfeitada de grãos de trigo e amêndoas. Ela a segurou com uma mão trêmula e, num golpe seco, lançou-a contra a parede logo acima da porta, onde foi desenhar uma bola perfeita. A massa resistiu, grudada na parede, sinal de entendimento e concordância. Ao som dos iuius elevando-se de novo responderam os ruídos das detonações num diálogo de inebriamento e satisfação. Aliviado, o jovem noivo desceu do cavalo e foi na direção de sua futura esposa para ajudá-la a deixar sua montaria e para experimentar com ela o prazer de estar a dois. Bem no momento de fechar a porta atrás de si, uma voz piedosa elevou-se numa prece íntima: "Meu Deus, eles são jovens, belos e simpáticos. Abençoai, abençoai esta união". Era Assad.

Na véspera da partida, quatro anos mais tarde, Ali parecia mais silencioso que de hábito, mas preocupado, apesar de seu silêncio. Ele nunca dissera uma palavra sobre seu projeto, ou antes, sobre o projeto de seu pai a seu respeito. Os assuntos graves eram negócio de homens. Leila sabia respeitar os estados de ânimo do marido, mas, naquela noite, adivinhava por intuição que algo não ia muito bem. Ela o olhava, interrogativa, e, diante da súplica desse olhar, Ali se refugiava em afazeres-subterfúgios: arrumava o tapete à sua volta, ou atiçava o fogo na lareira. Mas com o tempo o ambiente foi se tornando pesado demais. Sem perder o fogo de vista, ele acabou perguntando:

– Você tinha *khol* preto em volta dos olhos no dia do nosso casamento, você se lembra?

Espantada com essa interpelação, mas não descontente de ouvir enfim a voz do marido, ela respondeu:

– Lembro. – Mas depois de hesitar um pouco acrescentou: – Nunca pensei que você tivesse visto, você não me olhou nos olhos naquela noite.

Mas, como se não tivesse prestado atenção no que ela acabava de ressaltar, ele prosseguiu num tom interrogativo:

– Você tinha posto um vestido azul-celeste, bordado de fios vermelhos no peito. Flores, acho. Você tinha também belas tranças que o véu deixava entrever, nos movimentos casuais da cabeça. Esqueci de lhe dizer, naquela noite, que você estava linda e que eu estava orgulhoso de esposá-la. Você se lembra. A gente não se tocou. Você se prosternou diante do colchão, hesitante, não sabendo o que fazer, e eu tampouco. Olhei o chão como você, não ousando tomar a iniciativa, mas rezando a Deus que me desse a força e a coragem de ir até o fim daquela prova. De repente, você se deitou, só me restava então continuar.

Leila, sempre espantada, continuava a fixar o marido com olhos úmidos, mas ainda não lacrimejantes. Contentou-se em repetir "sim, sim", não com nostalgia, mas com uma afetação e uma sensibilidade que o relato do marido despertava nela.

– Eu tinha uma dificuldade louca para desfazer o xale amarrado na cintura. Meu Deus, como me parecia demorado. Eu estava tomado por pequenos acessos de raiva, quase o rasguei várias vezes. Mas, enfim, quando consegui desapertar as minhas calças, você sabe, fiz o resto como num sonho. Não havia nada de real para mim em nossa relação sexual. O seu corpo era só um sonho, sequer o senti, como se não houvesse ninguém sobre o colchão. Mas quando, depois da ejaculação, acordei para mim mesmo, eu só tinha uma pressa, sair.

Era difícil saber se avô evocava essa lembrança dirigindo-se ao fogo ou se ele se dirigia à mulher. Em todo caso, continuava a fixar obstinadamente as flamas e a falar calmamente até o fim do relato. Depois, foi dar uma olhada nos dois meninos que dormiam no fundo da sala e voltou para junto da mulher a fim de lhe propor refazer a noite de núpcias.

Na manhã seguinte, despertou cedo. Beijou os filhos, mas quando, junto ao colchão, notou o embrulho que a mulher lhe havia preparado, compreendeu que seu silêncio era inútil.

Partiu sem dizer uma palavra, nem sobre o que ia fazer, nem aonde ia, nem sobre seu projeto quanto à família, nem sobre a data da volta. Leila não fez perguntas, pois sabia que por trás do olhar duro de Ali naquele momento havia lágrimas que espreitavam a primeira oportunidade para escorrer, mas ela sobretudo sabia que um homem não chorava.

Desde então, avó não habitava mais seu corpo. Ela fora ao encontro de Ali naquele país sem nome, para esperá-lo todas as noites com a água quente e o desejo mil e mil vezes saciado e mil e mil vezes renovado. Com seus dois meninos, ela não tinha mais referência à sua volta, pois não pedia mais nada a ninguém. Usava seu eterno vestido azul, já remendado duas vezes, mas nunca sentira a necessidade de fazer outro. O véu branco, outrora usado com vaidade sobre as duas belas tranças, agora se assemelhava apenas aos trapos de um véu branco sobre um velho destroço. No rosto, antes rosado, uma palidez inanimada lembrava a figura de cera de um autômato poeirento. Em seus olhos marrons e meigos que, a cada encontro com os do marido, ficavam inflamados de desejos ardentes, só esferas apagadas ainda giravam nas órbitas.

Acusavam-na de miserabilidade, acusavam-na de má-fé, chamavamna de caluniadora, de chorona, de pássaro de mau agouro e outras coisas mais. Contavam muitas histórias a seu respeito, mas ninguém havia entendido nada dela.

VII

Um dia propuseram a Mohammad tomá-la como segunda mulher.

– Que importa o amor ou a atração física quando a honra da família está em perigo! – lhe disseram, contando com seu sentimento de dever para com a solidariedade familiar.

Mas Mohammad não caiu na armadilha. Não era mais o mesmo homem desde que voltara da guerra. Respondeu com desdém que não se oferecia às feras a parte dos carniceiros.

Decididamente, ele sofrera uma metamorfose. Ninguém se opusera à sua incorporação ao exército turco. "Boa oportunidade para se livrar dele", disseram as más línguas. Com a consciência tranqüila, seu pai dera a entender que queria fazer dele um homem. Mas, entre o desejo não confessado do pai e sua declaração pública a respeito do filho, era difícil decidir. O fato é que Mohammad fizera a guerra e soubera tirar proveito dela.

Depois da partida de Ali, seu retorno triunfal à aldeia após três anos de ausência fazia dele a pessoa corajosa que ele nunca fora no passado. Ganhara o apelido de "o molenga", "o mijão", "sem nada entre as pernas ", um monte de qualificativos que faziam alusão a seu apagamento e a sua falta de agressividade.

Nove meses após Ali, nascera um bebê bem pequeno que não parecia com ninguém na família. Quando gritava, as pessoas procuravam o gato que ele parecia imitar à perfeição. A mãe, aparentemente decepcionada com aquela espécie de monstrengo animado, não tinha leite para ele. Davam-lhe *loukoum** e leite de cabra. De tanto entupi-lo com esse leite, tinham medo de ver nele crescer chifres feito um bode ou de que lhe caíssem as orelhas. Às vezes ficava esquecido um dia inteiro na cama, mas só seus miados lembravam à cabra seu dever materno.

Ele sempre vivera entre a indiferença e a agressividade quase mortífera. Criança, era a vítima de todos os membros de sua geração e das outras. Pequenas ou grandes, as crianças o agrediam sem razão aparente. Bastava ele pôr o pé fora de casa, a qualquer hora do dia, para que o espancassem. E ele não encontrava outra solução a não ser chorar nas saias da mãe. Ali sempre se encarregava de vingá-lo, mas, de tanto vê-lo ser maltratado, acabou não dando mais atenção.

Adolescente, não saía mais de casa. Ficava sentado no seu canto durante horas e horas, sem se mexer, de boca aberta. Uma dezena de moscas limpavam-lhe os dentes, e um filete de saliva pingava de cada comissura de sua boca para terminar na frente de sua djelaba cáqui, numa poça amarelada cheia de banhistas de asas.

Era mais forte que o pai, mas sempre que este o via nesse estado tinha vontade de lhe chutar o traseiro. Felizmente não o fazia com freqüência, mas não agüentava esse adolescente franzino que não servia nem para tomar conta das vacas, porque tinha medo do olhar delas, nem para ajudar no estábulo, porque tinha medo do escuro.

Ele nunca tomava a iniciativa de se lavar sozinho ou de pentear os cabelos. Era preciso que lhe repetissem isso o dia inteiro para que enfim consentisse em molhar as mãos ou em dar uma aparência de ordem aos cabelos engordurados e cheios de piolhos.

Adulto, foi confiado a Ali, que o levava todos os dias ao campo para iniciá-lo no ofício de camponês. Mas, diante de sua falta de autonomia, Ali quase sempre não sabia o que fazer com ele.

Experimentaram-se todos os remédios conhecidos na época, a medicina popular, a escritura santa, a feitiçaria, dar-lhe sustos, obrigá-lo a fazer esforços físicos e sei lá mais o que ainda, mas nada parecia exercer o míni-

---

* *Rahat loukoum* [o repouso da garganta]: doce oriental, feito com uma massa aromatizada envolvida em açúcar fino. (NT)

mo efeito sobre ele. Cansada de tantas providências, a família desinteressou-se por completo, até que a guerra, precisando de carne humana, o tirou do esquecimento.

Quando, ao voltar, ele passeava de cabeça erguida, peito estufado, com os bigodes bem curvados, vestido exatamente como estivera Ali no dia de seu casamento, calças bufantes pretas e jaqueta vermelha sobre uma camisa branca aberta no peito peludo, as pessoas comentavam: "parece o irmão". Com efeito, ele levou sua identificação com Ali ao ponto de escolher seu cavalo negro, apesar da desaprovação da família. Agora que tinha o lugar inteiro para si, entendia bem ocupá-lo e deixar os escrúpulos para os outros.

Contava suas aventuras de guerra para quem aparecesse. Lembro-me sempre da história de um de seus choques armados contra o exército francês. Ele contava que ele e seus companheiros, uma centena ao todo, haviam sido enviados ao Hedjaz para apoiar uma frente ameaçada pelo avanço das tropas francesas.

– Os franceses – afirmou – eram numerosos, vários milhares, armados com tudo o que o Ocidente possuía de tecnologia de morte. Havia carros blindados, canhões, metralhadoras pesadas e aviões, que vinham de vez em quando despejar suas bombas sobre nós. Diante deles, com nossos sabres e espingardas que atiravam uma vez em duas, parecíamos um bando de garotos que ainda não haviam entendido que a guerra não era uma brincadeira. Ainda me vejo escondido com meus companheiros, por trás dos arbustos, dos rochedos e nos buracos naturais que acidentavam por toda parte aquela região da Arábia. Esperávamos poder pegar o inimigo pela retaguarda. Mas, por azar, alguém nos havia notado, não sei muito bem como. De repente, uma voz se elevou mais forte que o estrondo da mecânica e golpeando feito o destino. Ela ordenou *Fire*.

– *Fire*! Não é francês – observei ao tio-avô Mohammad.

– É sim – respondeu ele sem dar muita atenção.

– Não é não – insisti. – É uma palavra inglesa.

– Como é que se diz *fire* em francês? – perguntou-me, sarcástico.

– Em francês, a gente diz "feu".

– Bah! – exclamou com um ar indignado pela minha insolência. – É quase a mesma coisa. Em suma – continuou –, a voz ordenou *Fire*.

– Não, *feu*.

– *Feu*! – retomou dando-me de passagem um tapa. – E eis que se levantaram da terra colunas de chamas e fumaça que chegaram ao céu para mostrar diante de Alá a maldade do homem. Um barulho ensurdecedor e quase contínuo encheu a terra, como uma queixa estridente liberada pela miséria do homem e sua insignificância. Naquele momento, só nos restava como solução ficar pregados ao chão, fingir que estávamos mortos e esperar. Algum tempo depois, algumas horas talvez, que nos pareceram mais longas que a eternidade, os tiros bruscamente cessaram, para deixar surgir, como pelo efeito de um levantar de cortinas, o inimigo entre nós. "Vamos massacrar", ordenou nosso chefe. E foi então que descobrimos que a linguagem do bom velho sabre de sempre era mais convincente que qualquer outra linguagem.

Num salto, tio-avô pegou seu sabre exposto numa parede da sala de recepção com vários outros troféus de guerra e pôs-se a imitar o combate com arma branca.

– Não demoramos muito para derrotar a superioridade técnica e numérica deles. Nós conhecemos o sabre, enquanto que eles, fora apertar o gatilho, só sabiam gritar *Help*.

– *Help*, mais uma vez é inglês – interrompi de novo o relato de tio-avô.

– Seu fedelho – disse-me ele com toda a agressividade do combate.

Pegou-me a orelha com a mão esquerda e continuou sua história como se não fosse nada, arrastando-me ao se deslocar, ao acaso de seus duelos, durante a batalha inteira.

Tio-avô contava sempre a sua história, mas a partir dessa vez nela introduziu modificações relativas à nacionalidade do inimigo. Assim, se o desfecho da batalha mudava em função de seus estados de ânimo ou da composição de seu auditório, ele havia definitivamente acertado sua desavença lingüística comigo.

Certos dias, ele tinha uma espécie de lamento, ou talvez um sentimento de culpa a meu respeito. Confessou-me que essa batalha era fictícia e que, se a contava de vez em quando, era porque as pessoas simples gostavam da sensação.

– Mas com você não é a mesma coisa. Você vai à escola, estuda, lê livros, conhece línguas estrangeiras, vai com certeza se tornar alguém importante, um advogado ou um professor, então não posso mentir para você. Dei um único tiro durante toda a guerra, era de noite. Eu estava de guarda. Estávamos acampados, não sei mais onde, numa planície em estado selvagem, extensa a perder de vista. Por volta de uma hora da manhã, ouvi ruídos de passos bem perto. Alguém indiscreto ou sem experiência parecia rastejar na minha direção. Perguntei "quem está aí?". Intimei duas vezes, na terceira vez atirei. Ele desabou, gemendo de dor. Os outros, alertados pela detonação, já estavam prontos para a guerra. Fomos a três examinar o corpo. Para nossa grande surpresa, descobrimos que eu acabava de matar um urso. Pronto! Essa é a única grande guerra que eu fiz.

Tio-avô passou os dedos no bigode como se quisesse se assegurar de que aquela confissão de humildade não afetara sua curva perfeita, símbolo do homem altivo que ele era. Em seguida, depois de ter aspirado com a ponta dos lábios vários goles de chá quente, colocou a mão sobre meu ombro e retomou:

– Escute, meu menino. Contar uma história que não é verdadeira, só para divertir os outros, não é uma mentira. A mentira é egoísta. Eu conto histórias cujos heróis são os ouvintes. Eles têm um irmão, um pai, um tio ou um filho que fez a guerra e cujos rastros se perderam. Eles me escutam, é verdade, mas é o ausente que lhes fala em meus relatos. Eles perderam um homem comum, para não dizer deplorável, mas ao me escutarem ele cresce na imaginação deles.

Prometi a tio-avô guardar seu segredo. Ele sorriu para mim, serviu-se de um segundo copo de chá e me disse:

– Eu sabia que você é um bom menino.

E, à guisa de reconhecimento, prometeu me dar de presente seu sabre de lâmina adamascada para meu "grande diploma", o bacharelado.

– Sabe, eu gosto muito de você e de seus irmãos – retomou, uma vez passada a emoção de sua promessa de presente. – Eu criei o seu pai, protegi-o quando ele precisava. Ele estava só com seu irmãozinho. Eles tinham sido abandonados, os pobrezinhos. Sem pai, sem mãe, você tinha que ver. Era de cortar o coração. Só havia eu, sobretudo após a morte de avô, não hesitei um só momento, integrei-os em minha família, pondo assim um termo ao sofrimento deles. Não pedi nada em troca, você sabe bem, meu menino, se fiz isso, é que era preciso alguém para recuperar as besteiras dos pais deles.

Aparentemente, tio-avô estava convencido do que me contava, pois me parecia emocionado a ponto de ainda sofrer ao lembrar aquela miséria. Consolou-se com um copo de sua beberagem bem açucarada e, colocando o copo vazio sobre a bandeja à sua frente, retomou:

– Devo confessar que seu pai não precisava de muita coisa, que ele não nos incomodava muito. Ele começou a trabalhar bem cedo. Não tinha nem onze anos quando começou a cuidar das vacas, umas dez. Às quatro horas da manhã, ele já estava pronto. O pequeno Kassem em geral o acompanhava, pois se entediava sem ele. Meu Deus, como era emocionante ver os dois! Não eram mais altos que uma pata dos animais, mas tinham energia. Os vizinhos às vezes se espantavam com minha despreocupação, mas, para mim, se ele ainda era jovem segundo o julgamento dos outros, a criança que o seu pai era tinha a força de um homem.

Eu não entendia por que tio-avô me fazia um tal discurso, mas me dava prazer ouvi-lo louvar meu pai. Respondi-lhe:

– De fato, meu pai cresceu sozinho como uma árvore selvagem. Ainda que não dê frutos, sua sombra é apreciada.

Tio-avô encarou-me, surpreso. Estávamos os dois sentados perto do forno. Era uma tarde do mês de outubro. Ainda não fazia frio. O braseiro exalava um calor agradável que exercia sobre mim um efeito adormecedor. O céu estava coberto, e o vento de vez em quando turbilhonava, erigindo colunas gigantescas de poeira e de dejetos leves de toda natureza. Tio-avô foi dar uma olhada pela janela, fechou-a e voltou para me dizer "O inverno vem frio este ano". Voltou a seu lugar perto do fogo, bem a meu lado esquerdo, cruzou as pernas e comentou meio sem fôlego: "Já estou velho". Retirou a tampa da chaleira, inclinou a cabeça para examinar o interior e serviu-se de um chá que escurecia cada vez mais.

Os risonhos olhos marrons do tio-avô nunca tinham sido o reflexo fiel de seus estados de espírito. Ele tinha sempre um ar de um eterno brincalhão, mesmo quando a infelicidade lhe partia o coração. Assim, quando fazia sua cara séria, não era lá muito convincente, exceto quando falava, pois só podia sê-lo com palavras. Não sei por que ele sempre precisava olhar o interlocutor direto nos olhos antes de se exprimir. As pessoas sempre ficavam surpresas quando descobriam que ele não estava brincando e tinham dificuldade de escutar até o fim sem estourar de rir uma ou duas vezes.

– Escute, meu menino – disse-me ele ainda. – Tenho que lhe contar essa história. Sempre é fácil apontar um culpado, mas é difícil evitar o erro. O seu bisavô estava convencido da necessidade de casar a sua avó para aliviar-lhe o sofrimento. Todos esperavam a volta de Ali no fim da guerra, mas, quatro anos mais tarde, ele continuava sem dar sinal de vida. Um dia, vendo Leila perambular pelo pátio feito um fantasma, o seu bisavô montou no cavalo e ausentou-se quase a tarde inteira. Ao voltar, pediu à sua mulher para preparar as coisas de Leila pois ia casá-la com alguém.

– Com quem? – perguntou ela.

– Com Abbas.

– Meu Deus! – exclamou ela, com as mãos levantadas para o céu. – O que vai nos acontecer?

– Por quê?

– Mas é um xiita.

– Somos todos muçulmanos – respondeu ele num tom determinado.

– Mas ele é só, não tem família – continuou ela, cada vez mais desesperada.

– Justamente, ele precisa casar para ter uma família.

– Mas ele não tem terra. Vão zombar de nós.

"A sua bisavó estava de acordo com a idéia de casar a nora, mas daí a conceder sua mão a Abbas, era preciso refletir. Sem família e sem terra, correspondia a dizer que ele estava desprovido dos elementos que representavam o valor do homem, sua identidade e seu pertencimento". Diante do desespero de sua mulher, meu bisavô procurou se mostrar tranqüilizador:

– Terra? Ele vai ter.

"Com exceção de algumas reticências de um lado e do outro, todos estavam de acordo com essa solução para o problema da avó. Em todo caso, prosseguiu tio-avô, ela consentia; a prova: ela não disse nada. Só que havia um pequeno problema com ela: foi preciso uma enorme dose de coragem e de paciência a nossas mulheres para convencê-la a trocar de roupa. Festejamos o casamento em família, com simplicidade, mas não sem alegria, e lá pelo fim do dia, quando a acompanhamos até a sua nova morada conjugal, todos viam enfim um desfecho feliz para a tragédia daquela mulher que entristecera a todos nós. Mas no dia seguinte, ao descobrirmos os dois meninos adormecidos num canto da sala de recepção, nos demos conta de que havíamos negligenciado esse detalhe, e bruscamente a felicidade deu vez à consternação. Diante da pressa e do alívio de vê-la partir, ninguém havia pensado em seus dois filhos. Lá estavam eles diante de nós, refugiados um no corpo do outro, anjos inocentes. Vi chorar o seu bisavô pela primeira vez na vida. Depois, num acesso de cólera monstro, ele disse:

– Por Alá, vou furar os olhos de quem ousar tocar nesses meninos.

"Mas, para infelicidade deles, ele morreu subitamente algum tempo depois, deixando-os sem protetor. Assim, cabia a mim assumir a responsabilidade, e foi o que fiz".

VIII

A morte súbita de bisavô ia investir meu pai e meu tio de um poder inesperado. Em plena força da idade, o velho talvez tivesse pensado em tudo exceto em resolver o problema da herança. Ele deixara uma verdadeira fortuna: terra, gado e ouro, muitas peças de ouro. Os herdeiros, em respeito ao luto assumido pela mãe, tinham evitado precipitar as coisas. Continuavam a viver como se nada tivesse acontecido, recorrendo a ela e ao mais velho dentre eles, Mohammad. Todos esperavam a mesma coisa, a partilha, mas ninguém queria ser o primeiro a falar disso, com medo de chocar a viúva e os outros. Esperavam uma oportunidade, qualquer uma, contanto que fosse boa. Entretanto, algo havia mudado nos hábitos dos filhos. Se, quando o pai era vivo, eles haviam trabalhado indiferentemente num pedaço do campo ou no outro, cada um agora ia aos poucos se fixando num pedaço de sua escolha e fazendo como se fosse o seu. Atribuíam-se cavalos, bois, ferramentas, etc, arriscando descontentar os outros. Mal-entendidos e até pequenas brigas se sucediam, mas eles rapidamente se entendiam em nome da honra da família.

Ao fim de um ano, Mohammad descobriu que o fingimento havia durado o bastante e decidiu ser o primeiro a abrir fogo. Certa noite, dirigiu-se ao quarto de sua mãe, que já estava na cama, beijou-lhe a mão e disse:

– Ninguém vai escapar da vontade de Alá. Pai morreu, estava escrito; que Deus tenha a sua alma. Entendo bem a sua dor, mas já é tempo de olhar o problema de frente. Ninguém disse nada, mas cada um já marcou a sua parte. Não podemos mais calar o problema da herança, é preciso ao menos oficializar isso com você, e dar a cada um a sua chance.

Bisavó procurava desesperadamente sua *chéchia* para cobrir a careca de seu crânio desguarnecido, mas a cada movimento brusco da cabeça ela perdia o véu. Apressava-se em recolhê-lo a cada vez, para rapidamente cobrir um crânio branco e lustroso como um ovo fresco.

– Isso começou durante a gravidez de Mohammad – costumava ela comentar maquinalmente para justificar seu triste estado.

Com efeito, ao longo dessa gravidez, seus dentes se escureceram e os cabelos caíram. Depois de umas dez maternidades, só lhe haviam sobrado dois caninos do maxilar inferior e nem um só fio de cabelo. Para comer legumes frescos e frutas, ela os segurava entre o polegar e o indicador e os empurrava repetidamente contra os caninos que, num movimento do maxilar adaptado ao ritmo de sua mão, faziam maravilhas. Se seu marido havia conservado dentes intactos, seu crânio, por outro lado, nada tinha a invejar ao de sua mulher. Esse traço físico específico a esse encantador casal não escapou ao humor dos aldeães. Nunca me esqueço de duas piadas que faziam a respeito deles:

– Você sabe como distinguir um ovo macho de um ovo fêmea? É simples, o primeiro usa calças.

– Como se chama o filho de um casal careca? O peludo.

Indiferente ao constrangimento da mãe, Mohammad prosseguiu:

– O que você acha disso tudo, mãe?

– Que Deus os abençoe, meus filhos. Façam o que acharem melhor.

– E pai? Qual era a vontade de pai?

Ela se endireitou sobre o colchão à frente de Mohammad, que se sentara sobre uma pele de carneiro bem junto dela com as pernas cruzadas.

– Sabe, meu menino – disse ela –, o seu pai não era muito de falar, sobretudo no que diz respeito aos negócios.

– Talvez ele tenha deixado algo escrito?

– Nada, meu menino, nada! Senão eu teria encontrado.

Desolado ou aliviado, era difícil interpretar o estado de espírito de Mohammad naquele momento. Um pai que não diz nada antes da morte deixa tudo em suspenso. Como se negociavam os direitos deste mundo, quando só a fantasia os definia? Eles eram seis, ou melhor cinco, pois Ali não contava mais nos projetos familiares. Três irmãos e duas irmãs. Estavam todos casados, já com uma dezena de filhos tagarelas a encher o pátio com sua vitalidade. As irmãs vinham às vezes reerguer com o fluxo de sua prole a extensão da nova geração. Meu pai e meu tio, por timidez ou por prudência, olhavam como espectadores temerosos a turbulência dos primos, sinal de um privilégio a que não tinham mais direito, o apoio do pai.

Com efeito, era preciso toda a presença de espírito de bisavó ao longo de sua conversa com Mohammad para dar-se conta de que era necessário fazer falar seu marido depois da morte. Pois cada um dos filhos, em sua iniciativa pessoal para a partilha, havia escamoteado a parte do ausente e, por conseguinte, a parte de seus filhos.

– Escute, filho – disse ela. – Lembro-me de que, certo dia, acompanhei o seu pai a El Kabshe na beira do Litani*. Ele gostava muito desse pedaço de terra. Quando o tempo permitia, ele sempre mergulhava no rio, nadava um bom momento, e me dizia enquanto se vestia: o Litani é a nossa mãe, quando me jogo na água, tenho a impressão de me tornar seu filhinho. Banho-me em suas profundezas, como se nunca tivesse deixado o ventre materno para nascer para o mundo. Agora sinto-me novo e espero uma longa vida.

Bisavó enxugou uma lágrima com a ajuda da *chéchia* antes de prosseguir:

– Ele achava que ia viver muito, talvez justo o tempo de fazer um filho, um menino chamado Ali. Ele não o esperava de mim, nem de outra mulher, ele o esperava do tempo que lhe parecia grávido dele. Cada dia que o levava impiedosamente mais longe no caminho da morte tinha para ele o valor de um desconto mágico que precedia esse nascimento. Ele às vezes me acordava de noite para me contar que havia sonhado com Ali. Certa noite, ele parecia intrigado. Disse-me que gostaria de pedir a Assad para lhe interpretar esse sonho esquisito que ele acabara de ter. Era ainda de Ali que se tratava. Um Ali que parecia estranhamente com o pai dele. Ele de repente surgia no meio da sala de recepção. E o seu pai se via beijando-lhe a mão.

Mohammad se impacientava. Não queria saber daquelas histórias. Para ele, Ali se fora e sua história terminara. Ainda que seu espectro viesse

* O principal rio do Líbano.

habitar a memória dos vivos, ele, lúcido, entendia aproveitar a vida até o fim e, por conseguinte, nunca achara necessário inscrever os mortos em seu uso do tempo.

– Passemos, passemos – disse para a mãe.

Ela se acalmou de novo. Deu-se conta de que, com seu discurso, estava preenchendo o vazio do ausente com uma afeição de que os outros se sentiam privados. Pegou a mão de Mohammad e lhe disse:

– Escute, meu menino! Nesse dia, o seu pai me disse: "Esta terra é de Ali. Quero que saibam".

– O quê? O quê? – perguntou Mohammad, como se bruscamente tivesse sido atacado de surdez.

– Ali a trabalhava duro, e ela continuará sendo a terra de Ali, ou então a terra de seus filhos.

– Mas é a nossa melhor terra – disse ele, quase doente.

– Não sei, filho, se é a nossa melhor terra ou não. Em todo caso, quero que vocês respeitem a vontade do seu pai.

Diante da determinação de sua mãe, Mohammad mudou de estilo.

– Não compreendo, mãe. Não vejo por que Abdul e Kassem deveriam ter mais direitos que os meus próprios filhos, embora eu os crie como eles.

– Sim, filho – disse ela conciliadora. – Nunca duvidei da sua sinceridade. Mas quero que eles saibam que essa terra lhes pertence.

Ele aquiesceu. O que mais podia fazer? Dali até a maioridade dos dois meninos, essa terra será deles. Ele era o tio, moralmente responsável por eles perante sua mãe, sua família e Alá. Quem ousaria pretender o contrário? Ele era o mais velho e, por conseguinte, seu lugar de chefe da família lhe cabia por direito, que isso agradasse ou não. Nessa noite, ele decidiu ocupar esse lugar e todo o lugar. Assim, autorizou-se a tomar a liberdade de questionar sua mãe e de levantar com ela o conjunto dos problemas de interesse geral.

– Talvez devamos falar de dinheiro – disse ele à mãe, acomodando-se bem em seu novo papel. – Nosso dinheiro. Sabe você onde se encontra o esconderijo do pai?

– Meu Deus! – exclamou ela batendo no peito com os dois punhos. – Eis o que acontece quando um homem faz de tudo um segredo!

– Quer dizer...? – questionou ele alerta.

– Isso quer dizer que ele nunca me falou do assunto.

– Vejamos, vejamos! – interrompeu, incrédulo.

– Você está duvidando da minha palavra?

– Não, não, por Alá! Mas penso que você deve ter a sua idéia sobre isso!

– Eu o via com freqüência se fechar no estábulo. Mas talvez isso não queira dizer nada. Em todo caso, ninguém tinha o direito de entrar lá enquanto ele estava lá dentro... exceto os meninos, talvez? Não estou segura disso.

No fim das contas satisfeito com a conversa que tivera com a mãe, ele lhe beijou a mão novamente e se retirou. Já era tarde. As crianças dormiam no quarto familiar. Eram seis, separados instintivamente em dois grupos. Abdul e Kassem, encolhidos um contra o outro num lado, e quatro outros primos no outro lado. Mohammad olhou encantado seus dois sobrinhos, beijou-os calorosamente e foi enfiar-se na cama de sua mulher Raya. Esta, surpresa com aquele acesso de ternura inabitual de seu marido para com os sobrinhos, pediu-lhe explicações.

– Pois é! – disse ele extasiado. – Meus sobrinhos valem ouro.

– Ouro? Esses dois fedelhos? – retomou ela, irônica.

– Sim, esses dois fedelhos, como você diz.

Raya se endireitou, estendeu a mão na direção da lâmpada de petróleo disposta sobre um monte de lenha junto a ela e fez subir uma chama ondulante, coberta por uma fumaça preta que cobriu o vidro com uma camada espessa de fuligem. Na parede oposta dançava a sombra de uma feiticeira saída recentemente de uma peça de Shakespeare. A boca de Raya, por não sei que razão, interrompia a curva descendente de seu nariz em sua corrida para se juntar à curva ascendente de seu queixo. Ela podia, ao acaso da atividade daquela boca, desenhar um semicírculo quase perfeito, ou então um torno aberto de mandíbulas pontudas. Seus pequenos olhos redondos e suas faces cavadas só pareciam fazer parte de seu rosto para completar essa obra horrível. Como podia ser tão feia, sobretudo vista de perfil! Como alguém podia se casar com uma mulher como aquela? Toda vez que seu homem desaparecia com ela por trás de uma porta fechada, a resposta se tornava ainda mais misteriosa.

– Conte – pediu Raya ao marido.

– Beije-me primeiro – respondeu ele todo alegre.

– Você é bobo! – reagiu ela, tímida feito uma jovem recém-casada.

– Minha mãe diz não saber nada do lugar do ouro do pai.

– Mentirosa.

– Você não sabe nada sobre isso.

– Mentirosa, ela é mentirosa, eu lhe garanto.

– Como você pode ter certeza?

– Não tenho prova tangível. Mas a minha intuição de mulher me diz que ela está nos mentindo. Ela quer ficar com esse ouro.

– Devagar, devagar – disse ele para acalmar o furor de sua mulher. – Conheço bem a minha mãe. Não é o estilo dela. Na minha opinião, só Abdul conhece esse esconderijo. Ele era praticamente o único íntimo do pai. Ele o seguia como sua sombra onde quer que pai fosse. Abdul vai nos guiar até lá, Abdul é nosso.

– Não vá dar maus passos – recomendou ela ao marido. – É preciso esperar a boa ocasião.

Abdul tinha na época oito anos. Já era alto e bem forte, um menino de rosto redondo com cabelos louros e cacheados. De caráter inteiramente introvertido, brincava pouco, falava pouco, não pedia nada e fazia questão absoluta de ficar afastado dos outros. Kassem era um ano mais novo, parecia muito com o irmão, exceto que era franzino e muito tímido. Mal o abordavam, ia rápido se esconder atrás do irmão. Largava-o pouco. Quase sempre era visto agarrado na djelaba de Abdul e caminhando o mais rápido que podia para seguir o ritmo de seus passos. Entendiam-se perfeitamente. Nunca foram vistos brigando. Tinham o mundo deles, à margem da família, mas pareciam vivê-lo bem. Abdul não era brigão, mas sabia fazer-se respeitar pelos outros. "Ele parece, em muitos aspectos, com o pai", diziam, exceto que era menos vivo de caráter.

Por razões desconhecidas, sempre havia um primo que procurava briga com eles, ou que se queixava deles. Eram acusados de todos os males, mas sobretudo faziam tudo para perturbá-los na intimidade a dois. Abdul procurava evitar os primos tanto quanto podia, mas não hesitava em bater quando não tinha escolha. A seus golpes, os outros respondiam lançando pedras, obrigando os dois irmãos a buscar segurança na fuga.

Um dia, no entanto, ele viu sua cota subir. Passou a ser cercado de todas as atenções. Descobriu que gostavam dele e se inquietava com esse amor que bruscamente vinha arrancá-lo de sua condição lamentável. Ele não entendia, era demais para sua pequena cabeça. De repente, via-se nos braços de Raya, mimado, afagado, lavado e enchido de comida. Via-se montar a cavalo na garupa do tio e ser ativamente associado às diversas instâncias da vida familiar. Via os primos recriminados pelo mínimo gesto que arriscava perturbar o bem-estar de sua majestade Abdul. Via tudo isso passar diante de seus olhos, a um só tempo incrédulo, satisfeito e ansioso.

Esse regime de favor já vinha durando algumas semanas quando, certo dia, aproveitando um *tête-à-tête* com o sobrinho, Mohammad lhe mostrou uma moeda de ouro e lhe perguntou:

– Você sabe o que é?

– Sei. É uma moeda de ouro – respondeu ele inocentemente.

– Olhe bem! Você já viu outras? – acrescentou o tio, cada vez mais interessado.

– Já. Avô me mostrou uma vez.

– Você viu muitas?

– Um monte.

Mohammad não agüentava mais. A fortuna já lhe sorria. Ele tinha a impressão de ouvir retinir as moedas de ouro na memória do menino. Abraçou-o afetuosamente e estendeu-lhe a moeda.

– Tome, é sua.

O menino olhou a moeda, mais embaraçado que contente. Olhava sucessivamente o tio generoso e bom e a moeda de metal amarelo na mão.

– É sua – repetiu o tio. – Vá escondê-la no estábulo.

Ele foi para lá sem hesitação, empurrou a porta diante de si e lá penetrou imediatamente. Instantes mais tarde, veio ao encontro de um tio enternecido até as lágrimas.

Acreditando na conclusão esperada do assunto, Mohammad só tinha uma única pressa: ir ao encontro da mulher no quarto conjugal. Livrou-se como pôde do sobrinho e correu a colher os frutos de sua vitória.

– Cretino! – disse-lhe Raya quando ele entrou. – Ele zombou de você.

– O quê? Como? – exclamou ele quase desabando. – Não é possível!

– É perfeitamente possível. Eis a prova.

Raya, para grande desespero do marido, estendeu-lhe a moeda, com o ar enojado pela insolência do menino, e acrescentou:

– Como ficou combinado entre nós, fiquei vigiando-o, escondida num canto do estábulo. Ele ficou dando voltas, feito um bobo, e acabou fazendo um buraco na palha para lá colocar a moeda e depois ir embora.

– Aquele fedelho! – esbravejou o tio. – Ele fez tudo dar errado.

– Talvez não por inteiro – tranqüilizou-o. – Basta perguntar-lhe por ela. Não a encontrando ali onde a deixou, quem sabe ele não vai pegar no ouro do avô?

Uma tal seqüência de idéias em Raya só podia encantar o marido. O tempo urgia. Eles tinham que encontrar esse ouro antes que os outros desconfiassem do que estavam tramando. Abdul era precioso, mas como uma pérola no fundo do mar. Ao mesmo tempo que prometia a fortuna, ele não poupava nem as dificuldades, nem as decepções. Era como um sonho que eles queriam absolutamente tornar realidade, apesar do despertar sempre doloroso. Abdul, diante da insistência infatigável do tio, só encontrava paz na fuga. Seguido de Kassem, foi bater à porta da mãe. Esta não entendia mais nada, pois Alá a experimentara em sua nova vida como na antiga ao entravar seu novo início com o novo homem de sua vida. Alá a castigara duramente, talvez por ela ter-se casado com aquele xiita, vindo não sabia ela de onde. Ele lhe dera um mongolóide, só para fazer reinar sua justiça divina, e como exemplo, pois não se casa impunemente com um herético. Entre o vazio materno e a invasão do tio, feito animais selvagens, os dois irmãos acabaram por escolher a natureza, mais precisamente a terra, como refúgio derradeiro. Generosa, a terra lhes ofereceu seu seio; clemente, recebeu-os como mãe afetuosa e terna. Nunca ninguém morreu de fome nesse canto do mundo. Nossa terra se dava como uma fonte inesgotável, estancando a sede e acalmando a fome de seus filhos, indiferente à natureza ou à fortuna deles.

Livres, passavam a maior parte do tempo entre as árvores, os riachos, os campos e as montanhas. Livres, seguiam o caminho da imaginação, desapegados dos obstáculos familiares habituais. Livres, experimentavam o prazer do momento sem ter de prestar contas disso a quem quer que fosse. Mas de noite, quando o imaginário tornava-se escuro e ameaçador, voltavam para entregar os corpos cansados ao primeiro abrigo que a casa familiar lhes oferecia, para no dia seguinte partirem de novo ao primeiro raio de sol. Assim estavam mais seguros, pois, desde que Mohammad perdera a esperança dourada que tanto o ligara ao sobrinho, os apedrejamentos haviam voltado com mais força. Ninguém mais se preocupava em temporizar o zelo dos apedrejadores em seu encarniçamento contra esses dois intrusos sem família.

Mohammad tomara a decisão de dispensar os serviços de Abdul e de orientar de outra maneira as suas buscas. Preocupado em manter a morada em bom estado, encarregou-se de demolir os muros do estábulo um por um e de reconstruí-los novamente. Mas, como o ouro do estábulo parecia transformar-se em esterco de vaca, tudo deixava supor que Mohammad iria até o fim, isto é, até demolir se preciso fosse o resto da morada familiar. Só o concurso do acaso o impediu de passar ao ato. Ele um dia ficara sabendo que Abbas havia comprado um pedaço de terra de um de seus vizinhos. Aquele dia ia ser o dia negro de Abdul. Convencido de que o menino havia posto a mãe na pista do ouro, Mohammad passou a fazer da vida do sobrinho um inferno.

Mais do que nunca os dois irmãos fugiam dos homens para se entregarem de corpo e alma à natureza. Nada mais os distinguia desses elementos com os quais sabiam estar em fraternidade. As árvores, os pássaros, os animais, os peixes dos riachos, o sol, o vento, a chuva, a neve, todos os conheciam profundamente e reagiam ao entrar em contato com eles, cada um à sua maneira.

Só quando o frio do inverno os chamava de volta ao estado frágil de humanos é que voltavam para se sentirem homens no calor animal do estábulo.

Essa situação iria durar anos. Até o dia em que Mohammad descobrisse que Abdul já era forte o bastante para tomar conta das vacas e, mais tarde, para lavrar a terra e trabalhar nas plantações.

IX

A morada da família ampliada era construída feito uma colméia. Originalmente, havia *el Dar*, habitualmente composto de um quarto de dormir comum, de uma sala de recepção de dezenas de metros quadrados chamada *el Menzoule* e de um estábulo. Tudo era cercado por um muro baixo com dois metros de altura aproximadamente, fechando sobre um pátio mais ou menos amplo, em função da fortuna da família. As duas primeiras peças costumavam ser construídas sobre uma estrutura de base, *el Mastaba*, conforme a palavra egípcia que designava um túmulo em forma de pirâmide cortada, e que, de acordo com todas as aparências, servia originalmente para recolher os corpos dos ancestrais.

De altura variável de uma casa a outra, a Mastaba diferenciava a parte dedicada à habitação do estábulo habitualmente contingente e a protegia contra as intrusões intempestivas dos animais domésticos.

Os materiais de construção eram simples. Os muros exteriores e as paredes eram constituídos de várias espessuras de tijolos moldados com uma mistura de terra e palha, recobertos por uma camada lisa da mesma mistura e branqueados com cal. O telhado se compunha de três elementos essenciais: de vigas aparentes no interior, de uma camada espessa de juncos sobre a qual em seguida vinha se superpor uma camada de terra, periodicamente comprimida com a ajuda de um rolo de pedra.

Ao longo do tempo, quando os rapazes atingiam a idade de se casar, a mureta era aos poucos demolida para que no lugar fossem construídos quartos para alojar os futuros esposos, e assim por diante, até deixar apenas uma entrada principal dando para o pátio. Só o Menzoule permanecia um lugar comum, o lugar do pai para onde todos se dirigiam por hábito e no intuito de assumir um lugar na vida familiar. A estrebaria também o era, mas não enquanto lugar simbólico, antes enquanto sinal do poder do pai sobre o patrimônio. Nada se fazia sem a sua autorização, compras, despesas, projetos, tudo passava por ele e, com seu acordo, não havia nada a discutir a esse respeito, pois tudo lhe pertencia: terra, gado, os filhos e o fruto do trabalho deles.

Era dever do filho respeitar a autoridade parental, ainda que ela às vezes se revelasse excessiva; o respeito aos pais era sagrado. Descontentá-los era descontentar Alá. A chave para uma vida exemplar consistia em invocar a benção dos pais e de Alá todas as manhãs bem antes de fazer o que quer que fosse. Receber a primeira era o reflexo da segunda, mas também o sinal de adaptação social. Um mau filho (e muito pouca coisa bastava para sê-lo) era forçosamente um mau sujeito.

Com a morte do pai, o filho mais velho herdava a sua autoridade mas não o seu direito. Se o mais velho se tornava o referente e o árbitro no âmbito do Menzoule, a estrebaria, por outro lado, lhe escapava. Nada impedia a partilha do patrimônio que tornava cada filho igualmente proprietário, mas também dono. Com a segunda geração, cada pai se abria para o exterior a fim de construir um novo alvéolo, à imagem do primeiro, e assim por diante, mas sempre com uma única referência, el Dar, o lugar do ancestral comum.

Cada unidade de habitação possuía sua via de acesso privada. Por outro lado, seu telhado prolongava os outros, dando ao conjunto o aspecto de uma colméia gigantesca. Bastava subir sobre o próprio telhado para ter acesso por um percurso bem tortuoso a qualquer outra casa. Assim, costumava ser muito mais cômodo tomar esse caminho aéreo do que seguir o percurso terrestre em volta dos subconjuntos para ir uns à casa dos outros. Daí uma animação sobre os telhados tão intensa quanto a da rua. Lá se passeava, lá se passavam longas e belas noites iluminadas por milhares e milhares de estrelas amontoadas no céu de nossa aldeia só para tornarem suas noites felizes. Lá até se dormia, notadamente quando o calor excessivo das noites de verão expulsava o sono de nossos quartos. Alinhávamos os colchões no meio do telhado e dormíamos cercados dos pais. Para mim, era impossível dormir diante do céu sem me perder durante horas numa perigosa aventura interplanetária. Eu cavalgava a minha imaginação como se fosse o cavalo do Profeta e galopava pelos céus em busca de sei lá o quê, que podia me tranqüilizar em meu corpo pequeno de criança. Assim deitado, para mim era impossível esconder-me daqueles olhos, olhos do céu, que nos espreitavam de toda parte. Também era impossível para mim tocar em meu sexo sem que uma estrela, por um gesto imperceptível, não me comunicasse a sua desaprovação. Às vezes, quando me dava vontade de contar as estrelas, lá ia eu com a ajuda de um pequeno bastão, a fim de evitar ver crescer uma verruga na mão para cada estrela designada por meu dedo. A via láctea que víamos tão perto de nossas cabeças, quase ao alcance da mão, estava reservada aos anjos para seus deslocamentos entre a terra e o céu. E a ilusão ótica deixava crer que essa via parava em nossa aldeia, num lugar difícil de localizar.

Igualmente nos telhados organizávamos concursos de levantar pesos. Adolescentes, jovens adultos e adultos se deslocavam em grupos em busca do rolo de pedra mais pesado e mais imponente para se medir com ele. Quando um rolo recusava obstinadamente deixar-se levantar, vinha gente de toda parte, das aldeias limítrofes, só para mostrar àquela espécie de coisa inanimada que a última palavra cabia ao homem. Mas também, talvez, para se fazer reconhecer como o homem mais forte da região. Pequenos acidentes às vezes aconteciam durante essas provas, mas eram rapidamente esquecidos diante do interesse e do entusiasmo que elas suscitavam entre os aldeães. O acidente clássico era o de um rolo que furava o telhado e ia se alojar num quarto ou numa sala de recepção. Bastava que um dos participantes perdesse o equilíbrio, deixando cair a pedra da altura de seus ombros, para vê-la desaparecer através do telhado sob os olhos zombeteiros dos espectadores. O infeliz candidato costumava compensar seu gesto desajeitado com um esforço em geral penoso de levá-la sozinho para cima.

Como qualquer outra terra, o telhado reagia às estações. Na primavera, esquecendo sua nova vocação, ele se vestia de verde como todos os campos que se estendiam a perder de vista, ou talvez por reflexo, pois aquele punhado de terra desenraizada continuava a guardar vida em suas entranhas. Jamais a retirada anual do mato o desanimara de reagir em função de sua própria natureza. No verão, bombardeado por um sol infernal, rachaduras enormes feito bocas sedentas o sulcavam de uma ponta à outra. No inverno, chuva e neve se alternavam para testar sua impermeabilidade até o fim e para reduzi-la ao estado de peneira, o que requeria, então, uma vigilância e cuidados particulares tais como a compressão diária com a ajuda do rolo ou a retirada da neve a pazadas de madeira. Senhor telhado!

Às vezes o destino agia e provocava modificações na cadeia das gerações. A falta de um vínculo direto com o grupo de origem, a partida de um dos filhos, como era o caso do avô, favorecia o desenvolvimento de um novo ramo com novos modos. Assim é que, em sua ausência, ninguém pensara em construir um cômodo para alojar seus filhos no âmbito da família. Todos pretendiam tomá-los sob as asas, mas o fato é que eles não tinham um lugar que poderia tê-los inscrito na constelação familiar. Estavam a um só tempo dentro e fora. Alternadamente sujeitos à piedade que sua miséria suscitava e objeto de rejeição por causa do fardo suplementar que representavam. Fora ali que nascera a atitude ambígua de meu pai quanto a seu pertencimento. Durante a vida inteira, ele se proclamou membro da família, mas, na realidade, dela vivia amplamente desligado. Na idade de se casar, a família tinha de fornecer uma mulher e um alojamento para meu pai. Mas, por falta de lugar no interior do recinto familiar, as buscas se voltaram para o exterior, onde uma pequena casa, não muito longe do lugar de origem, ia ser vendida no bairro da minoria cristã. À falta de lugar se acrescentava uma falta de atenção, pois também não havia a mãe, que de hábito designava a futura esposa do filho. Enquanto todos os outros se casavam, sequer havia em vista uma mulher para ele. Era a reputação da família que estava em jogo. Nada era mais desonroso que pais que não conseguiam casar os filhos. Foi um corre-corre. Bruscamente, a família despertava para essa penosa realidade, mas bem tarde. As moças da aldeia já estavam casadas ou então prometidas, ou simplesmente faziam pouco daquele órfão que, mal reconhecido enquanto homem, se lançava à conquista das mulheres. Felizmente, descobriu-se enfim que a guerra dos turcos não fizera apenas um órfão. Certo dia, ouviu-se falar de uma jovem que seria a alma gêmea, a perfeita esposa para meu pai. Morava numa aldeia vizinha. Era jovem, bela e de boa família. Não se podia esperar melhor.

– Órfã? E daí? – exclamavam em volta do feliz candidato. – Casar o órfão com a órfã é dar a cada um uma família.

Um único contato bastou para unir as duas aldeias para o melhor e o pior.

Kassem, meu tio, ia ter menos sorte. Também por falta de lugar, ele acabou, três anos mais tarde, em companhia de sua bela, morando no finalzinho da aldeia, à beira da estrada da qual ninguém queria saber, a estrada de Damasco. Mas, estivessem perto ou longe, algo se quebrara nas relações dos dois irmãos com o resto da família. Algo profundo, inapreensível, que ia marcar o destino deles e o do conjunto de sua descendência: uma busca inconsciente da identidade, da identidade dos dois. Pois enquanto lugar do ancestral, *el Dar* representava uma referência ou talvez a referência a uma origem comum. As pessoas sempre se apresentam como que pertencendo ao Dar tal antes de qualquer outra coisa. Só então é que vem o pertencimento à comunidade, depois à nação.

O que não é espantoso num país como o nosso. Basta apenas sobrevoar rapidamente a sua história antiga ou moderna para entender que o estupro sistemático dessa terra causou um deslocamento quase permanente da população sempre rumo a lugares naturalmente protegidos. Desde a presença fenícia (3.000 anos a.C.), as sucessivas invasões e as ocupações parciais ou totais, por egípcios, assírios, persas, gregos, romanos, árabes, cruzados, turcos e, enfim, por franceses contribuíram para fragmentar o país em comunidades locais fechadas sobre si mesmas e ciumentas de sua autonomia.

A comunidade desempenhava e ainda desempenha um papel primordial na organização da vida social e religiosa. Esse papel foi consagrado na época do Império Otomano, que reconheceu à gente do Livro, isto é, aos não muçulmanos, uma autonomia religiosa e nomeou um eclesiástico dotado de um poder político e jurídico como interlocutor de sua comunidade junto ao sultão. Este reconhecia oficialmente três comunidades não muçulmanas: uma cristã ortodoxa, uma judia e uma armênia.

Entretanto, a comunidade estava longe de ser a última referência do indivíduo, apesar de seu poderoso apego a ela. Pois, desde sempre, ela era frágil por causa do poder da estrutura de base constituída pela família que, esta, representava o primeiro aspecto do modelo político, social e cultural dos libaneses. Governada por um código hierárquico de obrigações e implicada em unidades sociais mais vastas, tais como o clã, a tribo e a aldeia, a família constituía a muralha principal da autonomia dos notáveis.

Quando os notáveis de diferentes famílias se assemelham, eles partilham seu poder tradicional e, dessa maneira, criam obstáculos enormes perante a centralização, a racionalização e a unificação do país.

Minha família, por exemplo, tinha dois aliados principais.

Estávamos diretamente ligados aos primeiros pelo casamento e indiretamente aos segundos, que eram os aliados de nossos aliados. Também tínhamos duas famílias rivais: os Mahmoud e os Saraj. Nossa rivalidade com os Mahmoud remontava a muito longe. Ninguém sabia o que houvera na origem, mas, visto a persistência dessa animosidade, a tendência era imaginar um motivo grave e, em todo caso, tudo fazer para envenená-la. Um dia, como se quisessem ritualizar o conflito, os Mahmoud tentaram assassinar meu pai. Ele estava de passagem pelo bairro deles quando doze de seus homens surgiram sei lá de que canto e o atacaram, crivando-o de golpes de adaga. Doze ao todo. Um golpe perfurou-lhe um pulmão, um segundo o estômago, um terceiro o intestino grosso, um quarto atingiu superficialmente o coração e os oito outros causaram-lhe feridas musculares mais ou menos graves. Mas, como não era o tipo de homem de morrer do primeiro arranhão, ele sobreviveu às feridas. Desde então, havíamos sempre acariciado uma esperança de vingar essa afronta, mas sem jamais passar ao ato. Eles sempre atacavam a doze, inspirando-se de sei lá que conto da época pré-islâmica. Primeiro dominavam a vítima, depois, friamente, metodicamente, um de cada vez, desferiam com força doze golpes, pontuados com urros à morte. E, para encerrar o trabalho, cuspiam seu ódio sobre o cadáver inanimado. Nunca vou esquecer uma dessas cenas horríveis a que eu havia assistido involuntariamente. Acho que tinha então sete ou oito anos. Eu estava brincando com uma dezena de meninos de nosso bairro. Jogávamos futebol num caminho privado que dava para a casa dos Ghaber, uma família originária do sul do Líbano. O pai Ghaber era um homem de uns setenta anos, magro como um ano sem chuva. Era casado com uma jovem mulher de uns trinta anos que lhe fazia um filho por ano, sem falha. Nós o víamos eternamente conduzindo a golpes de injúrias e de bastão um par de bois, tão velhos e tão esqueléticos quanto ele. Eles abriam os três um caminho titubeante que parecia, a cada vez, levá-los para a última viagem. Mas quando, de noite, os víamos voltar ao mesmo ritmo que de manhã, compreendíamos que eles mais uma vez haviam faltado à partida para a eternidade.

Costumávamos brincar nesse caminho ladeado de muros. Só raramente perdíamos nossa bola. A não ser quando um dos jogadores a enviava, sem jeito, para o alto, ela em geral aterrizava em nosso pátio, ou no dos Khouri, vizinhos católicos.

Ghaber, em árabe, significa passado. A idéia de que o passado nos falava nos divertia muito. Pensávamos que, em sua obstinação de viver, ele perpetuava o passado no presente e que, talvez, o perpetuaria no futuro.

Ele acabava de chegar do trabalho, nos havia abordado como de hábito por "oi campeões". Abrimos o caminho para deixá-lo passar. Alguns minutos transcorreram quando, de repente, nos vimos submergidos por um fluxo de pessoas que pareciam ir todas na mesma direção, a do "Passado". Seguimos a multidão. Pai Ghaber estava em seu pátio, ocupado em fazer diversos trabalhos, cercado de alguns de seus filhos. Ele olhou a multidão chegar com ar espantado. Mas, antes que perguntasse qualquer coisa, um homem, de faca na mão, aproximou-se rapidamente dele e, num gesto rápido, preciso e experimentado, enfiou a lâmina brilhante no músculo do ombro esquerdo bem perto do pescoço. Depois a retirou, sempre com a mesma rapidez e a mesma precisão, vermelha, pingando. Enxugou-a nas calças e, com um perfeito sangue-frio, comentou: "Isso vai te ensinar a educar melhor os teus filhos".

O pai Ghaber já estava todo ensangüentado, mas mantinha-se ereto, rígido, com os olhos esbugalhados e a boca aberta. As mãos crispadas sob o efeito da surpresa, ele não se esquivara do golpe, nem pudera se recuperar depois. Continuava na mesma posição, mais morto que vivo. Vários outros atacantes o cercaram, cada um com uma faca na mão. Gritava-se por toda parte, mas, no alvoroço, só se ouviam pedaços de frases.

– É uma vergonha! – diziam. – É só um velho! Toda essa gente contra um único homem! – Sua mulher suplicava de joelhos aos atacantes. Pedia-lhes numa voz abafada que lhe poupassem a vida, que tivessem piedade de seus filhos.

Mal se ouvia o que ela dizia, mas, em todo caso, ninguém parecia lhe dar atenção. De fato, os outros golpes visavam apenas intimidar, aflorando simplesmente a pele da vítima ou rasgando-lhe as roupas. Enfim se foram, deixando o pobre infeliz num triste estado. Se eu tivesse tido meios, poderia ter matado todos. Sim, poderia ter matado aqueles selvagens sem pestanejar. Era duro vê-los atacar, ver com que prazer e que arte da morte eles se alternavam para deixar cada um sua assinatura no corpo daquele homem sem defesa. Essa cena me obcecava, me torturava a memória como uma ferida para sempre aberta.

O pai Ghaber escapou após algumas semanas de hospitalização, mas se tornou, segundo todas as opiniões, menos sociável e até mau. Não nos cumprimentava mais de noite ao voltar do campo, passava de cabeça baixa, só levantando-a para espancar seus animais ou para soltar palavrões grosseiros.

Os Mahmoud eram os partidários dos Saraj. Os primeiros eram a mão, e os outros, a cabeça. Os primeiros guerreavam, e os outros buscavam apaziguar os espíritos. Os dois clãs, sozinhos, representavam a metade da aldeia. Os Mahmoud infundiam respeito à outra metade, e os Saraj, diplomatas, impunham-se como árbitros e único recurso para a gente pobre. Essa estratégia revelava-se vantajosa, pois acabaram elegendo um dos seus como presidente da municipalidade e um outro como prefeito. Controlavam esses dois postos há décadas apesar de uma evolução sociopolítica que ia diretamente contra eles. Mas, a partir do momento em que a situação pareceu dever escapar-lhes das mãos, eles bloquearam toda possibilidade de eleição e de recurso à justiça, condenando a aldeia a viver sem municipalidade durante décadas.

X

Ao chegar a seu novo domicílio conjugal, minha mãe encontrou apenas um colchão e uma coberta meio roídos pela vaca, dispostos num canto do cômodo, o único cômodo, destinado aos jovens noivos. Tratava-se de um reconhecimento de seu prazer carnal ou de uma base de partida relativamente confortável em relação à insalubridade repugnante do alojamento? Que importa! Era tarde, tarde demais para que desse marcha a ré. Aliás, por que faria isso? Ela escolhera o homem, o príncipe encantado que, para além dessa miséria aparente, ia recebê-la no reino de seu coração e oferecer-lhe o trono de seu amor. Além do mais, a hospitalidade material desse lugar lhe era mil vezes mais suportável que a pobreza afetiva de seu meio familiar. Ela em suma tinha sido como ele, esquecida num canto de sua morada familiar durante anos. Mas, ao contrário de seu jovem esposo, ela se exprimia através da linguagem do corpo: franzina, dizia-se à sua volta, quase sempre doente, difícil de morrer, difícil de lhe dar prazer, e sobretudo inapreensível. Nunca sabia o que queria, mas mesmo assim tinha tendência a culpar os outros, os seus, por sua própria incapacidade de escolher, ou de desejar; tendência também a agredi-los, quando por falta de jeito se permitiam desejar por ela.

"Caprichos de moça jovem", diziam uns, para comentar seu comportamento. "Não! Uma expressão de sua infelicidade!", justificavam seus avós.

Tinha apenas dois anos quando o pai foi convocado durante a Primeira Guerra. Desde então, jamais fora desconvocado. Minha mãe continuava a imaginá-lo na guerra e continuava a acreditar em sua volta como herói, depois de ter vencido o último de seus inimigos. Mohammad lhe havia confirmado várias vezes que conhecia o pai dela, que o havia encontrado no acaso de um deslocamento de tropas e que haviam vivido juntos um certo momento antes de se separarem, ele, para ir ao Hedjaz, e o outro, para a Palestina.

Ela costumava rezar por ele e implorava ao Todo-Poderoso que viesse em sua ajuda na ousada tarefa que ele parecia cumprir solitário. Ela se prometia uma viagem à Palestina, mas, com todos aqueles judeus que expulsavam os muçulmanos de suas terras, nunca se permitira fixar uma data. Enquanto isso, confiava-se a Alá.

Sua mãe entregara a alma durante o segundo parto. Ela tinha então apenas dois anos e meio. Criada sob a proteção dos avós, vivera sempre na crença de que o irmão pequeno, Amine, assassinara sua mãe. Por duas vezes tentara livrar-se dele, vingando a mãe querida, mas, felizmente, sempre intervinham a tempo.

Excetuando esses poucos detalhes, sua história se assemelhava estranhamente à história de seu marido. Ela fora redescoberta no momento de suas regras, isto é, no momento em que a menina se tornou mulher e em que as criancices assumiram um ar sério, a seriedade do casamento.

Ela tinha justo quinze anos quando, no dorso de seu cavalo, virou as costas à aldeia natal para se dirigir à nova morada, ou, mais precisamente, àquele colchão que a esperava com um projeto de oito filhos em suas dobras.

Pequena de tamanho e bem magra, parecia uma menina. Com o rosto oval, a testa alta, os cabelos pretos em tranças, cobertos por uma echarpe bordô, os olhos marrons vivos, a boca pequena de lábios finos e os dentes pequenos regulares, semelhantes a dentes de leite, e um ar melancólico, era difícil dizer que era bela, mas seguramente não era feia. Tinha algo de simpático, de atraente, um certo gênero.

Passara invernos inteiros a bordar seu vestido de noiva rosa pálido. Durante longos invernos, noite após noite, feito uma Penélope ela se prometia a cada agulhada a chegada do homem de sua vida e a felicidade sem limites junto a ele. No peito, executara uma flor de romãzeira cobrindo com suas pétalas vermelho-sangue o lado esquerdo, e, com suas folhas verdes, o lado direito. Trazia em volta do pescoço um colar de enormes pérolas azuis, tendo, no meio, pendurado entre seus dois seios livres, um talismã.

Nunca se separara desse colar. Caso contrário, poderia ter sucumbido às tentações de Satã. Elas não tinham escolha, as mulheres da família Madani: estavam condenadas a viver em estado de vigília desde que Satã, mau jogador, jurara por todos os deuses vingar-se do golpe baixo aplicado por essa família à sua honra:

Um dia, o bisavô materno, ainda solteiro, encontrou um cão preto no estábulo. Era um cãozinho que tinha um ar abandonado e faminto. Ninguém soubera dizer de onde ele vinha, pois jamais ninguém, em toda a aldeia, teria criado um cão ou um gato daquela cor, a cor de Satã. O avô, temendo um golpe planejado contra sua família, decidiu livrar-se dele. Mas, assim que o agarrou, o cão pôs-se a lamber-lhe`as mãos e os pés, de uma maneira capaz de enternecer o coração de um rochedo. Na saída do estábulo, o avô cruzou com a irmã caçula que por acaso por lá passava. O cão livrou-se das mãos do avô e jogou-se aos pés daquela beleza feminina que enlevava todos os homens da aldeia. Ela tinha apenas doze anos, mas era o bastante para que o broto de flor primaveril que ela era explodisse em mil frescores e em mil cores, ao primeiro beijo roubado. Profundamente emocionada, ela pediu ao irmão para ficar com o animal. Embaraçado, não sei por que razão, ele não se fez rogar. O cão parecia conhecer perfeitamente o lugar e as pessoas. Fez-se adotar por todos os membros da família em tempo recorde. Tinha uma espécie de poder mágico na ponta da língua. Mal lambia alguém, cativava-o definitivamente. Seguia a caçula aonde quer que fosse, mas parava na porta da sala de visitas, ali onde ela costumava tirar os sapatos sempre que lá entrava. Para além do umbral, os cães eram proibidos pois sujam, e ele parecia respeitar escrupulosamente a ordem. Esperava junto aos sapatos, horas se fosse preciso, pela saída da caçula para correr atrás dela e para lambê-la sem descanso quase por toda parte. Essa história vinha durando meses a fio antes que avô percebesse que o cão ia embora de noite, sabe lá Deus para onde. Intrigado com esse comportamento estranho, ele um dia decidiu segui-lo. Ao cair a noite, o animal, como de hábito, deixou o umbral da porta e se dirigiu para o cemitério da aldeia, com avô em seu encalço. Parou perto de um túmulo que até nada tinha de extraordinário, exceto que ninguém sabia dizer quem lá jazia. O cão dele se aproximou e, para grande espanto do avô, desapareceu no mato selvagem que crescia em abundância à volta do túmulo. Mais espantado que com medo, o avô foi examinar atentamente o lugar e eis que descobriu um buraco largo o bastante para que um homem nele penetrasse rastejando. Hesitou ao pensar em entrar lá. Não tinha medo, mas aquilo tudo era brusco demais para que pudesse se decidir imediatamente. Tateou o lado direito do cinto para se assegurar da presença de sua adaga e depois por ele deslizou, a cabeça primeiro. Avançou dois ou três metros antes de descobrir uma escada bem larga que parecia descer na direção de alguma coisa que ele não pôde discernir claramente. Desceu os degraus discretamente, já com o rosto coberto de suores frios. Tentou acalmar-se, pois respirava rápido mas mal. Uma espécie de bola praticamente lhe bloqueava as vias respiratórias. Parou um momento, tirou a adaga da bainha e retomou a descida. Chegou diante de uma porta entreaberta atrás da qual acreditou ouvir ruídos. Aplicou o ouvido. Alguém ou antes várias pessoas conversavam. Mistério! Olhou sucessivamente a porta à sua frente e a adaga curvada no punho direito. Tentava lutar contra a angústia que paralisava seu espírito de iniciativa. Estava animado lá dentro. Vozes estranhas, muito agudas, furavam seu ouvido feito flechas. Doíam-lhe a ponto de serem insuportáveis. Tentou não ouvi-las mais, mas era inútil. As vozes pareciam furar-lhe as mãos, para ir diretamente rasgar seus tímpanos com suas mil pontas mortais. Recuou para tomar a escada rumo à superfície, mas algo de repente o fez parar. Ouviu seu nome. É, seu nome. Alguém lhe falava... o interpelava, ou sabe lá Deus o quê. "Me descobriram", pensou. Ouviu um ruído. Um ruído bem diferente daquele que lhe vinha do interior. Um ruído rápido, ritmado e seco... O ruído de seu coração. Dominou-se e olhou à volta. Ninguém. A porta ainda estava entreaberta. Precipitou-se sem hesitação, a adaga pronta para entrar em ação. Viu-se numa espécie de corredor estreito e lajeado no fim do qual uma porta fechada deixava escapar um feixe de luz pelo buraco da fechadura. Bisavô colocou o olho para examinar o interior daquele cômodo. Para sua grande estupefação, descobriu o cão no meio de um grupo de seres curiosos que falavam e se comportavam como humanos mas que não tinham fisionomia de humanos. Alguns tinham o rosto achatado como uma folha, desprovidos de qualquer traço que lhes poderia dar o ar do que quer que fosse. Outros tinham cabeças que se confundiam de frente e de costas, dando àquele que as portava o aspecto de uma bola de pêlos. Os corpos estavam nus, mas de uma nudez que lembrava apenas o pecado em tudo o que nele havia de bestial e repugnante.

O cão contava suas desgraças com as filhas dos Madami. "Não há o que fazer", dizia ele a seus companheiros. "Aquela casa é pura como se fosse uma mesquita. Reza-se lá dentro o dia inteiro, lê-se o Corão. Aliás, o livro sagrado nunca deixa a entrada, o que me obriga a parar no umbral. As moças são piedosas, só têm Alá na língua. Saem dizendo 'em nome de Alá' e entram cantando em seu louvor. Sempre que lambo o delicioso corpo da caçula, sinto apenas o gosto amargo do inferno que tão bem conhecemos. Enfim, meu único consolo é que tenho tempo, mas elas não, e um dia desses as agarro".

Ele pegou um alaúde, com patas que se assemelhavam perfeitamente a mãos, exceto que tinham garras sujas no lugar das unhas, e pôs-se a pinçar as cordas que vibravam para produzir uma música diabólica que acompanhava uma canção dedicada às moças Madami:

"No fogo do inferno,
Doce é a minha estada.
Mas no fogo de minha paixão,
Meu inferno é você, meu amor".

No dia seguinte, meu bisavô esperava seu diabo de cachorro com a carabina. Este, como todas as manhãs, dirigiu-se inocentemente para seu lugar habitual no meio do umbral. O velho fez fogo imediatamente, mas o umbral se abriu e o cachorro, justo antes de nele se engolfar, lançou para seu agressor:

– Vou voltar!

Não sei qual era a parte de verdade nessa história. Que importa! Ela era perpetuada de geração em geração, marcando, talvez sem querer, as mulheres da família com um delicioso destino, simbolizado pelo talismã como sinal da impotência do diabo diante da virtude delas. Eu não conhecia outros elementos sobre a pessoa desse bisavô. Parece-me que, com a ajuda desse conto fabuloso, ele havia conseguido sublimar seu desejo incestuoso por sua irmã. Os Madami eram muito orgulhosos dessa herança. Não poupavam uma oportunidade para fazer valer essa imagem de marca que lhe era própria.

Quando, em presença dos jovens noivos, um dos seus entoou essa canção de Satã durante uma dança coletiva, meu pai, aparentemente constrangido, procurou lhes sorrir, mas só conseguiu fazer mímicas desajeitadas. Tinha ele a intenção de lhes dizer que não era mesmo Satã? Tinha ele a intenção de lhes mostrar seu orgulho de ser parente deles? Ninguém soube dizer. Ele estava emocionado demais para poder pronunciar uma única palavra.

Mais favorecido fisicamente pela natureza que sua jovem esposa, ele tinha o porte de um lutador, mas a cabeça de um adolescente em muda. Só o bigode que mal cobria seu lábio superior dava um ar viril a seu rosto redondo e juvenil. Alguns cachos de cabelos rebeldes, liberados do domínio do *keffieh*, caíam-lhe sobre a testa, lembrando pela cor loura o rapaz de ouro que ele era.

Pouco habituado à camisa branca e às calças bufantes que acabara de pôr no lugar de sua djelaba de adolescente, ele parecia sem jeito dentro daqueles metros de tecido intercalados entre as pernas, ou talvez pelo luxo que eles representavam em comparação com o interior miserável da morada conjugal.

À exceção do famoso colchão, o solo de terra batida evocava com sua desolação uma cena lunar. A peça era bem vasta, cortada no meio por uma cerca de juncos da altura de um homem para separar a parte estábulo da parte sala de estar. Mas como só havia uma única porta os dois bois e a vaca tinham direito de passagem pela sala de estar antes de se dirigirem ou de saírem de seu território. Em troca, meu pai tinha direito de acesso à única janela que se encontrava, sei lá por que concurso de circunstâncias, do lado dos animais.

As coisas da jovem noiva foram dispostas de qualquer jeito. Havia um baú de madeira decorado com motivos de folhagens em cobre amarelo luzidio, uma cômoda, um espelho grande emoldurado com madeira esculpida, seis cadeiras de bambu e dois colchões com cobertas. Havia com o que encher aquele cômodo quase vazio e fazer o conforto e a felicidade do mundo, mas não de todo mundo: os animais, ciumentos de sua intimidade com o dono, manifestaram seu mau humor em relação à intrusa. Bem no momento em que o casal ia experimentar sua felicidade, eles se agitaram inexplicavelmente. Os bois de um lado e a vaca do outro. A cerca pareceu ceder sob os golpes dos chifres cujas pontas terríveis já penetravam naquela parede inútil para surgir do outro lado, ameaçadores. A noiva gritou de medo e agarrou-se ao esposo, repetindo histericamente:

– Ele está aqui! Ele voltou!

Meu pai olhou em volta, surpreso. Não vendo nada de anormal, perguntou-lhe:

– O que foi?

– Ele nos prometeu que voltava. Ele está aqui!

Sempre sob o efeito da surpresa, meu pai procurou de novo, mas dessa vez com mais atenção. De novo nada. Estritamente nada que pudesse assustar a tal ponto.

– Mas o que é que você tem? – disse ele um pouco irritado.

– O Satã!

– O Satã?

– Sim, o Satã. Ele está aqui, atrás da cerca, tenho certeza.

Aos olhos de meu pai, o estado grave de minha mãe só podia resultar de algo existente, tangível e situável no espaço do quarto. Satã não estava previsto no programa dessa noite. Ele procurou tranqüilizá-la, designando-lhe os animais cada um por seu nome, ignorando que se tratava justamente deles.

– É ele, o preto! Olhe, aquele de manchas negras.

– Pretinho? – perguntou ele, cada vez mais espantado. – Meu Pretinho é o Satã? Você ouviu isso, Pretinho, você é Satã!

Meu pai passou do lado dos animais. Acariciou-os ternamente, deu-lhes de comer e voltou ao encontro de minha mãe para lhe dizer:

– Meu satã é o animal de carga mais bonito da região. Nós reproduzimos essa raça há várias gerações. Fui criado com eles. Quase que comemos no mesmo cocho. Eles me seguem feito cães.

– O quê? Feito cães! – gritou ela, cada vez mais angustiada. – Ele se fez passar por um cão junto à minha família.

– Não estou entendendo mais nada – disse ele, duvidando do estado mental da jovem noiva.

– Será que você entendeu por que os animais agiram daquele jeito, precisamente no momento em que íamos deitar juntos?

– Não, mas o que há de extraordinário no fato de um boi dar chifradas na parede? Já os vi nervosos como há pouco, mas nunca pensei em questionar o comportamento deles.

Essa resposta acalmou minha mãe, mas não a convenceu. "Ele não pode entender", pensou. "Ele nunca teve satã na família". Os animais haviam reagido como nos relatos que haviam contado tanto à sua volta. Satã jamais tolera que toquem na mulher que ele ama. Ele se vinga de modo atroz do homem e condena a mulher amada a não gozar mais desse sexo, a ter problemas com seu sexo até o fim de seus dias. Satã, que se metamorfoseara em cão, podia se metamorfosear em boi. Ela não queria ser a causa da miséria daquele homem e de sua família. Sim, daquele homem que tinha um jeito tão doce, tão gentil e tão inocente. Por que, meu Deus, era preciso que aquela infelicidade caísse sobre ela? Por que ela, a órfã, que nunca fizera mal a ninguém? Estava a ponto de desabar quando uma idéia lhe veio à mente.

– Tem certeza de que viu esses bois nascerem?

– Tenho. Eles não foram fabricados com madeira e pregos! – disse ele, irônico.

– Quero dizer, você os viu nascer você mesmo, em pessoa? – insistiu ela.

– Vi. Até ajudei a vaca a pari-los.

– Ainda bem – disse ela aliviada –, Satã não podia nascer desse jeito. Alá lhe proibiu isso. Só o homem e o animal nascem assim por sua vontade divina. Alá seja louvado.

Ela se calou. Seu rosto reencontrou a calma, e ela, sua serenidade. Olhou então seu jovem esposo, sorriu-lhe, desculpou-se e pediu-lhe:

– Você poderia tirar os animais?

Sem dizer uma palavra, ele se dirigiu rumo à porta na intenção de chamar alguém para conduzir o gado ao estábulo de seu tio Mohammad. Mas, antes que pudesse dizer qualquer coisa, a avó da noiva berrou seu iuiu para anunciar o fim da defloração. Meu pai interrompeu-a para grande surpresa das outras mulheres que esperavam diante da casa. Cada uma deu livre curso à imaginação. As mulheres Madami deduziram o que bem queriam deduzir e transmitiram a notícia aos homens agrupados no Menzoule do tio Mohammad.

O avô materno falou primeiro. Estava muito irritado.

– Este casamento nos desonra – disse num tom de reprovação. – Não só a casa não é digna de um homem, mas eis que ele se mostra, além disso, indigno de nossa filha. Em princípio, nós a casamos com um homem...

Tio Mohammad, num acesso de amor-próprio, interrompeu o avô com um gesto de desdém e desafio:

– Não é homem, nosso filho? Por Alá, estriparei o primeiro que ainda ousar sustentar esse discurso. Saibam todos que Abdul é o rapaz mais forte da aldeia. Desafio vocês todos a fazerem melhor que ele. Ninguém, escutem bem, ninguém, exceto seu pai e ele, jamais conseguiu levantar o rolo de pedra que os espera se quiserem. Subam no telhado. Vamos! Que os seus homens, os verdadeiros, se mostrem...

Felizmente, as mulheres Hassoune chegaram para pôr fim àquela briga que arriscava tornar-se trágica. Tinham outra versão da história a anunciar. A noiva, segundo elas, já era mulher. Em outras palavras: não era virgem.

Mohammad não esperava nada melhor. Imediatamente mudou de estilo e de assunto. Cuspiu três vezes no braseiro de seu forno em sinal de ódio derradeiro do homem ferido em sua honra e dirigiu-se ao avô, zombeteiro:

– E então, velho! O que tem a dizer?

Louco de raiva, avô não agüentou mais. Deixou seu lugar para ir por sua vez cuspir três vezes no braseiro. Ele tremia feito uma folha na tormenta. Era de estatura baixa, magro, mas afiado feito uma lança.

– Não é virgem, a nossa filha? Pelas barbas do Profeta, ela é mais virgem que todas as filhas dos Hassoune juntas.

– Devagar, velho, devagar – disse Mohammad, sempre zombeteiro. Avô tirou sua adaga da bainha num gesto brusco. Mohammad, que continuava sentado junto a seu forno, recuou; os outros, sob o efeito da surpresa, ficaram imóveis cada um em seu lugar. Alguém chamou do lado de fora. Era Kassem. Procurava alguém para ajudá-lo a conduzir o gado. Mas ninguém se mexeu. Avô, sempre ameaçando com sua adaga, anunciou solenemente que lavaria sua honra no sangue daquela pecadora.

– Os Madami – continuou – são orgulhosos demais para manter uma culpada em suas fileiras.

– Isso é que é palavra de homem – disse Mohammad, ainda recuado.

– Que os Hassoune saibam que os Madami não brincam quando se trata de sua honra. Não é, rapazes? – dirigiu-se ele aos membros de sua família.

Foi então, numa única voz, que eles responderam, sérios:

– A morte para nós é mais doce que a desonra.

Ouviu-se bruscamente um iuiu seguido de uma onda de gritos guturais das outras mulheres. Os homens se olharam, de olhos arregalados. Não estavam entendendo mais coisa alguma. Avô colocou a adaga na bainha e voltou a seu lugar. Mohammad recolheu-se e instalou-se de novo junto ao forno. Ninguém soltava um pio. Os homens evitavam se olhar. Naquele ritmo de mudanças de situação, cada um resolvia ser prudente. Mohammad pôs-se a examinar suas cafeteiras. Avô puxou seu rosário e começou a desfiar as contas entre os dedos, freneticamente. Abdul entrou, para grande alívio de todos. Foi primeiro beijar a mão do avô e, em seguida, a mão de Mohammad. Pegou em seguida a cafeteira e as duas xícaras e ofereceu uma rodada. As duas famílias se beijaram para selar o novo vínculo de parentesco que ia uni-las para a eternidade. Mohammad, como porta-voz de seu grupo familiar, agradeceu aos Madami, seus irmãos bem-amados, deu-lhes as boas-vindas em sua segunda casa antes de acrescentar:

– Alá nos reuniu no amor, nós nos submetemos à sua vontade e declaramos nossa fidelidade a essa aliança até que Alá nos separe. Alá seja louvado.

XI

A mulher é a primeira forma da civilização e do progresso humano. A partir da chegada de minha mãe, nossa casa, que até então abrigara meu pai e seus animais sem problema visível, revelou-se insalubre e insuficiente. Um lugar de sobrevivência torna-se estreito demais quando o presente não está mais submetido à satisfação imediata da necessidade mas ao desejo, quando, para além das preocupações diárias, inscrevemo-nos num projeto que liga hoje a amanhã e o indivíduo ao grupo.

Aos elementos esparsos da existência de meu pai minha mãe deu coerência. Ao abrigo irrisório ela deu a casa, ao homem o lar, aos animais o estábulo e, ao núcleo familiar, uma rede social. Rapidamente, a nossa casa acabou se assemelhando às outras à nossa volta, exceto que era menor e menos confortável. Tínhamos apenas um cômodo, mas dessa vez sem a cerca de juncos, pois, ali onde a mulher piedosa entra, Satã sai. Meu pai mandou construir um estábulo e um muro para cercar um pequeno pátio bem simples.

Nossa porta de entrada dava diretamente para a de nosso vizinho Abou Isaïah, do outro lado da ruela. Ele era maronita. Sempre o conheci velho. Devia ter por volta de sessenta anos. Vestia-se à turca: calças bufantes, camisa sem colarinho, colete e fez sempre inclinado para o lado direito da testa. Era alto, empinado e seco feito um tronco velho. Uma barbinha branca guarnecia-lhe o queixo, mas as faces eram barbeadas, o que lhe dava um ar de sabedoria que sempre deixava os outros à vontade. Caminhava devagar com a ajuda de uma bengala, o corpo rígido como se sofresse da coluna vertebral. Sua mulher, Oum Isaïah, vinte anos mais nova que ele, era baixinha, tinha o rosto amargo, a boca desdenhosa, os olhos negros penetrantes e a testa sempre cingida com um lenço preto. Tinha apenas uma preocupação na cabeça: a cunhada, uma solteirona que havia completamente esquecido de ser bela com sua cabeça de abutre, e que morava num cômodo mais ou menos independente no interior da casa. Ninguém jamais entendera por que, mas bastava que o homem virasse as costas para que as duas mulheres brigassem feito lavadeiras. Mordiam-se, puxavam-se os cabelos, xingavam-se de todos os nomes e, mal ele voltava, sorriam uma para a outra como se nada houvesse. O casal tinha três filhos: Isaïah, um policial, o primeiro da aldeia a entrar para a polícia, Youssef, que era marceneiro, e Linda, solteirona, mas que dera um jeito para pôr o olho em todas as nádegas da aldeia, já que era a única enfermeira. Abou Isaïah gostava muito de nós. Tinha sempre alguma coisinha para um ou outro. Nós o chamávamos de avô, e ele, penso, era sincero quando nos chamava de "meus meninos". Era nosso confidente e nossa Suíça. Guardava nosso dinheirinho e nossos ovos para os dias de festa, aproveitando para acrescentar uma moedinha de seu bolso para cada um.

Tudo era impecável em sua casa. Tudo era limpo, mas de uma limpeza maníaca. O interior era de um branco cintilante, as cortinas, as cobertas, os móveis inseriam-se numa brancura asséptica de hospital. Só algumas reproduções do Menino Jesus, de Maria e de São Jorge davam àquele fundo branco pontos de referência coloridos.

Abou Isaïah tinha medo da morte. Seria conseqüência daquele ambiente fúnebre, ou seria a causa? Difícil decidir. O fato é que sua mulher tinha dificuldades de lhe anunciar o falecimento de alguém, com medo de sua reação. Ela recorria então à esperteza. Batia no peito, ou derramava lágrimas quentes, e só parava quando ele lhe perguntava:

– Quem foi desta vez?

Na mesma preocupação de eliminar tudo o que lembrava ou causava a morte, ela ensaboava os legumes e as frutas para se assegurar, e para assegurar seu marido da limpeza da comida.

Ele sempre vinha a meu encontro toda vez que cruzava comigo na rua, estivesse eu só ou não. Vinha em minha direção, beijava-me, dava-me algo e retomava seu caminho. Eu não gostava muito desse rito, já que costumava suscitar a gozação de meus amigos, que só esperavam o momento de ver o fez rolar no chão quando ele se inclinava para chegar à altura de minha testa.

Ele possuía um pedaço de terra, insuficiente no entanto para fazer viver sua família. Servira na polícia durante o mandato francês e, desde então, cessara toda atividade. Falava-nos da França como se lá tivesse passado a vida, mas a verdade é que nunca pusera os pés lá. Gostava da França porque, dizia ele, "é o único país que amamos".

Sempre do mesmo lado da ruela morava Abou Elias. Chegava-se à sua casa por uma aléia que contornava praticamente a metade da casa de Abou Isaïah. Ele tinha sete filhos, quatro meninos e três meninas. Oum Elias em geral tinha filhos no mesmo mês que minha mãe, e, como as duas mães faziam questão de amamentar uma o filho da outra, tínhamos cada um uma irmã ou um irmão de leite. O meu se chamava Georges. Eu tinha um mês a mais que ele, ou vice-versa, não sendo precisas as lembranças. Ele tinha o meu tamanho, mas um aspecto mais frágil. Tinha cabelos castanhos, olhos marrons e os traços finos. Era jovial e sabia contar histórias que ultrapassavam o contexto estreito de nossa aldeia. Conhecia Beirute rua por rua, pois estudava lá. Voltava para casa nos feriados escolares e nas férias de fim de ano. Punha-me a par de sua vida por cartas regulares. Sabia – dizia-me com freqüência – que estava destinado a uma carreira diplomática, que se tornaria embaixador ou algo semelhante. Era por isso que havia aceitado o sacrifício de se afastar de casa. O destino do embaixador é levar a sua casa para outro lugar, de tal modo que o outro lugar torna-se o lugar lógico de sua casa. Separar-se do pai não o incomodava, mas a mãe contava enormemente para ele.

– Se um dia – escrevia-me – eu for nomeado embaixador em Paris, por exemplo, acho que a levarei comigo. Azar de meu pai.

Eu sempre esperava a volta dele com impaciência. Ele sempre tinha algo de fascinante para me mostrar: revistas em quadrinhos, livros ilustrados, fotografias pornográficas. Além disso, ele tinha dinheiro, era o único dos meninos de nosso bairro a receber. Não tínhamos esse hábito. Tínhamos aprendido a viver sem um vintém, a tudo fazer nós mesmos, a prover sós as nossas necessidades e a depender apenas de nossa força física e de nossa imaginação.

Para nós, meninos, só havia duas possibilidades a serem encaradas: o que podíamos e o que não podíamos, simplesmente, sem ajuda intermediária. Georges nos fez descobrir o dinheiro e, por aí, as coisas se complicaram, pois, para além da descoberta dessa noção, para nossa infelicidade, tomamos consciência das condições objetivas de nossa vida.

Mas, após seis anos de estudos em Beirute, Abou Elias deu-se conta de que a aquisição e o êxito escolar não dependiam apenas da escola. Georges não obteve seu diploma. O que em nada teria sido dramático se eu não tivesse obtido o meu. Ele tinha treze anos, justo a idade em que Beirute ia se tornar interessante para ele, e foi quando foi forçado a fazer as malas e a voltar para a escola da aldeia.

Ainda do mesmo lado da ruela, residia Abou Ahmed, apelidado o damasceno, e que tudo indicava ser originário de Damasco. Era sunita, mas não se parecia de modo algum com os outros sunitas, nem pela maneira de se vestir, nem pela maneira de viver. Costumava usar uma djelaba branca, aberta na frente, sobre calças longas da mesma brancura, presas por um cinto de couro preto. Um colete preto, usado em função da temperatura ambiente, completava esse traje cuja origem eu desconhecia.

A mãe usava véu. Era uma mulher alta e forte, que se vestia sempre de preto. Ninguém nunca soube dizer com o que ela parecia. Todas as tardes e uma boa parte das noites, ela se sentava numa cadeira diante da porta de entrada e fumava o narguilê sob seu véu. Uma mancha amarelada marcada pela fumaça no dito véu deixava adivinhar o lugar da boca. Ela observava a rua, não hesitando em interpelar os passantes que não conhecia para lhes perguntar o nome, o ofício e o estado civil. Estava a par de tudo o que dizia respeito aos habitantes da aldeia, das atividades públicas até os detalhes mais íntimos da vida deles. Se, por infelicidade, esquecíamos de cumprimentá-la ao passar à sua frente, arriscávamos seu mau humor. Ela dirigia a casa com mão de ferro. Era capaz de expulsar todos, até o filho, se isso lhe agradasse. Toda a família ficava pequena em sua presença, à exceção de Omar, um menino da minha idade. Eram dez ou doze crianças, não me lembro mais ao certo, mas Omar, por milagre, tinha personalidade. Toda vez que sua avó berrava com alguém, ele lhe dizia:

– Você perderia seu aspecto de fantasma se mostrasse a mulher que você é.

Isso a deixava com raiva, mas Omar sempre saía vencedor. Era o intelectual do grupo, o primeiro a saber ler e a possuir livros. Alto e esquelético, como quase todos os membros de sua família, tinha cabelos negros, olhos negros e a pele morena. Sonhava o tempo todo em deixar a casa para fazer seus estudos em outro lugar, de preferência no Egito, a pátria do arabismo. Costumava nos fazer um resumo do livro que acabava de ler e, no dia em que deu com *Mein Kampf*, acreditou por um bom momento possuir o saber universal. Acabou indo para o Egito a fim de fazer seu bacharelado e, ao descer no aeroporto do Cairo, teve a impressão de que o mundo já lhe pertencia. Escreveu-me contando seu entusiasmo por esse país, sua admiração por Nasser e seu apego a essa nação que, de todas as nações, era a eleita de Deus. A nação árabe.

Do mesmo lado que nós, no final de uma longa passagem que separava nossa casa da dos Khouri, moravam os Ghaber. De todos os membros dessa família, só a mãe nos interessava. Era bem jovem em relação ao marido, e era precisamente a sua juventude que tínhamos dificuldades de admitir como objeto de prazer para o velho. Ela tentava a todos nós, mas ninguém jamais ousou se aproximar dela. Toda vez que víamos o velho ir para o campo com seus bois, a via nos parecia livre. Jogávamos então a nossa bola cada vez mais longe na aléia deles, que nos servia de campo de futebol, mas, uma vez ali, a coragem nos faltava: simplesmente pegávamos a bola que caíra no pátio deles. O fato de ela estar fisicamente fora de nosso alcance não nos impedia de fantasiar a seu respeito, de penetrá-la e de mostrar-lhe nosso mérito de sermos jovens. Mas isso tudo não passava das palavras. Nossos pipis ainda eram inocentes demais para pretender as coisas do sexo.

No mesmo pátio moravam ainda outras famílias. Os Naami, originários de uma aldeia vizinha, eram empregados nos campos. Viviam a dez num único cômodo colocado à disposição deles pelos Ghaber. Abou Naami, um homem de uns trinta anos, parecia ser, de acordo com os boatos que corriam, o verdadeiro pai de um bom número dos meninos Ghaber. Verdadeira ou falsa, essa história só afetava meus amigos e eu. Ao agir assim, ele nos privara de nosso direito ao prazer com aquela mulher. Por falta de prazer carnal, contentávamo-nos com o prazer que nos proporcionava a idéia de nos vingarmos dele. Havíamos elaborado vários planos: uma pedra na cabeça, lançada por um de nós do telhado no momento em que ele passava, bater em seus filhos toda vez que pusessem o pé fora de casa, e assim por diante. Só Omar não estava de acordo com a violência física. Ele nos prometera escrever uma carta denunciando as relações ilícitas de nosso rival e dar um jeito de pô-la nas mãos da mulher dele. Redigiu várias versões, antes de que nos déssemos conta de que nem ela nem ele sabiam ler. Acabamos abandonando essa idéia, mas não a da vingança.

A segunda família que morava nesse pátio era palestina: os únicos palestinos de nossa aldeia. Uma família composta de apenas três membros: a mãe, o filho e o neto. Pelo que diziam, tinham sido sete quando deixaram sua aldeia na Palestina. A mãe, Oum Farés, uma velha quase cega, andava com a ajuda de uma bengala, as costas curvadas pelos anos, quase tocando o chão. Vestia-se de preto em sinal de luto pelos seus. A cada interpelação relativa à sua vida anterior ou à vida de sua família, ela só tinha uma resposta: prantos. Falava muito pouco ou quase nada, como se se tivesse proibido o direito à fala. Seu rosto enrugado parecia tão velho quanto o tempo. Raramente deixava o cômodo onde vivia e, quando lhe acontecia fazê-lo, era apenas para informar-se do atraso de seu filho com seus patrões. Tinha sempre um ar inquieto, exageradamente inquieto, como se o inimigo estivesse sempre em seu encalço, e só se acalmava quando via o filho voltar.

Farés tinha uns trinta anos. Alto e forte, era sólido feito um carvalho. Seu pescoço de boi carregava uma cabeça quase retangular de cabelos negros crespos. De hábito, baixava os olhos negros e fugidios, por não sei que razão, e só ocasionalmente os levantava para se assegurar de que seu interlocutor ainda estava presente. Vestia-se de bege colonial, um hábito que adquirira no contato com os ingleses. De longe o ouvíamos vir, com seu sotaque arrastado de palestino e sua voz alta como se quisesse significar que não tinha nada a esconder. Trabalhava duro, com aplicação, e só parava quando o autorizavam a fazê-lo. Era por isso, penso, que sempre tinha trabalho, muito mais do que precisava. Era procurado pelos quatro cantos da aldeia e, como nunca ousava dizer não a ninguém, os outros se autorizavam a responder em seu lugar para desculpar o não respeito de suas promessas. Sabia ler e escrever, até em inglês. De noite, depois de voltar do trabalho, ou no inverno, durante os meses parados, as pessoas disputavam sua presença para lhe pedir que lesse os contos das mil e uma noites. Ele tinha um dom inato de narrador, a ponto de fazer viver os personagens do livro, como com uma varinha de condão. Mamãe, que já conhecia esses contos de cor, às vezes corrigia, mas ele, preso demais à ambiência da narrativa, não prestava atenção.

Além dos contos das mil e uma noites, Farés tinha seu repertório pessoal, indo das armas que havia roubado dos ingleses ao judeu que havia matado num *kibutz*. A primeira história sempre dava prazer a Abou Elias. Nada o espantava a respeito dos ingleses. Para ele, eles vinham bem longe atrás dos franceses na escala da civilização.

– Você tinha um trabalho fácil – gostava de dizer a Farés. – Você não estaria entre nós se tivesse lutado contra o exército francês.

Quanto à segunda história, Abou Elias admitia de bom grado que um tal ato também era de bravura. Farés, sensível à apreciação de seu auditório, acabou privilegiando a história da execução do judeu às custas da história dos ingleses.

– O mérito dessa gente, desses judeus – nos disse ele –, é que são organizados, bravos e inteligentes. Eles nunca deixavam nada ao acaso, tinham sua idéia na cabeça e punham tudo em ação para realizá-la. Como tinham consciência da globalidade de sua tarefa, a participação de cada um era um elo lógico no processo de elaboração de seu projeto de Estado. Demoramos até nos mobilizar contra eles. E quando o fizemos cada um de nós tinha uma preocupação imediata, quase sempre egoísta e bem aquém do interesse nacional comum. Eu era animado pelo desejo de vingar a morte de meu pai. Com um grupo de amigos, ele havia atacado um *kibutz* instalado a alguns quilômetros de nossa casa. Eram uma dezena ao todo, armados de maneira primária: sabres e algumas carabinas datando da Primeira Guerra. Montaram seus cavalos e foram na direção das metralhadoras dos defensores, que lhes despejaram um dilúvio de fogo através do arame farpado. Foram forçados a dar meia-volta após sofrerem um fracasso doloroso, deixando atrás três mortos, dentre eles meu pai, e dois feridos. Compreendemos, mas tarde demais, que a diferença entre eles e nós era grande, a que distingue uma guerra de uma briga.

– Após a morte de meu pai, eu só tinha uma idéia na cabeça: vingar a sua morte. Dali por diante, adquiri o hábito de ir rondar discretamente o *kibutz*. Lá ia diretamente após a prece da manhã, sem arma para não atrair a atenção de quem quer que fosse. Eu havia de antemão escondido uma carabina num barranco próximo do primeiro posto de observação. Eu examinava atentamente o que se passava do outro lado da barreira. Eles também se levantavam cedo. Cuidavam de suas ocupações nos campos sob a proteção de vigias armados e bem embarricados em seus postos avançados. Ao longo dos dias, eu havia notado um certo relaxamento na atenção no momento da troca de guarda na alvorada. Justo um pequeno tempo morto entre a chegada do segundo e a partida do primeiro. De meu refúgio, minutos antes do nascer do sol, eu via apenas um solidéu branco na parte de trás de uma cabeça e os ombros de uma pessoa cujo rosto eu não conseguia avistar. Visei a cabeça. Longamente. De repente, senti vontade de ver o rosto. Ia chamá-lo quando me dei conta do grave erro que teria cometido ao fazê-lo, e mudei de idéia no último momento. A detonação rasgou o silêncio da noite, breve mas certa como o destino. O judeu desabou e desapareceu por trás da barreira. Ninguém reagiu, como se todos fizessem questão de guardar um momento de silêncio em memória do morto. Recoloquei a carabina em seu lugar no barranco e me retirei como se nada tivesse acontecido.

Ele contava essa história com emoção. Havia matado, estava consciente disso, não para defender o seu lado, mas para saciar um sentimento pessoal. Da pátria, aliás, naquele momento ele não tinha a mínima idéia. Tinha muito mais medo por seu pedaço de terra que pelo conjunto da Palestina. A prova é que, ao entender algum tempo mais tarde que se expunha ao perigo ficando ali, escolhera ir embora com a família, à espera de dias melhores.

Embora tivesse sido bem admitido no bairro, muito melhor do que fora Abou Aramé, Farés não estava integrado. Respondia às expectativas das pessoas à volta e, na medida em que não tinha outro desejo a não ser satisfazer a vontade das pessoas com quem convivia, garantia para si um lugar, talvez não muito confortável, mas aceitável.

Seu filho, Ismael, tinha nossa idade. Era estranhamente parecido com o pai, exceto que tinha a constituição mais frágil. Costumava nos seguir e nos olhar brincar de longe sem jamais ousar se misturar conosco. No início, prestávamos pouca atenção nele, mas de tanto vê-lo acabamos por tolerar a sua presença. Tolerar talvez não seja a palavra certa. Nós o aceitávamos como um fato consumado! De vez em quando, alguns de nós lançávamos pequenas frases para ele, não com o objetivo de encorajá-lo a juntar-se a nós, tampouco a fim de dissuadi-lo; aquilo fazia parte de nossas interpelações durante as brincadeiras. Mas ele, sem dar um pio, continuava a nos olhar com olhos suplicantes. Era a Omar que cabia a frase mais original. Digo original porque era a única a fazer Ismael reagir. Durante uma partida de futebol, Omar, de propósito ou não, não sei, enviou a bola em sua direção. Ismael olhou a bola e nos olhou depois. Omar autorizou-o a pegá-la e a nos devolvê-la. Ele ficou contente de fazê-lo, mas não por muito tempo. Pois, à guisa de agradecimento, Omar lhe disse:

– O seu pai vendeu a Palestina. E você, o que é que você tem para vender?

Para espanto de todos nós, Ismael começou a se debulhar em lágrimas. Estava inconsolável. Eu não entendia por que aquela observação o ofendia àquele ponto, mas mesmo assim dei-me conta de que aquilo era algo ruim. Omar foi na direção dele na intenção de se desculpar. Nós o seguimos. Mas o outro, ignorando nossa intenção, se pôs a correr. Omar chamou-o pelo nome e pediu-lhe que nos esperasse. Ele parou e nos observou, ansioso. Omar estendeu-lhe a mão e disse:

– Daqui por diante você é nosso amigo.

Cada um de nós apertou a sua mão. Ele sorriu emocionado e reconhecido.

– Você sabe correr rápido? – perguntou-lhe Omar.

– Sei. Eu corro rápido – respondeu entusiasmado.

Foi então contratado como apanhador de bola. Era verdade, ele era rápido. Pouco a pouco começamos a descobri-lo. Ele nos era útil em mais de um aspecto. Desenterrava minhocas para nós e carregava nossas varas quando íamos pescar. Tinha sempre os bolsos cheios de pedras para nossas atiradeiras, carregava nossos passarinhos, apanhava para nós pedaços de lenha para fazer fogo, roubava para nós frutas nos pomares da aldeia e não hesitava em se denunciar, culpado ou não, para encobrir um ou outro de nós.

Mas quanto mais se dava, mais seu lugar entre nós se tornava ambíguo, pois, embora seu devotamento suscitasse nossa simpatia, sua submissão provocava nossa agressividade.

Do outro lado da passagem moravam os Khouri, uma família de confissão grega católica que era composta de cinco irmãos e um tio. A casa deles fervilhava de crianças. Havia umas trinta, o que dava àquela morada o aspecto de uma escola muito mal mantida. Nunca os conheci como agricultores, mas apenas como aventureiros que haviam experimentado tudo ao longo de suas vidas profissionais. Tinham começado por comprar um ônibus para assegurar o transporte entre a nossa região e Beirute. Anos mais tarde, venderam o ônibus para comprar táxis. No primeiro acidente de estrada com um deles, compreenderam que aquele ofício comportava muitos perigos, ligados por um lado ao risco do trânsito e, por outro, à vendeta corrente em nossa sociedade, até contra os choferes de táxi responsáveis por homicídio. Houve dois mortos nesse acidente. Fawaz, o chofer, teria pagado com seu sangue a morte desses passageiros se, no último momento, o perito nomeado para estudar o caso não tivesse atribuído o erro ao condutor do outro veículo. Salvo *in extremis*, decidiu vender o táxi e comprar um caminhão.

Os homens da família usavam culotes de gabardine verde ou bege, um traje aparentemente adotado no contato com a cavalaria francesa. Os Khouri tinham a tez clara e os cabelos castanhos, traços finos e uma fisionomia no geral agradável. Só o tio é que se vestia à turca e usava um *keffieh* preto. Ao contrário de todos os outros, era baixo e até miúdo fisicamente; seu intelecto não era maior. Em seu rosto espantosamente pequeno, os olhos ficavam vesgos sempre que o olhavam de frente, e a barba lhe dava antes um ar mal barbeado que barbudo. Hanna, assim se chamava ele, era um grande amigo de meu pai. Vinha com freqüência passar as noitadas em nossa casa. Instalava-se sempre no mesmo lugar, junto da chaminé, de costas contra a parede, e adormecia ao fim de quinze minutos. Despertava de vez em quando para perguntar a hora, comentava "ainda é cedo" antes de adormecer de novo. Costumava ir embora por volta das onze horas. Antes de nos deixar, procurava despertar meu pai, que em geral dormia a seu lado. "Já?", costumava comentar papai. "Já, é tarde. Tenho que ir dormir", respondia antes de ir embora.

Sua esposa era exatamente o contrário: alta, enérgica, ativa e muito fina. Diante da fraqueza do marido, aceitava assumir os negócios da família e pôr-se a trabalhar para alimentar todo mundo. Trabalhava como padeira. As mulheres da aldeia preparavam a massa de pão e, bem cedo de manhã, era ela quem se encarregava de colocá-la para cozer. No meio de um cômodo separado do resto da casa, cada família ampliada tinha o seu forno, uma espécie de cilindro de louça esmaltada no interior e cercado de terra em toda a sua altura de um metro aproximadamente. O único acesso à abertura do forno era uma passagem estreita cavada nessa terra acumulada, que servia para assegurar a aeração e facilitar a manutenção. Uma vez por semana, Victoria nos cozinhava vinte quilos de pão ou centenas de broas. Em geral, estava acompanhada de minha mãe, que achatava os pedaços de massa sobre a prancha de madeira estendida sobre as duas bordas da passagem de acesso. Victoria pegava as broas ainda em estado de massa e as enviava de uma mão à outra, girando-as para afiná-las e arredondá-las à perfeição. Uma vez terminada essa operação, ela colocava a broa sobre uma almofada redonda de tecido bem estofado, enfiava com a mão aquilo tudo no forno e, com um golpe seco, colava a broa na parede quente onde ela ia cozer.

Além de seu uso utilitário, o forno desempenhava um papel social importante. Era um lugar de encontro para as mulheres. Elas chegavam para conversar, trocar notícias, pôr-se a par dos últimos acontecimentos da aldeia e para comer pão quente.

Victoria trabalhava para nós há uns quinze anos. Os três primeiros anos correram bem, mas depois minha mãe não lhe dirigiu mais a palavra. Por quê? Porque Victoria havia matado um de meus irmãos. É, eu disse bem, matado. Ele se chamava Mahmoud. Não o conheci vivo; mas, morto, ainda estava entre nós. Pelo que dizia minha mãe, era o mais bonito, o mais gentil e o mais dotado de todos os seus filhos. Tinha quatro ou cinco anos quando morreu. Uma manhã, ele chegara ao forno para pedir um pão quente. Victoria lhe dera um. Ao voltar para casa, alguém da fratria o tomou. Cinco minutos mais tarde, ele voltara para reclamar outro, e assim por diante, quatro vezes. Achando que ele mesmo havia comido tudo, Victoria lhe havia dito:

– Por Alá! Você tem um diabo no estômago!

Ele então voltou para casa para morrer nas horas seguintes.

Mau olhado, diagnosticara a minha mãe.

Victoria, profundamente chocada, tentara queimar-se viva no forno, mas, felizmente, o fogo já estava apagado. Saiu de lá com pequenas queimaduras de primeiro grau. Minha mãe apreciou seu gesto heróico, perdoou-a, mas nunca mais falou com ela. Continuaram a trabalhar juntas durante doze anos. Olhavam-se às vezes, discretamente, mas toda vez que seus olhares se cruzavam uma se punha a choramingar e era consolada pela outra.

Com exceção desse acontecimento, nossas famílias permaneceram ligadas por uma sincera amizade. Hanna vinha sempre "dormir" suas noites em nossa casa, e sua mulher o acompanhava de vez em quando.

De todos os membros dessa família, era Isabelle quem mais me interessava. Era a mais bela das filhas. Que pensem de mim o que quiserem, mas Isabelle será sempre para mim a mais bela. Tinha um ano a menos que eu, mas fisicamente já era uma mulher. A boca fina, os olhos marrons e doces, a cabeleira longa que ondulava ao vento e caía feito milhares de carícias sensuais sobre os ombros nus, os seios redondos e duros, o ventre, as pernas... Eu os conheci, acariciei, beijei até me fundir por inteiro no calor de nossos corpos misturados. Eu o fazia noite e dia, a todo momento, sem descanso, até o esgotamento total de minhas forças físicas e morais. É, eu fazia isso tudo só em minha imaginação, mas me sentia realizado. Eu amava aquela Isabelle. Amava-a a ponto de reduzir o mundo à sua dimensão. Amava-a, mas nunca falava disso com ninguém, nem mesmo com ela. Tinha medo de que uma palavra atenuasse a minha paixão por ela, eu que a queria inteira. Olhava-a sair, voltar, correr, rir, mas era em mim que ela vivia. Trazia-a à mente sempre que me encontrava só e passava horas inteiras com ela, horas de felicidade intensa. Ela se punha à minha disposição, voluntária, terna, amante e desejável. E depois a escondia, justo o tempo de repousar meu corpo frágil.

Eu tinha quatorze anos. Havia jurado matar o primeiro homem que ousasse pedir a sua mão. Mas, felizmente, esse homem não se manifestava, e dois anos mais tarde deixei a aldeia, e a esqueci mais ou menos.

Ao longo dos anos, eu ia aprender a transpor as fronteiras de meu bairro para ir rumo a encontros além desse pequeno universo fechado que até ali me abrigara.

XII

Depois de conhecer, durante anos, a virtude da economia comunitária, meu pai teve um dia acesso às delícias da propriedade privada. Bisavó arrancara com unhas e dentes um bom pedaço de terra situado bem na beira de um rio que corria puro como a inocência da alma desse homem. Foi um gesto memorável de sua parte, o único. Ela morreu pouco tempo depois, deixando ao filho Mohammad a gestão do patrimônio familiar.

Essa terra fez mais de um ciumento. Ter água o ano inteiro, ao alcance da mão, era coisa rara. Não por falta de quantidade mas antes por falta de organização e de solidariedade entre os camponeses. Contam que essa planície, antigamente chamada o celeiro do Império Romano, alimentava na antigüidade doze milhões de habitantes. Ora, os poucos milhares de agricultores que haviam herdado essa imensa terra fértil mal conseguiam (com algumas exceções) fazer face às suas necessidades. Dividia-se a água, como antigamente a terra, cada um em função da força que podia empregar para convencer os outros, aqueles que estavam interessados na mesma água. Conflitos sangrentos se seguiam, acarretando por sua vez outros conflitos que levavam a uma verdadeira vendeta. Então, de vingança em contravingança, esquecia-se a terra e reduziam-se igualmente as chances de a família ter uma vida decente.

O caso mais célebre, talvez, foi o que pôs às voltas os Hak, nossos primos por aliança, com os Ghani. Estes últimos, mais numerosos e mais fortes, abateram Farid, o mais jovem dos quatro irmãos dessa família. Era o ato mais desprezível que podia existir. O espírito da vendeta não permitia matar jovens. Os Ghani haviam cometido um duplo pecado: além do fato de Farid ter apenas quinze anos, seus carrascos, em número de três, investiram furiosamente contra seu corpo, a ponto de nele esvaziar, cada um, dois carregadores de pistola.

O pai da vítima, um homem de uns sessenta anos na época, era, segundo os testemunhos de seus próximos, muito duro e muito cínico. Ele chamou seus três outros rapazes e lhes disse:

– Saibam que vou daná-los para sempre se não me vingarem Farid. Está em jogo a honra e o dever de vocês. Vocês deveriam ter protegido melhor seu irmão pequeno. Pensei ter feito homens.

Em seguida a essa interpelação, os acontecimentos se precipitaram. Um deles, Hassan, deu um tiro num dos Ghani e errou o alvo. Dois dias mais tarde, eles anunciaram sua intenção de deixar a aldeia para se instalarem no Brasil. Dito e feito. Um ano mais tarde, os três irmãos deixaram a aldeia.

Assunto encerrado? Não. Os Ghani, até ali vencedores, soltaram um suspiro de alívio. Concluíram que seus adversários, tomados de pânico após o atentado frustrado, haviam abandonado a partida. "Covardes", comentaram os aldeães em suas discussões privadas. Esse qualificativo ia se tornar o apelido dos Hak durante três longos anos. Durante três longos anos, o pai evitava a companhia dos aldeães ou cruzava com eles de cabeça baixa quando não podia fazer de outro jeito. Uns tinham ficado com pena dele, outros levavam a insolência ao ponto de pará-lo e de lhe pedir notícias suas. Ele respondia evasivamente, ou não respondia nada. Só seu rosto ossudo se ensombrecia e endurecia, deixando adivinhar a tempestade que lhe atormentava a alma. Em todo caso, sua celebridade de homem vaidoso não parecia lhe servir para muita coisa, exceto talvez para provocar a zombaria daqueles que, de hábito, não o traziam no coração.

Uma noite, tia-avó Fátima, a mãe dos emigrados, veio nos visitar. Eu devia ter quatro anos. Meus pais, surpresos com a sua chegada imprevista, balbuciaram frases automáticas e quase incompreensíveis. Fátima era uma senhora alta e forte, exalava um ar de nobreza e dava a impressão de estar sempre segura de si. Tinha um andar viril, mas uma figura agradável e simpática. Beijou meus pais, pegou-me no colo, olhou-me direto nos olhos e comentou em voz alta:

– Como você é bonito, meu menino!

Ela nos parecia menos triste naquela noite, feliz até.

– Vim lhes dizer adeus – disse. – Estamos indo ao encontro de nossos filhos no Brasil. Deixo-lhes uma chave da casa para que a guardem para nós.

E, lá pelo fim da visita, pediu a meu pai para lhe comprar e entregar um quarto de carneiro.

– Um quarto? Para fazer o quê? – inquietou-se meu pai.

– Eu e meu marido pretendemos dar uma festa de despedida dos amigos – respondeu ela, da forma mais natural do mundo.

Não duvidando de nada, meu pai se decidiu a fazê-lo sem se fazer muitas perguntas.

– Afinal – tranqüilizou-se –, na idade deles, é normal que queiram juntar-se aos filhos.

Era o início da primavera, os aldeães estavam muito ocupados com suas atividades nos campos. Os pais Hak partiram num domingo à noite para Beirute. Tinham de pegar um avião no dia seguinte pela manhã. Tudo deixava pressagiar o fim de uma história dolorosa se, na segunda-feira à noite, algo de anormal não tivesse vindo perturbar a paz da aldeia. Alguém descobriu os três irmãos Ghani jazendo inanimados num fosso no caminho lamacento que levava a seus campos. Havia um morto e os outros dois estavam gravemente feridos.

Ninguém entendia nada dessa história. Alguém havia atirado neles. Mas quem? Foi preciso esperar vários dias até que um dos feridos pudesse contar o que lhes tinha acontecido.

Eram os filhos dos Hak. Eles haviam montado uma emboscada bem cedo na segunda-feira.

– Lembrem-se de Farid, canalhas! – Foi o que ouviram gritar justo antes dos tiros. Era tudo. O resto, mais nada, o vazio e os três corpos no fosso.

A partida dos pais Hak, o quarto de carneiro, a festa que não acontecera, tudo ficava claro. Os filhos Hak estavam de volta. Os zombadores de antes receberam a notícia como uma porretada na cabeça. De repente se sentiram expostos àquele perigo fulminante que doravante os espreitava por toda parte, invisível, como a mão do destino. A vaidade acabou ganhando a partida contra a razão. Meu pai sentiu-se responsável, no mínimo cúmplice daquele caso macabro. Mas não podia fazer nada. Ele também caíra na armadilha como os outros.

Foram necessários seis anos de ásperas negociações e barganhas para comprar a volta à aldeia. Matta, um amigo das duas famílias, fazia durante esse tempo o papel de intermediário e, no dia em que cumpriu sua tarefa a contento, organizou a reconciliação em sua casa: foi uma festa extraordinária. Convidou dezenas de pessoas mais chegadas ou mais distantes das duas famílias. A casa fervilhava de gente, de homens apenas. Um acontecimento como aquele era assunto de homens. O Xeque Ahmad presidiu às festividades. Por volta das dez da manhã, os Ghani chegaram. Foram acolhidos com uma salva de tiros. Matta recebeu-os à porta, beijando um por um, conduziu-os a um cômodo onde os membros dos dois clãs já estavam misturados. O xeque foi beijá-los e leu para eles "suras" escolhidas para a ocasião. Trinta minutos mais tarde, outra salva de tiros anunciou a chegada dos Hak, que tiveram direito às mesmas cerimônias. Um açougueiro degolou um carneiro no campo e recolheu uma parte do sangue num pote que ele foi entregar ao xeque. Com o sangue ainda quente, este se dirigiu ao cômodo dos Ghani para manchar com ele as mãos dos dois irmãos. Minutos mais tarde, fez o mesmo com os Hak. Os homens esperavam a continuação no Menzoule. Matta, sereno, servia o café e só parou a rodada quando o xeque entrou, seguido das duas famílias. Este os colocou de pé uns diante dos outros, de acordo com a idade, e Matta entre as duas fileiras. O ambiente era grave, seria possível ouvir uma mosca voar. Todos estavam de pé, mãos cruzadas sobre o ventre; depois, com uma voz primeiramente hesitante mas que se afirmou cada vez mais, o xeque entoou:

– Em nome de Alá, o misericordioso...

Ele era o primeiro xeque assalariado da aldeia. Estudara teologia em Al Azhar, uma universidade religiosa do Egito, antes que o acaso de sua nomeação o tivesse trazido até nós. Com uns trinta anos, era de estatura média mas forte. Seu rosto cheio de traços jovens prejudicava a sua credibilidade junto aos aldeães nos momentos críticos. Ele pronunciou um discurso totalmente escolar que não conseguiu emocionar o auditório como teria feito Assad quando vivo, com seu conhecimento profundo das pessoas e sua maneira de se dirigir ao que havia de mais íntimo e de mais escondido nelas. Só no final de seu discurso é que Xeque Ahmad levantou um pouco de entusiasmo.

– Alá – disse ele – fez sua justiça. O jovem Ghani reencontrou o jovem Hak junto de Deus, como se, de idades vizinhas, eles tivessem escolhido dar à amizade a chance que ela não tivera nesta terra.

Com as mãos sempre sujas de sangue, as duas fileiras avançaram lentamente para se saudar e apertar as mãos ensangüentadas, testemunhas da culpa recíproca. Nesse momento, trouxeram um balde de água, aquela mesma água que estivera na origem do conflito. Matta encheu uma xícara que estendeu a cada um dos irmãos, que se sucederam numa disciplina exemplar para levá-la à boca, dela beber um gole e, em seguida, ir lavar as mãos diretamente no balde. Quando o último acabou de passar, foi dada uma nova salva de tiros. O xeque interveio mais uma vez para declarar solenemente:

– Agora que estancaram a sede e purificaram as almas e os corpos, vocês se tornaram de novo irmãos leais diante dos homens e diante de Deus.

Matta, que de hábito andava com dificuldade por causa de sua perna direita dura, estava naquele dia em sua melhor forma. Cuidava de tudo, da recepção, das formalidades e da cozinha, onde algumas mulheres se agitavam cozinhando os carneiros. Devia estar por volta dos cinqüenta anos. Mais para o final dos cinqüenta. Usava uma barba cinzenta e roupas novas, um paletó preto e calças bufantes igualmente pretas, comprados aparentemente para essa ocasião.

Ironia da sorte ou lógica infernal das relações sociais de nossa aldeia, Matta ia ser morto alguns meses mais tarde por um dos Saraj e pela mesma razão: a água.

Água divina, fonte de vida, água mortal, água purificadora, paz da alma, água turva, miséria e infortúnio.

Água, meu pai tinha em abundância. Bastava debruçar-se um pouco para tocar a superfície límpida daquele rio miraculoso. Mas, embora a água fosse um elemento fundamental, ela sozinha não bastava para fazer a felicidade de meu pai. Faltava-lhe um outro elemento, igualmente importante, para poder explorar sua terra em condições convenientes: o dinheiro.

Meu pai não era preguiçoso. Só que talvez lhe faltasse um pouco de imaginação. A primeira idéia que lhe atravessou a mente foi a de se alugar junto com seus animais aos camponeses que disso precisavam durante o dia e de lavrar seu campo de noite. No pôr-do-sol que anunciava o fim de um dia de trabalho, ele levava seus bois para a propriedade e só voltava para casa lá pelas vinte e três horas. Era genial, ele era jovem e forte para tentar a sorte. Meu irmão Ali já havia nascido, tinha três anos, minha irmã Myriam também, e tudo deixava supor que um terceiro estava a caminho.

Era essa a origem do capitalismo. Bastava ter terra, animais, um pouco de dinheiro e muita coragem e paciência. O futuro lhe sorria e a fortuna também. Ali era um belo menino de cabelos louros dourados e de olhos azuis transparentes como o céu de verão da região. Andava com um monte de negocinhos em volta do pescoço, dos braços e sobre o peito: uma dezena de pérolas azuis, dois ou três talismãs e uma ferradurinha. Toda uma panóplia para protegê-lo do mau olhado. Myriam não tinha direito a isso. Aliás, quem teria notado aquela menina de nariz comprido e reto feito Pinóquio? Papai adorava o filho. Quando voltava, qualquer que fosse a hora, ia acordá-lo para brincar um pouquinho com ele. Mimava-o por dois, pela criança que era e pelo que representava, reflexo de seu pai, aos olhos do pai. Myriam não tinha direito a isso, chorona que era. Oum Elias chamava Ali de "o francês"; Abou Elias, de um "produto importado". Abou Isaïah vivia dando-lhe presentes, e os Khouri lhe ofereceram uma cruz.

– Parece o Menino Jesus – costumavam comentar.

No dia em que meu pai pagou uma parte da semente de sua terra, ele estava convencido de que a página negra de sua história estava virada para sempre. Tinha trigo o bastante para cultivar a metade de seu campo. "Mais dois anos de esforço" – pensou – "e serei meu próprio dono". Ano bom, ano ruim, ele nunca perdia a coragem. Continuava a se levantar cedo e a voltar tarde. Sempre animado pela esperança de conhecer dias melhores.

Nas tardes de sexta-feira, ao voltar da mesquita, ele pegava a espingarda de caça, montava em seu burro e ia trabalhar seu campo. Acontecia-lhe com freqüência caçar enquanto lavrava ou semeava. Ali tinha então cinco anos e começava a manifestar um grande interesse pelas atividades do pai. Numa tarde de sexta-feira de primavera, insistiu para acompanhá-lo. Não querendo perder tempo, este recusou categoricamente. Mas em vez de desistir Ali seguiu o pai, obrigando-o a aceitar o fato consumado. Era o ano de mil novecentos e trinta e sete. O Estado libanês, sob mandato francês, havia tomado forma, a estrada de Damasco era o ilustre testemunho disso.

Nela víamos circular os veículos militares, ora franceses, ora libaneses. Policiais passavam, primeiros representantes do jovem Estado junto à população, de um Estado soberano fiador da lei e da segurança do cidadão. Além disso, em nome da lei, descobriu-se o interdito. Ora, como nunca se sabia como funcionava esse famoso interdito, meu pai, ao se aproximar da estrada, sempre retirava o cano de sua espingarda da coronha e o enfiava na sacola sobre o lombo do burro.

Nessa tarde, estavam os dois sentados no lombo do burro, ele na frente e Ali atrás. Atravessaram a estrada e penetraram no caminho que ia em direção ao campo. Ao fim de quinze minutos de marcha, o cano escorregou por um buraco até o fundo da sacola, bateu no chão e disparou com uma detonação infernal, acertando a sela, o pé e a perna esquerda de Ali. Por milagre, meu pai e o burro saíram indenes. Nem o mínimo arranhão. O estado de Ali era grave. Ele estava com o pé arrebentado e a tíbia praticamente exposta. Berrava a plenos pulmões. Pai, mais morto que vivo, tomou-o nos braços e pôs-se a correr na direção de casa. Ao fim de quinhentos metros de corrida desenfreada, fez meia-volta, pegou o burro, saltou sobre seu lombo com o filho entre os braços. Ali sangrava abundantemente; depois, cansado e enfraquecido, desmaiou.

Pai sacudia cada vez mais o burro e chamava Ali cada vez mais alto:

– Diga que não morreu. Diga que não morreu. Deus, faça com que ele viva! Deus, salve-o. Deus, faça com que eu morra antes dele. Deus, por que mereci isso? Deus, é duro demais. Deus, não vou suportar isso.

Ele falava rápido, maquinalmente e sem descanso. Interpelou seu Deus em voz alta, como se buscasse atrair a sua atenção, toda a sua atenção sobre ele só, homem miserável, sofrido e machucado. Ali era um sonho, mas um sonho que lhe dava gosto e coragem de viver. Ele o via crescer, correr, rir, mas era ele quem ficava feliz através desse menino. E, nesse momento, no auge da esperança, tudo vinha desabar bestamente nesse caminho de infelicidade.

– Deus, faça com que eu morra – implorou chorando. – Deus, eu sei que acabou. Jamais terei forças de novo para continuar.

Pai chorava ao longo do caminho e continuava a chorar quando chegou. À medida que entrava na aldeia, uma fila de curiosos se formava atrás dele, de tal modo que o pátio de nossa casa ficou cheio antes mesmo que ele tivesse podido colocar o pé no chão. Mamãe caiu dura. Oum Elias pediu gentilmente às pessoas que desobstruíssem o local, mas não pôde ser ouvida. Pai deitou Ali sobre um colchão aberto às pressas no meio do quarto enquanto continuava a se movimentar a esmo. Abou Isaïh resolveu rápido:

– Ele precisa de um médico. Que alguém vá buscar o médico.

O médico morava a mais ou menos dez quilômetros de nossa casa, era um homem simples, que vinha de vez em quando visitar a nossa aldeia, cuidar das pessoas e ser pago pelos camponeses, cada um conforme seus meios e sua moeda: galinhas, ovos, trigo, cebola, batatas e outros produtos do campo. Ele nunca tinha pressa. Fazia tudo com calma. Em geral tratava com ervas e só receitava remédios em casos graves. Era o antidoutor Knock perfeito, e era por isso, penso, que o chamavam de doutor "camomila". Chegava no lombo de um cavalo, cansado de viagem, e quando entrava numa casa pedia um sanduíche, que ele comia antes de examinar o paciente a quem em geral fazia mais perguntas sobre os animais que sobre ele mesmo. Era cristão, originário da maior cidade da região que era de maioria cristã. Mas, apesar de seu ar de cidade e de seu afastamento das populações camponesas, era bem escutado e gozava de uma autoridade certa no meio delas.

Abou Elias correu para seu estábulo, montou seu cavalo mais rápido e voou para o consultório do médico. Pai continuava a andar erraticamente, chorando e implorando Alá. Minha mãe, em lágrimas, sentara-se junto do filho com um lenço na mão para enxugar as lágrimas e os suores frios. Pai, aparentemente cansado de tantos esforços e emoções, foi sentar-se à porta de entrada para esperar a chegada do salvador. Muitos curiosos foram embora; ficaram no lugar apenas nossos vizinhos imediatos, cada um propondo prestar um serviço ou outro. Dois dos Khouri se encarregaram de trazer de volta os bois desgarrados na natureza após o acidente. Abou Ahmad cuidou do fogo e da preparação do café, Abou Isaïah ficava ora com meu pai ora com minha mãe, para tranqüilizar um ou consolar o outro. As mulheres, em silêncio, cuidaram dos assuntos da casa.

Algum tempo mais tarde, ouviu-se o barulho dos cascos. Num segundo, todos, homens e mulheres, foram para a frente da porta. Como de hábito, o doutor "Camomila", de rosto sereno e calmo, cumprimentou amigavelmente a multidão e depois, dirigindo-se a meu pai, disse:

– Então, caçador de meia-tigela! Não há mais caça na sua terra?

Amarrou o cavalo na escada de madeira e continuou, sempre no mesmo tom:

– Alá teria feito melhor dando esse menino a uma família cristã. Ele é bonito demais para um muçulmano.

Entrou então no cômodo, seguido imediatamente dos vizinhos. Abou Ahmad recebeu-o com uma xícara de café. Ele a bebeu de um gole, olhou em seguida seu anfitrião e disse:

– Senhor Emi, o seu café continua delicioso. E a curva do seu bigode, meu Deus, um círculo perfeito! A propósito, você conhece a história do Emir Arselane?...

Abou Elias, no qual até então ninguém tinha prestado atenção, com ar extenuado, explodiu de raiva.

– Meu Deus! – exclamou. – Você vai cuidar desse menino, sim ou não? Tive que sacudir essa "camomila" murcha a estrada inteira, e agora ele não encontra nada de melhor a fazer que contar histórias imbecis.

A intervenção de Abou Elias foi radical. O doutor debruçou-se sobre Ali, retirou o lençol branco já manchado de sangue e disse como se estivesse falando consigo mesmo:

– Está feio isso!

Essa frase caiu diretamente no ouvido de meu pai, que desabou, como que atingido por um raio. "Carreguem-no", ordenou o médico, com olhos e mãos ocupados em procurar seus instrumentos no fundo da bolsa. Ao fim de uma boa hora de trabalho, saiu e comentou, dirigindo-se a meu pai: "Ele vai escapar, mas talvez com seqüelas sérias". Depois, lavando as mãos num balde de água que lhe estendia Oum Isaïah, acrescentou:

– Vou levá-lo. Vou tratá-lo na minha casa. Você virá nos ver amanhã – disse ele à minha mãe. – Cuidará dele junto com a minha mulher.

Ao fim de alguns meses de tratamento intensivo, Ali escapou, mas com um pé em forma de S e o tornozelo praticamente desprovido de músculos.

Nada mais ia ser como antes. Ali coxeava, mas não parecia nem um pouco incomodado com sua deficiência física. Sua verdadeira deficiência talvez se situasse em outra parte, no nível da imagem que meu pai fazia dele, tão belo fisicamente, e da esperança que ele representava para aquele que buscava redimir um passado miserável através daquele reizinho, seu filho. Não podia mais vê-lo arrastar a perna sem que a lembrança do tiro não explodisse nas profundezas de sua alma, reavivando para sempre a ferida narcísica doravante sua. Uma mão criminosa destruíra a obra-prima que era seu filho.

Ele perdeu o entusiasmo mas não a coragem, o ardor mas não o fogo, a confiança mas não a perseverança. Continuava a se vender de dia e a cuidar de sua terra de noite, como havia feito antes. Mas dali por diante se tornou vulnerável ao cansaço. Havia como que uma brecha aberta em sua estrutura até ali tão sólida e resistente a toda prova. Suas mãos, que durante anos haviam empunhado o arado feito tenazes, e seus passos, que haviam esmagado a terra numa cadência de máquina bem azeitada, de repente pareciam traí-lo. Ele tinha a impressão de se deixar arrastar pelos bois, feito um corpo morto, cansado a ponto de decidir uma noite voltar mais cedo que de hábito, pois não controlava mais seus animais. Na verdade, era mais grave que isso. Descobriu-se no dia seguinte que ele havia lavrado os campos vizinhos, seguindo incondicionalmente os animais ao acaso de seus deslocamentos. Entre as numerosas zombarias que esse incidente provocara, uma expressão ficou e entrou nos modos da região:

– Quem é que manda aqui? Os bois? – diziam a alguém ou a algo de recalcitrante, sobretudo quando sabiam que dali não se conseguia nada.

Essa história afetou profundamente Abou Elias, que, num acesso de cólera, disse uma noite a meu pai.

– Essa brincadeira já durou o bastante. Você tem que encontrar uma solução razoável.

– Que brincadeira? – perguntou meu pai, surpreso.

– Estou falando da sua maneira de assumir as coisas. Você com certeza é forte, mas os burros também são. Se continuar assim por mais alguns meses, vai com certeza deixar um bando de órfãos e uma viúva. A não ser que...

– A não ser que o quê? – interrompeu meu pai. – Não tenho dinheiro, não conto com ninguém. E, enquanto isso, tenho de alimentar a família e explorar essa terra.

– Vamos com calma! Vamos com calma! Conheço alguém que lhe emprestará todo o dinheiro que você desejar. Basta assinar alguns papéis; eu sirvo de fiador.

– Ele me emprestará todo o dinheiro que eu desejar? Por Alá! Um homem assim é um enviado dos céus! – exclamou meu pai, excitado com a idéia de encontrar enfim o benfeitor que ia lhe estender uma mão generosa e desinteressada para tirá-lo da miséria.

– Não sei se é um enviado dos céus – ironizou Abou Elias parar frear a agitação de meu pai –, mas em todo caso ele tem muito dinheiro. Para emprestar, ele só pede em troca o pagamento de um juro que ele costuma definir com o cliente. É isso! É um benfeitor, se quisermos. Você está necessitado, não tem escolha, iremos vê-lo, assim você vai ter meios de cultivar a sua terra como um homem forte e não feito um burro.

XIII

A geração de meu pai foi a última de tradição oral. A criação do Estado inaugurava a era das trocas escritas; as exigências da vida cotidiana do país introduziram todo um fluxo de papeladas procedimentais e minuciosas, com selos, assinaturas, carteiras de identidade, fiadores da autenticidade do ato e da pessoa. Mas, como essa geração era analfabeta, pelo menos nos campos, exigia-se que as pessoas pusessem suas impressões digitais em qualquer formulário; letra morta, que dali por diante ligava os homens entre si. Assim fazendo, o texto tomou o lugar da palavra, subrogando inconscientemente a identificação ao reconhecimento. Ao dar a sua palavra, um homem comprometia a pessoa, a família, o clã, a honra e o lugar social. A partir do momento em que o interesse oficial se preocupou mais com as cristas papilares das polpas dos dedos que com a palavra, o homem foi sendo reduzido, lenta mas seguramente, à sua dimensão biológica; a estrutura social e cultural dessa sociedade foi sendo irremediavelmente lesada e, mais grave talvez, todo o sistema de valores do indivíduo, pois os papéis, símbolo da soberania do Estado, acabaram por descomprometer o cidadão de suas obrigações socioculturais, sem no entanto implicá-lo moralmente no novo sistema de obrigações.

Só os textos do Corão, de um século a outro, tinham permanecido tão acessíveis aos iletrados quanto aos letrados, e tanto aos que falavam árabe quanto aos muçulmanos em geral. Palavra direta de um analfabeto às pessoas à sua volta e que, mesmo escrita, não cessa de ressoar na memória e no coração do fiel? Talvez! Aqueles que conhecem o mundo muçulmano com certeza se lembram como, na alvorada, milhares de vozes cantam a glória de Alá ou recitam a sua Palavra, despertando a cidade para seu dever sagrado. E como, ao longo do dia, as mesmas vozes se alternam num esforço ininterrupto de leitura santa para imprimir-lhe a memória de uma marca indelével. Na mesma ordem, é recomendado aos fiéis dedicar uma parte do tempo, de preferência após a prece da manhã, a recitar em intenção do silêncio matinal algumas suras corânicas, que por sua verdade alcançariam ouvidos fiéis ou infiéis.

Nunca me esqueço das brigas conjugais que essa recomendação religiosa provocava em nós, por volta das quatro horas da manhã, quando a voz de meu pai se elevava com um fervor de convencer Satã da justeza de nossa religião, e a de minha mãe, ainda mais ardente, a protestar contra a despreocupação do pai indigno para com o sono dos filhos.

– Cale-se – ordenava ela –, você vai acordar as crianças.

– Você quer dizer que estou acordando você! – indignava-se ele com a impertinência da mulher.

– E daí? Você está acordando todo mundo.

Incrédula! – comentava ele, ofendido, antes de retomar seu dever.

Envelhecendo, enxergava cada vez menos. Então, com medo de cometer uma gafe, pedia-me para controlar a sua leitura. Foi assim que descobri que ele não sabia ler. Um dia, tomando seu pedido ao pé da letra, retomei-o no meio de uma página. Mas, mal o interrompi, ele perdeu seus pontos de referência e só conseguiu prosseguir a leitura retomando o início da sura. Ele recitava tudo de cor, só se servia das palavras escritas enquanto ponto de referência visual que, isolado de seu contexto mnemônico, perdia todo o sentido. Por isso é que os caracteres caligráficos ou tipográficos do Corão não variaram por séculos.

Pai, como os outros aldeães, aliás, não podia ficar eternamente protegido da mudança que já anunciava a cor do modernismo. A estrada internacional de Damasco, como um fio condutor, transmitia uma dupla corrente: a ocidentalização no sentido Beirute-Damasco e o arabismo de Damasco a Beirute. Embora a aldeia não estivesse diretamente ligada a isso, ela ia, como sob uma linha de alta tensão, sofrer os efeitos dessa corrente. Acontecimentos como a Segunda Guerra Mundial, a criação do Estado de Israel, a guerra da Argélia, a campanha de Suez, a escalada do nacionalismo árabe sob a liderança de Nasser, a União Egípcio-síria, o conflito armado de 1958, o nascimento da OLP e, enfim, a guerra israelo-árabe de 1967 iam marcar a história da aldeia e moldar o seu futuro.

Nesse tempo de incerteza, Abou Elias servia de guia e conselheiro a meu pai. Indicava-lhe as vantagens a serem tiradas da conjuntura, mas deixava de adverti-lo, consciente ou inconscientemente, como saber?, dos riscos que ele corria. Vistas sob o ângulo mais atraente, as novas relações socioeconômicas oriundas da jovem estrutura estatal entusiasmavam meu pai a tal ponto que nelas se engajou de olhos fechados. E era normal. Ele confiava em Abou Elias, seguia seus conselhos, mas, ali onde este último parecia reinar como um mestre, meu pai ia perder suas cartas no primeiro jogo. Isso também era normal. Pois, embora fossem próximos um do outro no espaço restrito de nossa aldeia, eles pertenciam a dois tempos diferentes. Um havia encerrado a sua carreira, o outro era o homem do futuro. Um estagnava em princípios e considerações ultrapassadas; o outro se entregava de coração aberto às deliciosas perspectivas do futuro. Abou Elias entendera a falha nesse sistema que os franceses e seus homens locais procuravam reconstruir contra céus e terras. Entendera que agrupar todas as comunidades religiosas numa estrutura estatal ou numa entidade nacional era fruto da fantasia de alguns, representantes do Estado francês, em nome de sabe lá Deus que lógica estratégica, e, por conseguinte, que isso só podia ser frágil. Abou Elias sabia disso tudo, muito tempo antes de o primeiro conflito civil demonstrar a gravidade desse mal-entendido chamado independência nacional. Era o primeiro a dizer:

– Não se faz uma nação como se vai à feira. As pessoas são ligadas demais a seus valores familiares e comunitários para aceitarem de bom coração abandonar os seus em nome do interesse coletivo. Vá dizer a um druzo para esquecer seu ódio ancestral pelo maronita ou vice-versa. Vá lhes dizer que o Líbano nasceu; que, enquanto libaneses, eles daqui por diante serão, todos num mesmo grupo, iguais perante a lei. É preciso ser bobo para crer no milagre do entendimento nacional no contexto de um Estado soberano.

Abou Elias falava com facilidade, ou antes recitava de cor e palavra por palavra um discurso que devia ter ouvido com freqüência durante suas viagens a Beirute. Espantava os interlocutores com suas idéias mais que incompreensíveis, mas, para além de suas intervenções pedantes, a incompreensão era a do acontecimento que só parecia emocionar seus criadores. Assim, em 1º de setembro de 1920, o General Gouraud, num espírito de missionário, proclamou o nascimento do Grande Líbano em presença de todos os chefes religiosos, antes de enunciar as condições primeiras do sucesso de sua aposta.

– O primeiro dever que vocês devem assumir é a união que os tornará fortes, assim como as rivalidades de raça e de religião os deixaram fracos. Além do mais, "O Grande Líbano" é feito em proveito de todos. Ele não é feito contra ninguém: unidade política e administrativa, ele não comporta outras divisões religiosas senão aquelas que orientam a consciência de cada um para crenças e práticas que ele considera dever sagrado.

Enquanto o mandatário usava em Beirute de uma diplomacia a um só tempo maleável e firme, como a suspensão da constituição em 1932 e a nomeação de um chefe de governo assegurando a um só tempo os poderes legislativo e executivo, os apetites e as ambições dos libaneses desencadeavam-se a ponto de só reter da história moderna desse país peripécias e enfrentamentos quase sempre intercomunitários.

Fato novo do poder: se, há séculos, o poder local fora exercido pelos notáveis locais graças a uma codificação sutil das relações inter ou intracomunitárias, a nova estrutura do Estado ia abalar o jogo de equilíbrio entre as diversas facções e colocá-las face a face sem a menor possibilidade de arbitragem, pois ninguém a partir dessa data conseguiu permanecer fora do combate ou encarnar a missão nacional.

Enquanto uma parte dos muçulmanos reivindicava a unidade com a Síria, hesitando em descer à rua como em dezembro de 1936 para manifestar sua hostilidade ao tratado de amizade e aliança com a França, e enquanto uma parte dos cristãos fazia da libanidade e do antiarabismo ou do antiislamismo uma ideologia defensiva, ninguém na aldeia, à exceção de Abou Elias, estava consciente dessas manobras. As pessoas continuavam a ir à Síria a fim de se aprovisionar de trigo e de outros gêneros de base, não porque preferissem Damasco a Beirute, mas porque a estrada de Damasco era mais fácil.

– Esses franceses são todos uns missionários – costumava dizer Abou Elias –, eles só sabem dizer: "amai-vos uns aos outros". Se acham que podem revender a nossa mercadoria, estão enganados, nós somos os autores dessa frase, nós é que a exportamos para eles. E aí estão eles, ora com um rosário na mão, ora com um fuzil, tentando fazer com que a gente engula essa fórmula que eles acham que é mágica.

A meu pai ele fazia um discurso mais íntimo, sua filosofia de vida, que talvez fosse a de muitas pessoas que conviviam com os mandatários e que sabiam muito bem que, nesse momento da história desse povo, a França mexia os pauzinhos e que bastava acertar as coisas para melhor reinar depois.

– É quando temos a impressão de estar ganhando que mais somos frágeis, pois estamos menos vigilantes. Há sempre alguém para fazer com que você engula a pílula amarga da vitória.

Após as apreciações gerais sobre a situação em seu conjunto, ele passava à confissão, o que era a sua maneira de dar seus conselhos a meu pai.

– Gosto da França. Estou intimamente convencido de que os franceses são o povo mais civilizado do mundo. Eles de fato querem o nosso bem, mas a tarefa deles é dura e cheia de incertezas. Enquanto o juízo final desse povo não vem, os tempos permanecerão incertos. E nesse imbróglio cada um tem de agarrar a sua chance. Se os outros o desejarem, cada gesto, mesmo fortuito da sua parte, na direção deles será forçosamente vivido como um presente. É assim que vejo as coisas, da maneira que me são passadas: não vou perder a minha oportunidade.

Não acredito que meu pai entendesse o sentido de sua mensagem cheia de nuanças. Ele se limitava a balançar a cabeça em sinal de aprovação ou de desaprovação, mas não entendia nada até a sua primeira experiência nos assuntos do empréstimo bancário.

O organismo era um banco familiar que ainda não estava estruturado como sociedade mas que já compreendia alguns assalariados cujo papel se revelava temeroso e perverso. O proprietário, um cristão grego católico que morava no centro administrativo da região, compreendera que, para estender suas atividades às aldeias muçulmanas, devia trocar sua imagem de usurário pela de banqueiro moderno. Alá proíbe a usura, mas como, em sua onipotência, ele dotou o homem de razão, deu-lhe, assim, indiretamente, meios para ultrapassar esse interdito. Sua proposta aos camponeses muçulmanos consistia em se associar a eles em suas atividades agrícolas. Isto é, um fornecia a terra e o trabalho e o outro, os capitais. Ele não cobrava juros, mas uma parte do lucro. Em caso de perda, não tomava a terra, mas se apropriava de uma parte equivalente à parte reembolsável do capital e do lucro previsto para cada ano.

– Normal – disse meu pai. – É generoso de sua parte.

Aparentemente espantado com a ingenuidade de meu pai, o banqueiro endireitou-se na cadeira atrás da escrivaninha, pôs os óculos para melhor examinar seu cliente e disse num tom grave:

– Não é generoso, meu amigo. Eu estou trabalhando, quero dizer, estou fazendo trabalhar o meu dinheiro. É só isso.

Meu pai, na poltrona, diante de seu interlocutor, buscava desesperadamente o socorro de Abou Elias. Ele não estava acostumado com um tal realismo quase injurioso. Os camponeses se entendiam em geral por meias palavras, com alusões, denegações, trocas de gentilezas exageradas, intuições, mas nunca diretamente. Quando alguém vem nos ver, não lhe perguntamos se tem fome ou não, damos a ele de comer, não lhe perguntamos o objetivo de sua visita, deixamos que venha, não lhe pedimos explicações, entendemos.

Abou Elias tirou meu pai de seu embaraço. Interpretou à sua maneira a reflexão do banqueiro.

– Ele quer dizer que não está lhe fazendo caridade.

– Jamais na vida – respondeu ele, vermelho de raiva. – Antes morrer.

– Pois então, meu amigo, não nos exaltemos. Estou me associando a você. Você assina estes formulários e terá o dinheiro que deseja.

De novo desesperado, pai olhava sucessivamente o banqueiro e o amigo. Assinar! Nunca ninguém lhe pedira tal coisa. Nunca em sua vida alguém ousara pôr em dúvida a honestidade de um dos membros de sua família, e ele não entendia ser o primeiro a sofrer tal injúria. Encarou Abou Elias com um ar de censura, levantou-se da poltrona e, antes de cruzar a porta, deixou ouvir, talvez dirigido a Abou Elias:

– Alá seja louvado, ainda não cheguei a esse ponto.

Abou Elias desceu correndo a escada do primeiro andar que abrigava o escritório para segurá-lo na saída do prédio. Interpelou-o, ofegante de esforço e de surpresa.

– O que você está fazendo, meu Deus?

– Estou indo embora – respondeu ele num tom seco, com os olhos quase em lágrimas. – É a primeira vez que duvidam da minha palavra. Por Alá, nunca vou tolerar tal ofensa!

Abou Elias deu-se conta do absurdo da situação, da diferença fundamental que os colocava tão longe um do outro. O mundo de meu pai era o dos símbolos carregados dos poderes reconhecidos e perpetuados fielmente de geração em geração desde a noite dos tempos, ao passo que o de Abou Elias tinha a ver com a razão, com o direito escrito e interpretável, com a lei, sinal de um poder novo, mas culturalmente insignificante. Abou Elias se conteve e retomou seu discurso tranqüilizador:

– A confiança não tem nada a ver aqui. Trata-se de um ato oficial que cada um deve autenticar com sua assinatura. Você não vai assinar sozinho. Seremos três a fazê-lo, o banqueiro, você e eu como fiador. Você não vai se rebaixar, já que todo mundo se coloca no mesmo nível. Um tal ato só é válido aos olhos das autoridades se for certificado.

A palavra "autoridades" fez meu pai estremecer.

– O que elas têm a ver com isso? – perguntou. – Por que elas têm de reconhecer esse ato feito de comum acordo?

Muitas gerações antes da dele haviam feito comércio como tinham podido, sem a aprovação ou a desaprovação das autoridades. O reconhecimento ligava moralmente duas partes num empreendimento comum, da ordem da solidariedade mútua. Não se trapaceava, pois faltar à palavra significava a exclusão da comunidade.

– Esse homem tem que ter uma garantia – retomou Abou Elias. – Você é honesto, concordo, mas o que ele pode fazer, como ele vai se proteger dos desonestos? Você tem uma idéia? Ele está lhe dando dinheiro, isso quer dizer que ele confia em você, mas você hesita em empenhar a sua terra como se ele não tivesse direito à sua confiança.

– Empenhar a minha terra? – interrompeu meu pai, realmente desesperado. – Explique-se! Você quer dizer que eu tenho de penhorar a minha terra? É isso, diga? Por Alá, Abou Elias, você está me tomando pelo último dos homens. Eu ainda estou de pé. O que vão dizer de mim? Alguém que penhora a terra penhora a honra. Será que você entende isso? Nunca a minha família sofreu tal afronta. Gosto muito de você, Abou Elias, você sabe disso, mas aí, francamente, não estou com você.

Desesperado com a teimosia de meu pai e com suas considerações antiquadas, Abou Elias segurou meu pai pelos ombros e o sacudiu forte, berrando:

– Bom Deus, acorde! A moral que você me prega está morta e bem morta. Abra os olhos antes de se ver sozinho jogando um jogo fora de moda. Ninguém pára a mudança, essa mudança que meu terno e a minha gravata vêm mostrando há anos e anos. Vocês se escandalizam, você e seus aldeães imbecis, com a minha conduta escandalosa, mas amanhã, quando vocês procurarem seguir a minha pista, vão encontrá-la já repleta, estou seguro disso, e a passagem vai ficar difícil. Tenha pena de você, da sua mulher e dos seus filhos. Não se penhora a honra quando o objetivo é nobre. Você está buscando o bem-estar da sua família. Pois bem, é estritamente o seu direito. O que é que os outros têm a ver com você? Diga-me, bom Deus? Diga-me?

Ele parou para tomar mais fôlego. Tinha algo a acertar com o amigo e, mais além dele, com a aldeia. Estava com certeza extravasando seu rancor contra aquelas pessoas que lhe eram hostis por ele não querer ser como elas. Tinha que dizer a elas a sua verdade, mas ali, diante de meu pai, teve a impressão de pregar no deserto.

– Venha comigo – disse após um momento de reflexão. – Você dá a sua palavra, mas eu assino. Dou a minha terra em garantia por você. Eu tenho confiança em você, mesmo que a perca. Não tenho medo de perder a honra. A minha não se reduz a um bem, seja ele qual for.

– Não, não – disse meu pai, atingido em seu amor-próprio. – Recuso categoricamente que você faça isso por mim...

Abou Elias não o deixou continuar. Botou-o na sua frente diante da escada, soltando em voz alta:

– Não é você quem vai me ditar o que eu tenho de fazer. Assino porque me agrada.

Minutos mais tarde, meu pai voltava a seu lugar na poltrona diante do banqueiro. Estava muito mais triste que outra coisa. O discurso de Abou Elias continuava a ressoar em sua cabeça. Sim, ele tinha razão, algo morrera. Algo indefinível, morto, mas sempre presente. Suas calças turcas bufantes talvez, ou seu *keffieh*, ou talvez o mundo a que suas roupas pertenciam: o Império Otomano, o Islã, o árabe, o passado. Sim, o passado, sua glória e seus heróis, suas conquistas e suas alegrias. Estavam todos mortos. Diante dele, naquele escritório rico, de paredes brancas, pinturas a óleo, poltronas macias, tapetes persas e objetos de arte variados, a risca reta no meio da cabeça do banqueiro, os óculos redondos de escamas, o rosto bem barbeado, o ar inteligente, o colarinho branco, a gravata vermelha e o paletó cinza faziam dele o homem do futuro no mundo que estava para chegar. "Onde é que fica a medida certa?", perguntava-se meu pai. "Como não se afastar demais dos seus e reservar um lugar na aventura do tempo presente? Como, como fazer do passado um trampolim que lança para o presente e o futuro sem trair suas origens e sua cultura? Difícil", respondeu para si mesmo. "O sucesso do mundo à nossa volta atiça nossos ardores nostálgicos das épocas passadas, a ponto de nos afastar do processo histórico atual. O passado, tenha sido brilhante ou não, torna-se um verdadeiro fardo quando diante do desafio moderno nos referimos a nossos heróis mortos pela grandeza do Islã. Não existem muçulmanos, em geral de turbante, sempre dispostos a adormecer os fiéis com seus cantos à glória de Alá, da religião e de um Corão resposta a tudo? Em Beirute e por toda parte não explicam que tudo está em nosso livro sagrado? Inclusive a bomba atômica, o avião, e que os outros, por saberem ler o Corão melhor do que nós, nos superam na via da invenção?".

Ele tinha razão de se fazer essas perguntas, pois era essa uma das preocupações maiores dos muçulmanos nessa época, e que não cessou desde então de gastar tinta e de agitar as imaginações. Não tinham eles ouvido o chefe espiritual do Islã ortodoxo libanês reagir ao envio do primeiro homem à lua através desta frase que ia ficar célebre:

– Maomé foi o primeiro cosmonauta, não é? No dorso de seu cavalo, sim, apenas um cavalo, ele explorou o céu de uma ponta à outra, respondendo ao apelo de seu Deus.

– Tudo está bem quando termina bem – lançou Abou Elias na sua direção, tirando-o bruscamente de sua meditação. – Você tem o que precisa para trabalhar dignamente e atender às necessidades da sua família. Você tem cinco anos para reembolsar este dinheiro. Que Alá lhe dê a baraca. Depois, ao saírem, acrescentou um pouco irônico mas sempre amigável:

– A honra está salva.

XIV

Foram necessários cinco anos, dia após dia, para que a questão da honra se colocasse dramaticamente a meu pai. Cinco anos de trabalho sem descanso e de esperança intensa, cinco anos de amor e de devotamento quase religioso, mas cinco anos de esforço perdido. A terra, sua terra, era estéril, desesperadamente estéril. Ele acreditava em Deus, era praticante, modesto, prestativo e caridoso, tudo para contentar o Todo-Poderoso, mas de que adiantava? Na teimosia insistente de sua terra talvez houvesse um sinal de Deus. Mas por que ele? Sim, por que, meu Deus? Cinco anos de adoração e de dom de si, mas cinco anos de inferno. Quantas vezes não o ouvi dirigir-se a Alá, após suas preces da manhã, para chorar suas desgraças e implorar-lhe clemência para seus filhos. De joelhos sobre o tapete de preces, com os olhos fixos num ponto do teto, as mãos abertas, levantadas na altura dos ombros, ele monologava em voz alta num estado de ausência quase mórbida.

– Meu Deus – dizia –, escuta o escravo, teu adorador, escuta-me, pois só tenho a ti como socorro e refúgio. Só em ti confio e nunca duvidarei da tua justiça e da tua sabedoria. Só que não entendo. Desculpa-me se te ofendo, se não pareço aceitar com resignação o destino que me reservaste no infinito do teu saber de justo. Só que há as crianças, esses pobres inocentes que não têm de pagar pelo meu erro, se por acaso eu for culpado. Se não mereci a minha terra, por que eles não a teriam merecido? Sim, meu Deus, essa terra que alimentou gerações antes de nós, povos de todas as religiões e de todas as raças, famílias inteiras, incontáveis pessoas, por que, de repente, teria ela de nos recusar seu seio, no entanto generoso. Meu Deus, se não mereci a tua benção, tem piedade de meus filhos!

Nunca pude escutar até o fim, pois sempre chorava por seu desespero e me revoltava contra a injustiça desse Deus tirânico que me parecia ferozmente voltado contra meu pai. Eu me revoltava, mas bem rápido me arrependia, pois tinha medo de indispô-lo contra ele por minha insolência. Às vezes me juntava a meu pai ao longo de suas preces para suplicar ao Criador que viesse em sua ajuda. Debaixo de minha coberta, eu discretamente levantava as mãos para não acordar meu irmão que dormia a meu lado no mesmo colchão e dizia o que me vinha à mente:

– Meu Deus, é uma criança inocente quem te fala. Meu pai é bom, sei disso. Ele nunca nos bateu nem ralhou conosco; ao contrário, ele brinca conosco. Vê, ele até fez uma pipa para mim. Ainda não conseguimos fazê-la voar, mas vamos conseguir, tenho certeza.

Em seguida, eu recitava uma sura, enxugava o rosto com as mãos e encerrava aquilo tudo com um amém antes de adormecer de novo.

Foi lá pelo final dos anos trinta que meu pai foi intimado a honrar seus compromissos com o banqueiro. Os tempos eram incertos. Abou Elias trazia com freqüência notícias alarmantes de Beirute. Eram choques cada vez mais freqüentes entre os Kataëb, uma fração de maronitas constituídos como organização paramilitar favorável à aliança com a França num contexto libanês independente, e o partido dos Najad, os numerosos sunitas, pan-arabistas, que se constituíra como réplica aos Kataëb, no final de 1939. Um dia, ele chegou consternado, afirmando "que tudo ia mal e que o alto-comissário acabava de suspender a constituição libanesa". Era início de setembro, o céu estava pesado e ameaçador, o vento soprava forte para a estação e as ruelas já estavam enlameadas. Como de hábito, sentou-se bem perto da lareira e enfiou batatas sob a espessa camada de cinzas ainda quente. Parecia preocupado e sonhador. Havia meu pai, minha mãe que acabava de dar à luz Djamila, a terceira criança. Esta tinha apenas uma semana, mas já era esperta como uma diabinha. Loura também, parecia muito com Ali, que se divertia dando-lhe *loukoum* para comer. Seu nascimento passara praticamente despercebido, talvez porque já fosse a segunda menina, mas também porque a família estava consternada com o jeito de meu pai.

Ali tinha então nove anos. Freqüentava a escola da igreja com as outras crianças do bairro e ganhava uma fama de força física apesar da deficiência.

– É o avô escarrado e cuspido – diziam dele. Os colegas de escola o haviam apelidado "o coxo".

Não se soube por quê. Talvez fosse a maneira que tinham de revelar a cada um sua verdade tal como ela se apresentava, ou talvez fosse um meio insidioso de se vingar dele.

– Meus filhos! – disse-lhes um dia o padre. – Não se deve zombar das deficiências dos outros. Foi Deus quem quis assim.

– Padre, não estamos zombando dele. Só que é verdade, ele é coxo – observou um dos alunos.

Ninguém entendeu o que ele queria dizer, mas, por mais inverossímil que isso pudesse parecer, o padre, num acesso de raiva, baixou as calças do infeliz e deu-lhe uma sonora palmada. Foi um escândalo. Os pais do menino, gregos católicos que moravam no outro lado da aldeia, viam com desagrado o fato de que o padre tivesse ridicularizado o filho para defender aquele... Deus nos guarde, menino muçulmano. Chegavam até a chamá-lo de "o padre Mohammad".

Bem mais tarde entendi, quando foi a minha vez de freqüentar essa escola, que o padre tinha uma queda por minha família. Nunca cruzei com ele sem beijar-lhe a mão ou sem que ele me beijasse a testa e me desse uma bala ou um chocolate. E eu, sem me dar conta, toda vez que ouvia bater o sino da igreja, fazia um perfeito sinal da cruz. Bem mais tarde ainda, compreendi a delicadeza de nossa posição em relação à aldeia onde nos tínhamos tornado maus muçulmanos. O padre secretamente ficava feliz. Rejeitados por nossos correligionários, mimoseados por ele que nos via, ou pelo menos esperava nos ver convertidos ao cristianismo.

Ali crescia bem, à exceção dos pequenos incidentes que costumava ter com os outros meninos que levantavam sua djelaba e riam de seu defeito.

Myriam levava uma vida tranqüila. Dois anos mais nova que Ali, já se mostrava uma perfeita mãe-adjunta. Cuidava perfeitamente da casa, supria a carência de nossa mãe, que tinha um monte de problemas de saúde, além de um filho morto e três abortos espontâneos consecutivos. Em suma, fazia admiravelmente bem seu dever de filha mais velha e nunca falavam mal dela. Só uma única vez, quando tinha seis anos: "Burra como todas as meninas", tentara secar a roupa molhada no fogo da lareira. Primeiro pela frente e depois por trás. Azar da vida, o vestido pegou fogo, e ela, em pânico, escondeu-se atrás da porta de entrada onde quase morreu queimada viva. Salvou-se, mas ficou para sempre com um par de nádegas enrugadas feito a pele de um elefante.

Depois Djamila veio ao mundo após tantas e tantas dificuldades, mas sobretudo num mau momento da história da família.

– O que é uma constituição? – perguntou minha mãe, sentada em seu colchão, de costas para a parede.

– É aquilo que rege o Estado e define os direitos e os deveres dos cidadãos – respondeu Abou Elias com a segurança de um sábio.

– Sei, sei – respondeu ela, tão excitada quanto Arquimedes durante a sua famosa descoberta. – São esses infernais formulários que nos pedem para assinar. Que bom, que bom, você vê o que está nos acontecendo por causa disso?

Ele estourou de rir.

– Você não entendeu nada – disse ele com ar gozador.

Com efeito, ela não havia entendido nada, nem mais ninguém, aliás. Havia quem não soubesse que um Estado libanês tinha nascido. Os aldeães haviam tido alguns contatos com os soldados franceses durante suas passagens ou suas breves estadas na região. Havia até quem estivesse convencido de que eram árabes e que falavam árabe com um sotaque estranho, talvez por causa, dizia-se, da comida: "Eles não comem a mesma coisa que nós". Guardavam deles a lembrança de alguns norte-africanos que ficavam muito felizes por se encontrar entre muçulmanos como eles. Fora isso, os aldeães nunca tinham entendido por que os franceses, "muçulmanos como pareciam ser", estavam em guerra contra os outros muçulmanos, contra os turcos e, em seguida, contra os sírios durante a revolta dos druzos na montanha do Horan e no sul do Líbano. Só que tudo se passava em Beirute, longe deles no espaço e no tempo, e longe também de suas preocupações e de seus problemas. Os franceses, julgando que a montanha sozinha não podia constituir uma base de Estado viável, tinham decidido juntar outras zonas de predominância muçulmana e Beirute, cidade de interesse vital, aglutinando assim habitantes de todas as obediências e sensibilidades. Após a derrota do Império Otomano durante a Primeira Guerra Mundial, a Liga das Nações colocou o Líbano e a Síria sob mandato francês. O artigo primeiro da carta do Mandato previa: "A elaboração, num prazo de três anos, de estatutos orgânicos para a Síria e o Líbano, mas no respeito ao estatuto pessoal das diversas populações e de seus sentimentos religiosos". O que devia culminar na Constituição de 1926, elaborada por uma comissão exclusivamente francesa sediada no Quai d'Orsay. No mesmo ano, o Líbano tornou-se a República Libanesa. O regime instituído era o parlamentar; o artigo 102 precisava: "A presente constituição é colocada sob a salvaguarda da Liga das Nações". O artigo 95 dispõe: "que a título transitório... as comunidades serão equitativamente representadas nos empregos públicos e na composição dos ministérios, sem que isso possa, no entanto, prejudicar o bem do Estado".

Assim foi levantado o primeiro obstáculo intransponível na via do progresso nacional. Pois, se as circunstâncias históricas haviam permitido uma certa adesão das duas comunidades em torno da idéia da independência, não era menos verdade que o natural, isto é, a rivalidade freqüentemente mortífera entre as comunidades, não tardaria a voltar à tona. De um lado, os cristãos, ciosos de sua autonomia e de sua independência e fortes por sua convergência de visões com a estratégia francesa dessa época, e, do outro, os muçulmanos, frustrados em suas aspirações unitárias com o mundo árabe-muçulmano que os cercava, trabalhavam cada um no estreito interesse de sua comunidade. E, clarividente mas desiludido, o alto-comissário francês, Gabriel Puaux, declarava, já em outubro de 1933:

"Se, num país de confissões diversas, as comunidades religiosas buscarem unicamente uma repartição proporcional dos lugares e dos empregos, sem ver nada mais além, o conjunto da nação não vai retirar proveito algum disso, pois uma etiqueta confessional não basta para assegurar o valor de um funcionário".

Mas, na realidade, as coisas eram muito mais complexas. De Gaulle, numa frase que parece uma confissão, escreveu em suas memórias, ao evocar a sua chegada ao Líbano:

"Rumo ao Oriente complicado, eu voava com idéias simples". Talvez simplórias. Não se constrói um Estado em cima de um mal-entendido e não se favorece o nascimento de uma nação em torno de uma letra morta. Apenas a título de exemplo, as autoridades libanesas sempre haviam recusado e recusaram recensear a população libanesa com medo de descobrir que a evolução demográfica do país justificasse as reivindicações das comunidades menos bem representadas por uma melhor partilha do poder.

Ninguém na aldeia tinha a mínima idéia do que se tramava a quarenta quilômetros dali. Abou Elias sabia coisas que ele em geral interpretava a seu modo, mas não penso que entendesse o tamanho e a gravidade dos acontecimentos. Só que ele tinha clarividência e sagacidade suficientes para tirar proveito disso. Assim, a primeira coisa que disse a meu pai quando o banqueiro começou a manifestar sua impaciência de se ver reembolsado foi:

– Esperemos a colheita.

– Que colheita? – respondeu meu pai. – Não tenho mais com o que pagar a semente.

– Não tem importância. Deixe-o esperar mesmo assim.

– Esperar, para reembolsar mais caro? Não! Não! Não vou mais atrás de você. Desta vez, digo chega!

– Escute-me – disse ele num tom confidencial. – Quanto mais o nosso amigo se inquietar com o seu atraso, mais isso me tranqüiliza.

– Não o entendo – disse meu pai, lançando para Abou Elias um olhar inquisidor.

– Isso quer dizer que ele sabe o que eu sei – piscou, com um olhar esperto.

– Você me parece bem enigmático. O que eu sei é que é melhor fazê-lo agora que mais tarde. Não tenho mais esperança alguma.

Djamila berrou. "O que você está fazendo com ela"? – berrou minha mãe por sua vez. "Nada" – disse Ali. – "Ela me mordeu". Myriam correu para pegá-la para ninar, enquanto meu pai olhava, pensativo.

– Acho que algo não vai bem. Alguma coisa, uma desgraça me atinge e atinge a minha família. Já tive bastante provas dessas. Ali, Myriam, Mohammad, todos esses abortos espontâneos, essa terra enfim; feito um cemitério, ela recebe a minha semente como se recebesse um corpo morto. Deus está me punindo, tenho certeza. Devo ter pecado. Esse dinheiro é impuro. Acho que devo devolvê-lo antes que...

– Antes que o quê? – respondeu o outro colérico. – Esse dinheiro impuro fez dele o homem mais rico da região. O que é que o seu Deus está esperando para enviar a ele a sua maldição? Ou talvez ela só exista para os pobres imbecis como você! Você não teve sorte, concordo. Mas você tem de saber que ela agora lhe sorri. O exército alemão invadiu a França. Será que você entende isso? Em breve não haverá mais ninguém para nos obrigar a respeitar nossos compromissos para com ele. E os infernais formulários, como diz a sua mulher, vão perseguir esse homem até o fim de seus dias.

– Deus misericordioso! – exclamou meu pai. – Eu creio em Deus, eu temo o Todo-Poderoso.

– E eu não creio em Deus? Temo Deus tanto quanto você, mas o arbítrio na terra é evidente demais para que confiemos numa justiça que nos julga mortos e nos esquece vivos.

– Tenho filhos. Temo Deus por eles.

– E eu, também não tenho filhos? Por que é preciso ter escrúpulos? Ela é pura, a sua terra? Você só a obteve graças aos músculos do seu pai e à fama dele de possesso.

Ele pegou as pinças e começou a fuçar nas cinzas à procura das batatas para retirá-las uma a uma semicarbonizadas. Fez com elas um monte na lareira e chamou os outros para virem se servir.

– Escute-me bem – disse meu pai desarmado. – Eu não posso fazer isso. É mais forte que eu. Todos vão me acusar. Não, francamente, não posso.

– Você não tem que fazer nada. Quem assinou fui eu. Então, fique tranqüilo. Eu cuido disso.

– Meu Deus, onde vamos parar? – disse meu pai antes de mergulhar num silêncio profundo, um silêncio que parecia afastá-lo da terra.

A derrota de 1940 ia precipitar as coisas no Líbano. Vichyistas e partidários da França livre enfrentavam-se para grande espanto e desespero daqueles que ainda viam na França seu modelo. Para grande satisfação de Abou Elias, as coisas se precipitaram. "Os franceses desceram do pedestal", comentou, um pouco decepcionado.

– O revés daqueles que amamos e que idealizamos torna-se erro e sacrilégio a nossos olhos. Gosto da França; mas ao vê-la desabar feito um castelo de cartas ao primeiro assalto, há o que pensar. Esses incríveis alemães!

Em seguida, tirando suas conclusões pessoais, acrescentou:

– Não há mais torre de marfim, não há mais lei. Os franceses estão quebrando o núcleo unitário deste país com suas brigas estúpidas. Não há mais lei, não há mais compromisso. Viu como eu estava certo em lhe aconselhar prudência?

Com efeito, ele estava certo, pelo menos num ponto. A lei do Estado simbolizada pelo mandatário estava morta, mas não a que reinava no mundo de meu pai. Assim, cada um dos dois se referia à sua lei para justificar suas maquinações e suas escolhas, agravando, talvez sem querer, o fosso que vinha há anos se cavando entre eles. Outros, como o banqueiro, por exemplo, adaptavam-se maravilhosamente àquele mal-entendido para fazerem negócios de ouro. Iam personalizar suas relações com a clientela no início de cada contrato para depois sumirem, delegando seus poderes a seu pessoal assalariado. Em geral oriundos dessa mutação social e requisitados à causa do modernismo, eles aplicavam escrupulosamente as cláusulas de cada ato. Em outros termos, fortalecidos por seu direito, anulavam a legitimidade pela legalidade. Num jogo a dois, é normal que aquele que põe em jogo a sua pessoa perca contra aquele que nele põe apenas algumas cédulas. Mas o que havia de mais dramático para a geração de meu pai é que o pessoal intermediário ia se interpor a cada vez entre ela e seus parceiros para impedi-la de tratar seus assuntos de homem a homem. Quando pai, após uma colheita desastrosa, procurava entrevistar-se com o banqueiro para encontrar com ele uma solução possível, via-se diante de uma pessoa jovem que o acolhia sem o mínimo respeito. Pai se referia a seu compromisso oral, o outro brandia um contrato, pai falava de associação e de lucro, o outro de empréstimo, de juro, e de juro de juro. Pai, revoltado, denunciava ao banqueiro sua falta à palavra dada, e o outro, frio e perverso, retorquia: "vocês são todos iguais, quando precisam fazem-se bem pequenos e, quando têm de honrar seus compromissos, assumem o papel do honrado ferido".

Aquilo era demais para meu pai.

– Escute, rapaz! – disse ele ao empregado num sobressalto de amor-próprio. – Ninguém nunca faltou com o respeito à minha pessoa impunemente. Você é jovem demais para entender, meu garoto. Você precisa de um puxão de orelhas para aprender a respeitar os outros. Enfim, você tem que saber isto: Abdul é um homem de palavra.

XV

"Tudo está perdido, exceto a honra", bela fórmula, bálsamo no coração. Tudo está perdido, até a honra, terrível realidade, maldito negócio. Não se perdia a terra sem perder o lugar no seio da comunidade da aldeia. Pai bem rápido se deu conta disso. Uma das primeiras manifestações de sua exclusão foi aquele discreto desvio de cabeça dos camponeses, toda vez que o acaso o punha no caminho deles. Não o viam mais, era como se, de repente, ele tivesse ficado invisível. Insignificante. Ele tentava, como quer a regra social, cumprimentá-los, perguntar como iam, mas só recebia como resposta pessoas que apressavam o passo, surdas às suas interpelações. E, no entanto, eram de hábito solidárias, davam-se a mão de bom coração, diante da infelicidade individual ou coletiva, era um reflexo natural nelas, eu diria até mesmo religioso: "Ajude o próximo, Deus o ajudará". Diante de cada dificuldade, o *Muezzin*, do alto de seu minarete, lembrava aos muçulmanos seu dever de solidariedade. A resposta era toda vez imediata. Chegavam de toda parte, abandonando campos e gado aos cuidados do Todo-Poderoso. Eram formidáveis. As mulheres cantavam para inflamar o zelo dos homens e para demonstrar seu orgulho diante da coragem e do devotamente deles. Depois, quando chegavam ao fim de suas penas, era a festa.

Entre danças e cantos, iam alegrar os corações doloridos e cuidar das feridas. Os camponeses sabiam que a mão do destino era poderosa e que podia atacar quando queria e quem queria. Também sabiam que ninguém estava protegido, fosse bom ou mau. Então, desprovidos diante dessa fatalidade implacável, só tinham a fé para superar as provas. No dia em que

Deus criou o homem, ele criou seu destino e seu astro. Cada vez que um ser humano nasce, uma nova estrela brilha no céu. Quanto mais é brilhante, mais a fortuna do indivíduo será grande. Ela ilumina a sua alma ao longo da vida, depois se apaga no dia da sua morte. Ela se desprende de seu lugar celeste para cair, após uma corrida impressionante, na terra, no próprio lugar onde o morto será enterrado. Quando virem uma estrela cadente queimar diante dos olhos, saibam que um homem está morrendo em algum lugar na terra, mas saibam também ser discretos. Fechem os olhos, finjam não ter visto nada e digam a ela, mas somente no coração:

– Sinto a tua dor, calo-a, guardo-a para mim. Se, perto de teu Deus, no dia de minha morte, vires a minha estrela cair rumo a seu fim, rogo-te, nesse dia, faz calar a minha dor.

Por que fazer calar a dor? Porque ela trai nosso amor pela vida, no momento em que a mão da morte nos leva para o Eterno, o único digno de nosso amor. A lua era vista como um olho de Alá, um sinal de sua presença divina no céu, até mesmo um pedaço preciso do céu, testemunha sagrada da proximidade de Alá. Não temos o direito de perder quando tentamos forçar o destino, pois o castigo de Alá é exemplar. Mas era justamente esse o erro de meu pai, um erro grave causado por seu recurso aos artifícios dos infiéis: a usura.

– Não se desafia impunemente o destino. Deus não tem polícia, mas ele sabe punir – comentavam à sua volta.

Estavam sendo injustos com ele? Talvez não, na medida em que era considerado orgulhoso, arrogante e desafiador, ali onde ele apenas estava à deriva. Como poderia ter explicado aos aldeães que só o seu desespero é que estava na origem de seu gesto? Como poderia ter dito que, num momento de fraqueza, falhara em sua ética de homem religioso? Era difícil, pois "ou se é religioso ou se é fraco", assim se resumia a moralidade da época. Todos o evitavam, até seus próximos. O tio, que até então nunca aceitara a herança daquela terra pelo sobrinho, encontrou enfim a oportunidade de manifestar seu rancor e seu fel. Chegou certa noite, febril de cólera, olhos inflamados, voz agitada, cuspindo pela boca jorros de frases injuriosas. Parou no umbral da porta, apontou meu pai com o dedo ameaçador e desencadeou sua ira numa diatribe sem fim:

– Desonra! Oh desonra! – repetia gesticulando histericamente. – Continue a seguir essa espécie de satã de Abou Elias e ele o levará ao inferno. Sim, o inferno, é isso o que você merece, renegado. Minha família nunca conheceu tal vergonha, e era preciso que isso lhe acontecesse por você. O seu pai abandonou vocês, despreocupado com a sua sorte, e agora você, você repete o mesmo gesto. Com quem você vai deixar os seus filhos? Quem vai alimentá-los? E a sua mulher? Não há mais refugiados xiitas na aldeia para ela encontrar refúgio. E por que isso tudo? Porque um "porco", um cristão cobiçava essa terra, meu Deus, a melhor das terras. Perder a terra, a honra e a face, por muito pouco, por nada. Você não conhece esses infiéis o bastante, eles só são seus amigos para melhor devorá-lo. Por Alá, como ainda ousa sair na rua? Ou ainda busca coragem para olhar as pessoas? Vá, enterre-se vivo, é a única coisa séria que você pode fazer, eu me encarrego da sua família.

Minha mãe, não agüentando mais, tapou os ouvidos com as mãos. As crianças reagiam instintivamente, chorando cada uma em seu canto, e meu pai, louco de raiva, tremia feito uma folha na tormenta do vento. Ele não tinha o direito de reagir, com medo de suscitar o irremediável. Não se falta com o respeito aos mais velhos. Meu pai sabia disso muito bem. Era um dever sagrado. Deus o recomenda, o respeito aos parentes mais velhos é da mesma ordem que o respeito ao Criador. Faltar a essa recomendação é um pecado, mas é também um delito social. Pai escutava impotente a impudência desse tio sem escrúpulos. Mas ele tinha que dizer alguma coisa, senão ia explodir, estava sentindo.

– Escute, tio – disse, enfim, sempre tremendo. – Que eu seja danado até o último descendente se um dia eu me rebaixar para pedir a sua ajuda ou a ajuda de quem quer que seja... Agora, rogo-lhe, deixe esta casa.

Orgulhoso pai. Felizmente, ainda tinha seus bois que podia alugar como fizera antes que esse infeliz negócio viesse pôr fim à sua experiência associativa e a seu estado de proprietário. Mas, embora ainda precisassem de seus serviços, ele havia perdido o respeito de seus empregadores. A terra e a História, que o haviam colocado no mesmo nível que os outros, dali por diante lhe faltavam. Uma era a condição da outra. A terra, um elemento da História, e a História, as relações do homem com a sua terra. Ao perder o bem, ele se separara, sem querer, de seus semelhantes na continuidade temporal da aldeia. Ia pouco a pouco ser esquecido em toda manifestação social, para acabar afastado definitivamente.

Só nossos vizinhos imediatos continuavam a se interessar por sua sorte e a lhe reservar um lugar em sua pequena comunidade. Oum Elias vinha com freqüência testemunhar a sua solidariedade e propor um monte de soluções que pai rejeitava imediatamente. Abou Elias, a um só tempo sem jeito e hostil, esperava impacientemente a ocasião favorável para encontrar uma saída honrosa para o amigo sem melindrá-lo demais. Abou Isaïah lhe pedia quase que diariamente para trabalhar a sua terra que ele mesmo, por causa da idade, não estava mais em condição de trabalhar. Os Khouri chegavam, um de cada vez, para lhe exprimir amizade e pôr-se à sua inteira disposição, e, além disso, Abou Ahmad também se ofereceu para cuidar de Ali a fim de aliviar as despesas da família. Eram todos maravilhosos, sinceros e cooperativos, mas meu pai tinha dificuldade de assumir o choque: tornava-se cada vez mais distante.

Os anos passavam, cada um deixando atrás de si um novo filho, uma boca a mais para alimentar. Houve Zeine, um garoto soberbo, a cópia do pai. Deram-lhe o nome de Zeine porque era bonito. Era bem comportado, quase angélico. Raramente chorava e sorria muito, gratificando assim o esforço que os outros faziam por ele. Desde que nascera, recusava com insistência o seio materno. Havia-se tentado tudo, Corão, talismã, pérola azul, seios estranhos explodindo de leite que, como uma fonte, brotavam generosamente ao se aproximar dele, mas em vão. O mistério era tão grande quanto penoso, ainda mais que não se conhecia a mamadeira nessa época. Mãe estava desesperada. Enfiava-lhe na boca tudo o que lhe aparecia na mão, após tê-lo mastigado até torná-lo líquido. Não era cômodo para ela, mas era um bom meio para salvá-lo. Mais tarde, aperfeiçoou uma técnica de sobrevivência original e confiável: ela envolvia cubos de *loukoum* num lençol branco e introduzia a ponta em sua boca, inventando sem saber o princípio do bico de mamadeira. Zeine chupava seus *loukouns*, feliz, uma caixa atrás da outra, e forjava-se uma saúde de ferro.

Karim nasceu com fome. Dele só se via a boca gulosa. Não parava de comer e, na falta de alimentação, berrava feito uma sirene. Nunca estava separado do seio, que chupava freneticamente dia e noite. Era um menino grande, o maior de todos nós. "Ele tem o diabo no estômago", diziam para explicar o seu caso. Mas, diabo ou não, ele não mudava de opinião. Ainda pequeno, estava sempre com as mãos cheias de comida. Mais tarde, eram a boca, as mãos e os bolsos, uma espécie de cordão umbilical que o ligava às panelas. Ao excesso de seu apetite correspondia um excesso de agressividade. Por isso, desde a primeira juventude, ia revelar-se brigão, dinâmico e empreendedor. Sempre havia alguém para se queixar dele e de suas maquinações, despertando inconscientemente meu pai para a realidade exterior e aproximando-o de novo dos outros.

Era difícil nascer depois dele. Era preciso querer muito a vida para sair do ventre materno ileso, pois depois dele não havia lugar para mais ninguém. Diziam que tinha vida para dez. Cheguei depois de três abortos espontâneos. Se vi o dia, foi talvez porque aceitei viver na sua sombra. E era verdade. Eu me via sempre correndo atrás dele, pois com ele sempre havia algo a descobrir, um truque a aprender, ou uma proibição a transgredir. Eu não era o único a apreciá-lo. Todos os meninos do bairro ficavam sob as suas ordens e à sua disposição. Ninguém nunca lhe dizia não sem pagar o preço da imprudência. Era um líder carismático nato.

E depois vieram duas meninas que ninguém esperava. Fizeram questão de nascer. Vá-se lá saber por quê! Tinham uma idéia fixa na cabeça? Não sei. Em todo caso, não tinham achado necessário revelá-la. Pequenas, magricelas até, representavam uma espécie de apêndice inútil no corpo de nossa família. Ambas morenas, de olhos marrons e cabelos castanhos encaracolados, puxavam ao lado materno. Espantosamente discretas, sempre passavam despercebidas. Será que no fundo sabiam que estavam a mais? O fato é que, sempre comportadas, faziam contra má sorte bom coração.

A aldeia só foi tocada pela História no final dos anos quarenta. Bruscamente despertou com os tiros de canhão trocados entre os Estados árabes e o jovem Estado de Israel. Essa guerra, a primeira de uma longa série, ia abrir os olhos dos aldeães para uma realidade nova, a de estarem envolvidos pelo destino de um povo e o futuro de uma nação árabe única na vasta extensão de sua terra.

Nesse ínterim, em 1943, o Líbano tivera acesso à independência. Em 1944, o general Catroux, designado pelo general De Gaulle como delegado-geral da França livre na Síria e no Líbano, proclamou a abolição do Mandato e a existência de dois Estados distintos: a Síria e o Líbano. Em 1945, o Líbano assinou com o Egito, a Síria, a Arábia Saudita, a Transjordânia e o Iraque o pacto da Liga dos Estados Árabes. E, no final de 1946, as tropas francesas deixaram o país.

Foi como membro da Liga dos Estados Árabes que o Líbano entrou em guerra contra Israel. Mas o fato de o exército libanês ter cumprido seu dever de solidariedade árabe não bastou para que esse pertencimento fosse reconhecido ao conjunto da população. Aliás, a assinatura do Pacto era apenas um gesto de esperteza. Isto é: era preciso dar uma legitimidade regional e internacional a esse novo Estado, colocando ao mesmo tempo a Síria, que continuava a acariciar a esperança de reconstruir "a grande Síria", diante de um fato consumado.

O problema da unidade do Estado na multiplicidade das comunidades confessionais que a compõem não encontrou solução com a independência. Foi então concluído um "Pacto Nacional" que definia a identidade do Estado árabe, mas sob o signo da libanidade. Em outras palavras, "a libanização dos muçulmanos e a arabização dos cristãos". Mais uma esperteza. Mas, embora esse acordo informal tivesse unido dois homens de grande qualidade e verdadeiros artesãos da independência – Béchara el Kouri e Riad el Solf –, ele de jeito nenhum unia as comunidades entre si. É verdade que nem todos os cristãos se opunham à arabidade, longe disso. O nacionalismo árabe em sua definição moderna era obra dos intelectuais cristãos, que viam nele uma solução justa para seu problema enquanto minoria religiosa num mundo muçulmano.

Esse confronto de opções nunca suscitara interesse no nosso nível. As pessoas eram muçulmanas em primeiro lugar (antes de serem árabes). Os turcos haviam governado em nome da religião, inspirando-se amplamente em suas grandes orientações. Muitos aldeães se identificavam com o Império Otomano como uma continuidade histórica do califado instituído após a morte do Profeta. Era hábito vestir-se e comer à turca, chegando-se até a pronunciar algumas frases de turco na vida cotidiana; no entanto, ninguém se dizia turco. Em minha aldeia e na região em geral, a denominação "árabe" designava os beduínos. Foi preciso esperar a revolução egípcia de Nasser para que "o árabe" sobrepujasse o "muçulmano". Zombava-se dos "árabes", daqueles selvagens que nos chegavam todos os anos no início da primavera, em tribos inteiras, para acampar fora da aldeia e só partir no final do verão, rumo à Síria ou à Jordânia. Viviam como na época pré-islâmica, a percorrer os países com seus bandos de carneiros e camelos, em busca de água, verdura e temperaturas clementes.

Era difícil falar de uma identidade específica relativa às comunidades, embora as obediências e as sensibilidades fossem fáceis de delimitar. O nacionalismo só deu vida ao árabe ao longo dos anos cinqüenta. As pessoas então começaram a se sentir árabes e a ter orgulho de sê-lo. A "voz dos árabes" emitida a partir do Cairo nos acalentava, eu diria até que nos hipnotizava, nos comandava, nos enchia de sentimentalismo nacionalista, sem descanso, dia e noite, até a alienação total. Descobrimos ao longo dos dias que o marrom se tornara a mais bela das cores, que os olhos negros eram os mais sedutores, que o preto era, entre os tons dos cabelos, o que o ébano era para as outras madeiras, que a língua árabe era a mais musical, a mais rica e a mais bem construída e que, enfim, o árabe, este, era o eleito. Nunca me esqueço das reflexões feitas por Omar, o intelectual. Depois de ter-se apiedado da sorte das outras raças e nações, ele nos disse:

– Não gostaria de estar na pele de um não árabe. Não deve ser confortável.

Nasser fazia parte de todas as famílias muçulmanas. Ele representava o pai, a mãe, o guia, o salvador, a glória de outrora e a espada de Saladino. Era isso que os anos cinqüenta e sessenta representavam para nós, jovens. Tínhamos apenas uma obsessão, uma única, ver o Egito, ver Nasser e morrer.

Entretanto, não éramos os únicos a ser tomados pelo entusiasmo. Quando Nasser falava, a aldeia, à exceção dos cristãos, ressoava de uma ponta à outra numa única voz, alta, segura, tranqüilizante e carismática. Nasser apagara séculos de humilhação, atraso, falta de confiança em nós mesmos e nos ligava diretamente ao Islã triunfante, o dos califas, da civilização árabe e sua grande conquista. A guerra de Suez em 1956 nos confirmava em nossas convicções: quanto mais somos anjos, mais o diabo nos ataca.

Toda vez que Abou Elias via meu pai em transe diante do rádio, ele comentava, irônico:

– Eu pensava que a embriaguez fosse proibida no Islã. No estado em que você está, aconselho-o o meu áraque (uma espécie de anisete, bebida nacional). Nada substitui essa bebida. Para fazer amor, é preciso uma mulher, senão é masturbação.

Meu pai ria serenamente, com uma generosidade de espírito desconcertante. Era fácil nesse momento, pois o nacionalismo árabe era triunfante e a vitória enobrece as mentes sãs. Nasser talvez fosse muito mais nosso líder no Líbano que no próprio Egito. Nenhum político libanês, de uma opinião ou de outra, conseguira permanecer muito tempo fora da briga comunitária, ultrapassar o contexto estreito de sua religião para concretizar o ser nacional e mobilizar cidadãos em torno de si ou de suas teses. Precisávamos desse homem, e eis que ele nos chamava de longe, de outra terra, para nos conquistar incondicionalmente. Chegara antes que um líder nacional libanês tivesse tido tempo de ser signo de crédito aos olhos de todos, e que os cristãos, pelo menos os extremistas, tivessem o sentimento de estar em casa, livres nesse jovem Estado fiador da autonomia e da identidade religiosa deles.

Os cristãos de minha aldeia não demonstravam muita hostilidade em relação a Nasser, mostravam-se antes indiferentes. Enquanto as fotografias do Raís cobriam as paredes das nossas salas de recepção, os cristãos se contentavam com um São Jorge, um São José, o Cristo ou Maria. Eram imagens ingênuas pintadas em cores pálidas, amareladas ou rosadas, mas que tinham um valor simbólico importante. Depois, um dia, De Gaulle assumiu seu lugar nessa galeria de arte sagrada.

Assim se desenhava o futuro desse país, De Gaulle contra Nasser, o Ocidente contra o Oriente, o progresso contra o subdesenvolvimento, a cristandade contra o Islã, e assim por diante. Para além dessas referências diversas e antagônicas, havia sempre as atitudes das pessoas na diversidade de seu pertencimento. Esse elemento tinha a ver com o desejo profundo de cada um de nós. O muçulmano era fascinado pelo dinamismo do cristão, por sua capacidade de adaptação às situações e às circunstâncias novas e pela confiança em si mesmo. Ao criticar um cristão, ao qualificá-lo de infame, ou ao lançar o opróbrio sobre ele, o muçulmano denunciava desavergonhadamente seu desejo profundo de parecer com o outro, o cristão. Na mesma ordem, quando o cristão denegria o muçulmano "atrasado", ele estava inconscientemente se projetando no muçulmano.

Era essa a atitude de Abou Elias, que dissera a meu pai algum tempo após a perda da propriedade:

– Você não tem sorte. Se as pessoas se desviam de você, é porque desejam muito seguir o meu exemplo, mas não ousam confessá-lo. Você ousou, mas perdeu. Então, você lhes deu o direito de ser desprezado tanto quanto eles me admiram. Nós todos nos parecemos, cristãos e muçulmanos. Só que eu não tenho nenhum complexo da minha sorte, ou do que faço para melhorá-la. Num mesmo esterco, todos têm o mesmo cheiro, usem *smoking* ou djelaba. Você, agora, não tem mais o direito de recuar. Caso contrário, estará legitimando a atitude injusta deles para com você. A sua salvação está na sua perspicácia. Você tem de mostrar a eles que tem razão. Você perdeu um jogo, mas a partida não está terminada. Levante-se e tente a sorte de novo.

Não sei se ele se sentia responsável pela infelicidade de meu pai ou não, mas parecia empregar toda a sua arte para convencer aquele homem desesperado a aceitar o desafio e a vencer. Falava com as mãos, com seus pequenos olhos maliciosos e com todo o corpo nervoso. Dava a impressão de jogar tudo contra tudo, sem recusar meio algum. Segurava as mãos de pai, apertava-as forte em seus punhos, como se quisesse lhe comunicar sua determinação. Batia amigavelmente em seus ombros, beijava-lhe o rosto antes de acrescentar:

– Não sei o que ainda vale o meu conselho para você, mas continuo lhe dizendo que falta uma loja nesta aldeia. Não há nenhuma. As pessoas gastam dinheiro. Você notou? Desde que as notas substituíram as moedas de ouro, o dinheiro não tem mais o mesmo valor: notas são banais, amassam, rasgam, são leves e não podem ser escondidas debaixo da terra. Os camponeses não tem mais a impressão de esbanjar o patrimônio quando gastam as notas, pois, ao contrário do ouro, elas não têm valor em si. É preciso favorecer a troca e valorizar o consumo, isto é, precisamos de uma loja bem abastecida que nos ofereça todas as maravilhas dos povos civilizados e nos faça sonhar. Então, um conselho: seja o primeiro.

XVI

Minha primeira lembrança de nossa loja remonta ao início dos anos cinqüenta. Nela se encontrava um pouco de tudo: alimentação em geral, doces, drogaria, artigos de costura, refrigerantes, gelo, carvão, óleo e gasolina, aparelhos de rádio, álcool, velas e sei lá mais o quê. Ficava tudo exposto em prateleiras ou no balcão de vidro disposto no meio da loja, num cafarnaum formidável. Vespas e abelhas regalavam-se com uvas, tâmaras e figos, as moscas preferiam os doces, os camundongos e os ratos, os sacos de cereais; quanto às enormes baratas, elas fervilhavam por toda parte. O carvão era pegajoso, os doces, escurecidos, o arroz, cinzento, lembrando muito mais os murídeos que a cariopse, e os frascos e outros recipientes eram enfeitados de pequenas manchas pretas, testemunhas das inumeráveis gerações de moscas. O balcão, destinado a abrigar balas e doces, logo se revelou ineficaz por causa da indiferença manifesta dos clientes. Pois não era culpa de meu pai se sempre havia alguém que vinha comprar doces no momento preciso em que ele vendia carvão ou gasolina a outra pessoa.

Os clientes vinham dos quatro cantos da aldeia. Cada um encontrava o que precisava, fosse cristão ou muçulmano. Enquanto os primeiros ficavam satisfeitos, até mesmo encantados por poderem comprar seu álcool, ícones e velas, os outros ficavam escandalizados com aquilo, mas não tinham escolha, pois nossa loja continuava a ser a única. A venda ou a fabricação de álcool era proibida pelo Islã, bem como o seu consumo. Ao transgredir o espírito da religião, meu pai mais uma vez cometia um pecado grave, mas, curiosamente, isso suscitava reações apenas moderadas por parte dos camponeses. Seu sucesso era imenso. O deus dos negócios se revelara misericordioso. Pai não recusava nenhuma moeda de troca. Era possível vir à sua loja munido de uma nota, de trigo, cebolas ou outros alimentos e de lá sair com arroz, açúcar, chá, etc. Pai não hesitava em dar crédito, confiava na honestidade dos clientes, que, em geral, respeitavam escrupulosamente seus compromissos. Esse modo de troca durou até a chegada de Ali e Djamila na loja. Os preços praticados não correspondiam muito a uma política definida. Meu pai fazia sua própria estimativa da relação qualidade-preço. Nem sempre era fácil entender, mas ninguém lhe pedia explicações. Tinham confiança nele, e ele se sentia feliz contanto que a loja tivesse uma boa clientela. E ele tinha com o que estar feliz. Havia encontrado seu lugar social, pelo menos aos olhos dos vizinhos, e, graças a esse elemento novo representado pela loja, ele havia criado uma animação inesperada no bairro. A partir do final da manhã até tarde da noite, os vizinhos chegavam aos poucos para instalar cadeiras e mesas e jogar baralho ou damas, fumar narguilê, narrar aventuras de outrora, até mesmo mandar trazer a refeição para não interromper o prazer de estarem juntos. Ao longo das horas, as mulheres se juntavam aos grupos de homens, mas acabavam formando seu grupo à parte. Tinham coisas a contar. Um monte de histórias verdadeiras ou rocambolescas que discretamente cochichavam entre si. De suas conversas só se percebiam os acompanhamentos gestuais: quanto mais uma história era apaixonante, mais a dança das mãos e dos corpos se inflamava com, de vez em quando, um grito coletivo de escândalo. Minha tia, a mulher de Kassem, não faltava a nenhuma ocasião do gênero. Era fácil identificá-la entre todas as mulheres. Sempre muito excitada, sempre bem informada, podia entretê-las durante horas a fio. As cabeças drapeadas de *chéchias* brancas pertenciam às muçulmanas assim como as saias longas de cores sombrias. As outras, como Oum Elias, estavam sempre de cabeça descoberta ou com uma echarpe combinando com a roupa. Seria preciso esperar a geração de Myriam para ver moças, inclusive cristãs e muçulmanas, vestirem-se da mesma maneira com alguma pequena nuança. A saia muçulmana cobria os joelhos ao passo que a cristã terminava ali. Da mesma forma, as mangas cristãs eram curtas e as muçulmanas, longas. O peito cristão se desnudava a ponto de deixar ver o começo da cova dos seios, o outro era mais discreto. Djamila foi mais longe. Podia mostrar a brancura dos joelhos ou expor o peito, sem temer censura. Ela era enfeitiçante. Tão bela e coquete quanto as cristãs, mas com um jeito que deixava os homens pouco à vontade. Nenhum homem podia resistir ao desejo de olhá-la de cima abaixo e de baixo acima, despindo-a com os olhos. Ao vê-la, os homens cometiam interiormente o pecado capital. Aos treze anos, já era uma mulher que "só tinha iguais no cinema", como dizia Oum Elias. Tudo nela era feito para envenenar a existência dos homens: os cabelos louros caindo sobre os ombros num jogo de cachos dourados, o rosto redondo de faces rubras, os olhos azuis, o nariz pequeno, a boca fina de lábios sensuais, os seios rebeldes, a cintura de pilão e as pernas miraculosas. Tinha ela consciência disso? Difícil dizer. De qualquer modo, por causa do embaraço dos amigos, e em razão de seus comentários desajeitados, pai recomendou à mulher que fosse vigilante. Mas o perigo ia vir de onde ele menos esperava. Não era inteligente de sua parte confiar a loja à sua ninfa, pois sua presença atraía um tipo de clientes inabitual. Os rapazes vinham dos quatro cantos da aldeia para tentar a sorte com a encantadora vendedora. A loja encobria esses encontros que até então tinham sido estritamente proibidos. Depois, um dia, chegou Hassan. Ele pertencia ao clã Saraj, o grupo mais poderoso, mais numeroso e mais afortunado da aldeia, talvez até da região. Todos os seus membros eram agricultores e criadores, famosos pela qualidade de seus cavalos. Todos os membros dessa família dependiam de um único chefe hierárquico denominado Mahmoud. Por volta dos quarenta anos, gravemente enfermo das costas, ficava curvado num semicírculo rígido assim que se punha de pé. Caminhava pulando de um pé para o outro, com a cabeça baixa, e segurava o fez com uma das mãos. Se essa postura não deixava muito suspeitar a autoridade que ele exercia, bastava ver a sua cabeça de águia e cruzar o seu olhar penetrante para se dar conta de que não era possível resistir a ele. Era "Presidente da Municipalidade", eleito democraticamente pelo conjunto da população, não porque todos o trouxessem no coração, mas antes porque o temiam, como se teme o mau destino. Dirigia a municipalidade como dono absoluto, assinando decretos e projetos municipais em função de seu humor. Nada o impedia, por exemplo, de mandar asfaltar uma rua por cinqüenta metros, de interromper as obras diante de uma casa, porque não gostava do proprietário, e de retomar o asfaltamento dez metros adiante. Assim, passagens lamacentas e nauseabundas indicavam por toda parte suas ovelhas desgarradas. Ninguém ousava intentar o que quer que fosse contra ele, com medo das represálias e porque a autoridade e o Estado repousavam em chefes como ele. Quando, no final dos anos sessenta, uma oposição política se desenvolveu no seio da população jovem, ameaçando abalar seriamente os antigos dados sociopolíticos de nossa aldeia e na planície em geral, o governo renunciou a proceder a eleições, deixando a aldeia no caos total.

Hassan pertencia, pois, a esse clã. Devia ter vinte anos na época. Era baixo, seco, rosto ossudo, e tinha olhos negros afundados em dois pequenos buracos quase sem fundo. Dizer que era bonito seria desonesto, mas ele tinha mais de um trunfo para compensar a sua feiúra. Era o melhor cavaleiro da região. Mal montava seu cavalo, tornava-se para seu animal o que a pluma é para a flecha. Simplesmente ele era o fogo, a destreza, a agilidade e a alma dessa criatura nobre. Quando o cavalo galopava com Hassan sobre o dorso, eles se tornavam um único ser aéreo, milagre da natureza, que desafiava a lei da gravidade. O cavalo não batia mais no chão, ele o roçava, o acariciava com infinita ternura com as pontas dos cascos, como se quisesse evitar acordar os espíritos da terra à sua passagem. Ao vê-lo arremeter ao longe, tinha-se a impressão de que estava suspenso a alguns centímetros do solo como uma imagem de sonho. Não, ele não fazia esforço para se mover, era como que impulsionado por uma força misteriosa, inesgotável.

Hassan dava espetáculos no final da tarde, antes do pôr-do-sol. Corria num espaço verde da aldeia com alguns outros que ele rápido ofuscava. Começava sempre por dar uma volta de pé, ou sobre os pés, ou sobre as mãos, para em seguida passar às coisas sérias. Número após número, as façanhas se tornavam mais ousadas e o perigo maior. Acima de sua cabeça, a morte pairava, selvagem, abutre faminto a espreitar os sinais de fraqueza de um solitário numa travessia desértica. A cada um de seus mergulhos no vazio, ele se entregava à morte, mas, por seus reflexos, a vida o chamava a ela. Nessa viagem interminável no limite da morte, Hassan renovava diariamente a sua vida. Era preciso vê-lo para crer. Era preciso vê-lo passar debaixo da barriga de seu cavalo a galope, ou arrastado por um pé amarrado a um estribo, ou escapando através dos cascos dos cavalos no momento em que o primeiro estava a ponto de pegá-lo em cheio, para compreender como aquele homem sobrevivia à fatalidade. Mas, além desses jogos arriscados, ele ganhava sem exceção todos os concursos hípicos. Seu público era certo, incondicional. Vozes se levantavam à sua passagem para lhe pedir que recomeçasse uma façanha ou outra, mas onde era mais apreciado era de "arrancar o chapéu". O concurso consistia em chegar primeiro, debruçar-se para pegar um lenço colocado no fundo de um buraco de uns dez centímetros de profundidade e dois metros de largura. Era preciso pegá-lo no momento em que o cavalo saltasse para transpor o obstáculo.

Ao chegar à loja, Hassan encontrou um terreno conquistado de antemão; no dia em que ofereceu a Djamila o lenço ganho num de seus concursos, ele lhe arrebatou o coração. Vinha quase todos os dias sem despertar muita suspeita de meu pai. Entrava discretamente na loja enquanto os homens jogavam baralho e só saía de lá quando não havia mais jeito.

Os homens eram sempre barulhentos. Falavam alto, gritavam até. As conversas costumavam ser agressivas. Ouvindo-os, nunca se estava seguro do estado de espírito deles. Divertiam-se jogando baralho ou jogavam para canalizar a violência não contida? Em todo caso, tinham poucas coisas a dizer e o vocabulário pobre demais não lhes permitia exprimir de verdade o transbordamento de seus afetos, falta que compensavam com excessos sonoros. Quando um ou outro jogava a sua carta, batendo com toda força na mesa, podia-se pensar que era o destino do mundo que ele acabava de jogar. E quando, por infelicidade, um parceiro cometia um erro qualquer, só faltava então a guilhotina para completar a cena que se seguia.

Aqueles homens eram duros, impiedosos e sem humor. Nunca se ousava abordá-los ou pedir-lhes o que quer que fosse, pois não tinham distância em relação às palavras ou aos atos. Levavam tudo ao pé da letra, dando às nossas interpelações, até as mais inocentes, uma dimensão dramática. Tínhamos medo deles, medo de nós, medo de nossos desejos e de nossas necessidades, medo das palavras, medo das coisas e, diante desse medo, só nos restava o imaginário como saída possível. Não me lembro de um adulto ter-nos dado atenção ou ter manifestado a mínima simpatia para conosco. Não nos faziam perguntas, não se inquietavam com o nosso bem-estar nem com a nossa infelicidade, não procuravam se aproximar de nós, para nos pegar ou adivinhar nossas preocupações ou para nos tranqüilizar com uma presença. Eram indisponíveis, não por falta de tempo, mas por falta de interesse pelas crianças e, talvez, pela vida. E nós, diante do descompromisso dos adultos, desenvolvíamos uma autonomia precoce.

Abou Ahmad não perdia nunca seu jogo de cartas diário. Como fumava o narguilê ao mesmo tempo, mantinha perto de si um pequeno forno aceso que lhe dava brasa. Era dos raros a ainda vestir uma djelaba, ao passo que os outros, com poucas exceções, a haviam trocado pelos culotes de montaria. Abou Elias raramente jogava, mas, durante suas idas e vindas, acontecia-lhe aproximar-se dos jogadores esquentados e perguntar brincando:

– O que é que vocês fazem com os feridos?

Abou Ahmad nunca gostara de Abou Elias, mas, desde que este último começara a dirigir um Buick, um soberbo quatro-portas americano branco, este se tornara o homem a ser eliminado. Quanto a Hanna, ninguém gostava de tê-lo como parceiro de jogo, pois a idade não parecia resolver seu estado. Dava a impressão de encolher, e sua cabeça parecia diminuir de volume. Toda vez que, ao fim de uma hora de espera, ele não via a sua vez chegar, suplicava com sua voz de criança machucada que o deixassem jogar. Pai Ghaber, que se tornara perfeitamente esquelético, deixara em definitivo a companhia dos homens desde seu acidente com os Mahmoud. Caminhava de cabeça baixa, armado do bastão, que de vez em quando levantava para ameaçar agressores invisíveis ou para dar um golpe sonoro na traseira de um dos bois. Não via mais ninguém no caminho, e, quando tentavam abordá-lo amigavelmente, respondia sempre:

– Não é culpa minha. Não fiz nada.

Abou Isaïah, por sua vez, estava ficando velho e andava cada vez com mais dificuldade, mas mesmo assim continuava a participar do jogo. Os Khouri estavam sempre ocupados com seus táxis. No momento em que a moda dos culotes de montaria conquistara os aldeães, estes, sempre um pouco mais modernos, tinham decidido vestir-se à ocidental, juntando-se assim a Abou Elias no aspecto vestimentar. Farés se adaptara muito bem à aldeia, mas ninguém parecia ainda conhecer seu nome e continuavam a chamá-lo de Farés, o palestino. Abou Naami revelava ser um excelente jogador de cartas, mas, como se suspeitava que mantivesse relações sexuais com a mãe Ghaber, não lhe davam todas as chances de se integrar na aldeia.

Quando um jogador faltava para formar uma equipe, esperava-se a passagem da primeira pessoa para convidá-la a se juntar ao grupo. Depois da saudação habitual, Abou Ahmad se encarregava das formalidades do convite. Fazia como se estivesse extremamente surpreso de ver o outro, pedia-lhe notícias suas, notícias do filho, da mulher, dos pais e assim por diante, para acabar instalando-o na cadeira vazia. Mal isso era feito, tiravam-se as cartas. O passante em geral se desculpava por roer a corda, pretextando assuntos urgentes.

– Vamos, vamos! – apressava-se Abou Ahmad em retê-lo. – Vamos jogar só uma partida e o deixamos ir embora.

As cartas eram imediatamente distribuídas, sem nem mesmo esperar a resposta. Três ou quatro horas mais tarde, o passante se lembrava de que estava apressado e se desculpava de novo antes de pegar de novo o caminho.

Hassan aproveitava essas ocasiões para vir namorar Djamila. Cumprimentava ao passar e entrava discretamente na loja para só sair de lá obrigado. Essa manobra vinha durando meses até que Abou Ahmad chamou a atenção de meu pai para aquele estranho pássaro. Pai, nesse dia, largou as cartas e foi dar uma olhada no interior. E eis que tudo se tornou claro de um só golpe: Djamila nos braços de Hassan. Hassan nos braços de Djamila, os dois abraçados num beijo de amor apaixonado. Pai se precipitou sobre eles num impulso de morte. Os dois se afastaram, subitamente despertados para a realidade dolorosa, a da cólera de Deus e do paraíso perdido. Djamila desapareceu pela porta do pátio, e Hassan, vendo a retirada cortada, só teve uma solução: arremeter contra seu atacante, derrubá-lo com todas as forças, empurrando-o sobre os caixotes de legumes, e pôr sebo nas canelas.

Pobre pai! O destino decididamente cismara com ele. Era grave para a honra da família e a sua própria particularmente, pois um beijo está para a honra como o ato sexual está para a virgindade. Djamila consentira e deliberadamente sujara a sua honra, Djamila a bela, encarnação do Diabo, Djamila a doce, pele de serpente, Djamila era cruel. Nunca desconfiamos suficientemente dos nossos, e no entanto Deus sabe que havia com o que desconfiar dela. Nascera na desonra, no ano em que o nome da família estava na lama, coincidência significativa. Todos haviam dito isso quando ela nasceu, ou pelo menos haviam pensado. Era portadora de infelicidade. Mas o que se podia fazer diante do destino, a não ser resignar-se a aceitá-lo?

Pai se levantou sem saber bem o que fazer. Hassan já estava longe, inútil tentar pegá-lo. Djamila, em pânico, fora se refugiar na casa de Abou Isaïah. Minutos mais tarde, armado de sua clava hercúlea, pai irrompeu em casa, onde derrubou tudo ao passar. Mãe correu atrás dele, suplicante:

– Onde está ela? Onde está ela? – interrogou, com ar ausente.

Mãe continuava a chorar, como se não tivesse nada de melhor a fazer.

– Onde está ela? – continuou meu pai. – Diga, senão é você quem vai sofrer as conseqüências.

Aparentemente surpresa com essa ameaça inesperada, ela soltou, sem nem mesmo se dar conta:

– Na casa de Abou Isaïah.

Pai dirigiu sua pulsão de assassinato para o dito lugar, onde encontrou Abou Isaïah no meio do pátio. Apoiado em sua bengala, ele avançou penosamente em direção a meu pai e lhe disse:

– Ela está em minha casa.

– Afaste-se – disse meu pai. – Quero matá-la.

– Você não vai fazer nada disso – respondeu ele calmamente. – Ela se refugiou na minha casa, está sob a minha proteção.

– Sob a sua proteção, essa cadela? Você me faz rir – zombou, sempre ameaçador.

– Não! É a sua filha – corrigiu Abou Isaïah. – A sua filha está sob a minha proteção. Para matá-la, você tem de passar por cima do meu corpo. A minha honra está em jogo.

– E a minha? – exaltou-se meu pai, louco de raiva, em seu impulso esbarrando no pobre velho, que perdeu seu equilíbrio precário, caiu feito um galho morto diante dos pés de meu pai. Abdul dominou-se. Não tinha intenção alguma de agredir o vizinho, aquele velho, aquele quase pai. Gostava demais dele para ousar lhe faltar com o respeito ou brigar com ele. Abou Isaïah sabia disso perfeitamente bem, e era precisamente desse lugar que se dirigia a seu Abdul bem-amado. Após um momento de hesitação, pai se debruçou sobre o velho para ajudá-lo a pôr-se de pé.

– Largue-me – disse o outro secamente. – Ainda estou vivo. Meu Deus, tinha de ser você a me humilhar na minha idade. Ninguém havia feito isso antes. Ninguém.

Abdul estava no fundo do desespero. Mais um escândalo que ia correr pela aldeia na velocidade do som. De novo ele, sempre ele e ninguém mais, como se tivesse, com seu sofrimento, que exorcizar a humanidade ou pagar seus pecados passados e futuros.

Depois, foi debulhar-se em lágrimas antes de abrir o tapete de preces para nele se ajoelhar longamente diante do Criador.

XVII

O que pai não sabia é que Djamila estava grávida de dois meses e que Hassan vinha vê-la com a cumplicidade de mamãe. Numa hora definida de antemão, mamãe dava um jeito para nos mandar todos embora e deixar a casa vazia à disposição dos jovens amantes. Costumava ser de tarde. Pai, após as preces das três horas, voltava à loja, geralmente com Ali. Nós, isto é, Zeine, Karim e eu, estávamos na escola, e mãe só tinha que levar Myriam para a casa de uma vizinha a fim de deixar o campo livre à bela e feliz Djamila. Hassan chegava pelo telhado, saltando de uma casa à outra, ligeiro feito uma andorinha, antes de aterrizar em nosso pátio. Lembro-me de ter um dia assistido a esse espetáculo. Eu estava sentado dentro da loja, perto da porta que dava para o pátio. Vi Hassan cair do céu como que por milagre. Djamila o esperava. Jogaram-se nos braços um do outro, ofegantes, trêmulos de medo e desejo. Beijaram-se gulosos; depois, sem dizer uma palavra, entraram no quarto. Meu coração batia forte, meu rosto ficou vermelho, eu tremia. Devia ter sete anos na época, mas naquele dia meu corpo reagiu ao amor físico feito um adulto.

Mãe era favorável a Hassan. Achava que tínhamos tudo a ganhar aparentando-nos com os Saraj, que, dissessem o que dissessem, eram os notáveis da aldeia. Espantava-se com a atitude do marido, com sua posição hostil para com aquele rapaz e sua família.

– Com quem ele quer casá-la? – perguntou-nos, irônica. – Com o embaixador da França, talvez! Ou com alguém tão sem dinheiro quanto ele. Meu Deus, este homem, filho da miséria, definitivamente quer condenar os filhos à miséria.

Mãe achava-se prejudicada socialmente por seu casamento com pai e atribuía a causa dessa decadência à guerra, à morte de seu pai no exército turco.

– Éramos os mais ricos. Pelo menos tão ricos quanto os Saraj. Sonhei casar-me com um emir, pois eu e minha família teríamos merecido isso, com certeza, mas o que vocês querem, meus filhos, nada se pode fazer contra o destino. Aceitei esse pobre homem, o pai de vocês, porque ele me dava pena. Era só, abandonado. Sei que fiz uma besteira, mas chega, não farei o mesmo com as minhas filhas.

Um dia, Djamila foi embora, raptada por Hassan, sem uma palavra de adeus. Só levou o estrito necessário, deixando seus belos vestidos para Myriam. Myriam rasgou-os um por um, recusando pôr no corpo as roupas sujas da irmã desonrante. Mais uma vez, a aldeia voltou-se contra nós a ponto de cortar todo contato conosco, até comercial. Mais ninguém, com exceção dos vizinhos imediatos, punha o pé na loja. As cabeças se desviavam de novo quando meu pai passava, por causa da honra, sempre a honra, a honra terra, a honra face, a honra propriedade, a honra filho, a honra mulher. Aquele homem caíra baixo demais, não era mais possível reaprumar-se dessa vez.

Ali, jovem, forte, bonito e moderno, tornou-se assim o homem da família. Estávamos no início de 1954, em pleno inverno, fazia frio, a terra estava coberta por uma camada espessa de neve. Pai estava desmoralizado a ponto de recusar cuidar da casa. Era preciso tirar com urgência a neve do telhado, pois a água derretida já estava filtrando pelos juncos. Ali encarregou-se de fazê-lo. Sentia-se bem em seu papel de pai substitutivo, talvez bem demais, pois era tão agressivo conosco para se convencer de sua autoridade que várias vezes esteve a ponto de se atracar com Zeine.

Após alguns anos de escolaridade medíocre, Ali decidira parar de estudar para se "dedicar" à casa, como dizia. Ajudava pai a cuidar dos animais, a buscar água potável no rio e a se tornar útil nos trabalhos de manutenção da casa. Era muito ligado à mãe, sempre atrás dela, de modo que, mesmo quando ficou mais velho, esqueceu de amadurecer. Ficou assim, sem fazer nada durante vários anos, até o dia em que Abou Elias lhe propôs um estágio de conserto de aparelhos de rádio, no quadro da casa que era a nossa fornecedora. Ali aceitou de imediato e, ao fim de uma semana, viu-se num quarto em Beirute onde ia permanecer por um ano. Durante esse tempo, Ali só aprendia uma coisa: que havia mulheres chamadas "prostitutas", com as quais era possível fazer amor por uma certa soma de dinheiro. Mas como, ao que tudo indica, era voraz, o resultado é que ele não parava de pedir dinheiro a meu pai. Julgando as exigências de Ali exorbitantes, pai decidiu pôr fim ao estágio, sob pretexto de que precisava dele na loja. Ali voltou, conservando um sotaque beirutino e um gosto pelo luxo que ele guardava de sua estada na capital. Servia-se sem constrangimento dos produtos da loja para as suas necessidades pessoais, sem esquecer de mimar de vez em quando sua mamãezinha querida com um presentinho refinado. Pai não ousava muito restringi-lo ou fazer-lhe observações, pois ele tinha reações tão surpreendentes quanto inesperadas, indo de simples crises de cólera a tentativas de suicídio espetaculares, mas sempre sem gravidade. Passava boa parte dos dias cuidando de sua pessoa, vestindo-se e penteando-se. Não gostava de ninguém. Acho que não era capaz disso. Uma espécie de rivalidade permanente o opunha aos outros, grandes ou pequenos, a ponto de sentir ciúme das duas irmãs pequenas por qualquer bobagem.

Com o rapto de Djamila, ele se descobrira homem de honra. Comprou uma pistola que carregava sempre consigo à espera do dia da vingança. Nesse meio tempo, aterrorizava todos nós com aquela arma, mas sobretudo as irmãs, que pagavam o pato.

Ali fazia parte da geração que sofrera o choque brutal da mutação social que repentinamente se operara no seio de nossa aldeia. De uma sociedade fechada vivendo autarquicamente e respeitando escrupulosamente tradições ancestrais, os aldeães viram-se precipitados em pleno século XX, submetidos ao ritmo infernal de um mercado alucinante. Era como se, da noite para o dia, a vitrine do Ocidente se tivesse aberto no bazar tradicional. Numa única década, a idade média acabou no limiar de um século XX de modelo ocidental. A jovem geração, fascinada por tantas novidades, abandonou seus pontos de referência simbólicos, os dos pais, para adotar o modernismo, uma civilização reduzida à sua dimensão mínima, o consumo. À paciência, virtude do homem religioso, e à confiança no destino, sinal de Deus, vinham tomar o lugar um ímpeto e uma irresistível corrida ao enriquecimento por todos os meios. A esses jovens o trabalho da terra começava a parecer monótono, cansativo, sujo e ingrato. Precisavam de facilidade, de um acesso direto ao dinheiro para satisfazer um apetite quase bulímico por tudo o que era novo. Estava acabada a penúria dos pais e sua modéstia quase religiosa desprovida de alegria de viver, acabada também a culpa diante do prazer individual. Essa geração devorava a vida com voracidade. Bem rápido, o comércio floresceu por toda parte num ritmo espantoso. As novas lojas eram tão cuidadas e tão caprichadas que a nossa butique viu-se relegada ao nível das quimeras. Vendedores ambulantes, trabalhando para uns ou para outros, invadiram nosso bairro com caixas isotérmicas carregadas a tiracolo ou com malas amarradas às costas. Aos poucos, acabaram ganhando nossos clientes mais fiéis, como se, bruscamente, nossas baratas e moscas não tivessem mais atrativo para as pessoas. Ali assistia desesperado à nossa ruína. Um dia, no mais fundo do desespero, espancou o primeiro vendedor que passava diante da loja. Era um jovem adolescente que, para nossa infelicidade, trabalhava para os Mahmoud. O incidente em si não era grave, mas os Mahmoud não eram do gênero de se deixar pisar.

Qual era a verdadeira motivação que os levou a nos agredir depois? Nunca vou saber. É verdade que Ali, com seu gesto inoportuno, deu-lhes a oportunidade de executar um plano que nos parecia preparado de antemão. Tudo deixava supor que o ataque contra nós fora comandado pelos Saraj a fim de dar a meu pai uma lição de modéstia, pois pai, sabe lá Deus por quê, recusara receber todas as missões enviadas após o rapto de Djamila, perpetuando assim o estado de guerra que reinava entre as duas famílias.

Foi no final do mês de junho. Lembro-me como se fosse ontem. Deviam ser mais ou menos cinco horas da tarde. Eu estava jogando bola com os companheiros na passagem dos Ghaber. Ainda estava quente, embora o sol já tivesse desaparecido atrás da cadeia de montanhas erguida como uma formidável barreira entre nós e o Mediterrâneo. O céu ainda estava claro, como que iluminado por projetores gigantes. Milhares e milhares de martinetes rodopiavam no céu numa caça desenfreada aos pernilongos. Depois, de repente, ruídos, ou melhor, gritos, pessoas agitadas correndo em todos os sentidos, nos tiraram da felicidade de nosso mundo infantil. Fomos ao encontro da multidão. Os Mahmoud ali estavam, os doze belicosos tristemente célebres. Armados de adagas e de facas automáticas, avançavam direto rumo a nossa loja. Ali se encontrava só. Aquilo acontecia como num sonho. Nem as pessoas nem o lugar pareciam reais.

Não era como no cinema, mas antes como uma cena de teatro de sombras chinês. Curiosos corriam atrás deles, bem ou mal intencionados, faziam questão de assistir a nosso massacre. Os Mahmoud se precipitaram em direção à porta como uma gigantesca onda, quebrando tudo à sua passagem. Myriam apareceu, como por encanto, no meio dos agressores. Estava achando que era Joana d'Arc? O fato é que tentou tirar a faca de um dos Mahmoud. Segurou com as duas mãos a lâmina curva de uma adaga dos atacantes e puxou com toda força. A lâmina saiu pingando sangue. Myriam, surpresa com o sangue, berrou muito mais de medo que de dor. Filetes de sangue corriam em gotas rápidas das duas mãos com a carne aberta até os ossos. Vi-a cambalear e achei por um momento que ela ia cair. Seu rosto empalideceu, rapidamente invadido por uma morte impaciente. Tiros espocaram, fazendo recuar os Mahmoud para fora da loja tão rápido quanto tinham entrado. Ali saiu atrás deles, de pistola na mão, para atirar de novo duas ou três balas na direção dos fugitivos. Os vizinhos, alertados pelas detonações, invadiram rapidamente o lugar. Mulheres e crianças excitadas surgiam de toda parte numa massa confusa, os homens estavam ausentes, tomados por suas ocupações diárias. Myriam viu-se repentinamente cercada por aquela penca de pessoas. Dezenas de mãos a agarraram e a levaram para casa. Pai saiu em busca de um carro. Na ausência dos Khouri e de Abou Elias, só lhe restava os Saad, gregos católicos que moravam perto da entrada do bairro dos Mahmoud. Pai, inconsciente do perigo que o espreitava, correu, sem chapéu e descalço, para pedir o carro deles em socorro. Ninguém sabia aonde ele tinha ido. Procuravam-no por toda parte, mas em vão. A noite já estava caindo. À espera da decisão a ser tomada quanto à ferida, Linda, a filha de Abou Isaïah, deu-lhe os primeiros cuidados. Myriam continuava a perder sangue, e começavam a temer o pior para ela. Uma hora mais tarde, dois homens carregando um terceiro cruzaram nossa porta de entrada. Foram em linha reta para o cômodo ainda cheio de gente e depositaram meu pai inanimado sobre o colchão que havíamos desenrolado às pressas. Pai estava ensangüentado de cima abaixo, quase irreconhecível. Os dois homens pertenciam ao clã Matta, aliados tradicionais de nossa família. O acaso os havia conduzido ao lugar onde pai jazia há uma hora, bem diante da casa dos Saad, que, com medo de descontentar os Mahmoud, fingiam não saber nada do assunto. Golpe duro após golpe duro, mãe não agüentou mais e foi desabar inconsciente junto ao marido. Ali jurava vingança, mas os dois Matta o impediram de deixar a casa. Os vizinhos choravam juntos, batendo no rosto e no peito. Só a chegada inesperada de Abou Elias suspendeu durante um momento esse espetáculo alucinante. Ele abriu uma passagem difícil entre aquela gente, meio espectadores, meio atores, e foi na direção de Ali para lhe dizer com sua ironia habitual:

– Num Estado democrático, a concorrência faz parte integrante do mercado.

Abou Elias não parecia estar a par de toda a história, pois, assim que percebeu meu pai no meio do quarto, ficou como que atingido por um raio.

– Meu Deus! – gritou aflito. – Temos que fazer alguma coisa.

Deu meia-volta e correu até seu carro para desaparecer com o veículo em segundos. Como antigamente sobre o lombo do cavalo, Abou Elias era decididamente o eterno socorrista. Como antigamente, o doutor Camomila sempre gostava de contar histórias antes de começar a trabalhar. Só os cabelos e a barba branca do velho doutor deixavam adivinhar que entre o acidente de Ali e o de pai muitos anos haviam se passado, mas dessa vez ele não podia fazer muita coisa. Levantou o lençol que cobria o ferido com as mãos trêmulas.

– Não é verdade! Não acredito no que estou vendo – repetia para si mesmo.

Retirou a camisa e a calça e contou doze feridas abertas, o selo dos Mahmoud em todo o corpo.

– Meu Deus, esses muçulmanos – murmurou, ainda em voz baixa – se matam por qualquer banalidade. Só Deus sabe do que serão capazes no dia em que tiverem de resolver um assunto grave.

– Não farão nada – sussurrou-lhe Abou Elias, com os olhos lacrimejantes. – Não farão estritamente nada, pois só a aparência lhes interessa, as coisas importantes são profundas demais para lhes preocupar a mente.

– Não posso fazer nada por ele – retomou o médico, sempre no mesmo tom. – Eles foram forte demais.

Os outros se amontoaram em torno dos dois cúmplices cristãos, silenciosos mas bem à espreita de uma frase ou de uma palavra que os assegurasse do estado do ferido.

– É grave? – perguntou Abou Elias.

– Sim, muito grave. Em todo caso, ele está muito fraco. De minha parte, já fiz o necessário, é preciso hospitalizá-lo com urgência. – Em seguida, arrumando as coisas numa bolsa, perguntou: – Quantos filhos ele tem agora?

– Oito!

– Pois bem! Que Deus o salve por eles.

Envolvido em seu lençol, pai foi levado até o carro. Ninguém havia pensado em Myriam, que se encolhera num canto do pátio com as mãos estendidas na direção de Alá e a cabeça enfiada entre os joelhos. Bem no momento em que o carro ia partir, uma voz de mulher berrou.

– A moça, não esqueçam a moça!

Myriam voltou ao fim de duas semanas de hospitalização. A vida de meu pai ficou em perigo durante três semanas, mas, três meses mais tarde, ele também deixava o hospital. As feridas, com exceção das lesões musculares, revelaram-se profundas e devastadoras. Um golpe lhe furara o estômago, um outro o intestino, um terceiro um pulmão, e um quarto passara perto do coração sem causar estragos. Ninguém sabia nos explicar o que se passara. Os Saad juravam por seu Deus que não haviam visto nem ouvido nada. Mas, a julgar pela distribuição das feridas no corpo, era fácil deduzir que pai devia ter sido atacado de toda parte, considerando que havia recebido golpes na barriga e no peito, bem como nas costas. Pai tampouco sabia grande coisa. Tudo o que tinha a dizer, a nós ou aos policiais, não levava a nada.

– Notei um dos Mahmoud na rua, na altura da casa dos Saad. Pensei que ele estava só, mas mesmo assim desconfiei.

– Por que o senhor desconfiou? – perguntou o policial que registrava o testemunho de meu pai.

– Por causa do que se passara entre eles e Ali.

– O senhor estava, portanto, preparado para se defender?

– Estava – respondeu timidamente.

– Em outras palavras, o senhor estava preparado para a briga?

– Pensei comigo: nunca se sabe!

– Mas o senhor sabia o que estava fazendo?

Pai aquiesceu sem saber aonde aquilo ia levá-lo. E como querem que soubesse o que na verdade se passava na cabeça daqueles representantes da ordem, daqueles defensores dos oprimidos! Ele tinha confiança neles, só isso! Respondia às perguntas, confirmava com toda boa-fé as deduções que eles tiravam, as sutilezas das palavras não sendo nem seu forte nem o nosso. Pai não julgara necessário tomar um advogado, pois para ele o assunto estava claro, tão claro quanto a água do rochedo; assim, o advogado, "representante do mal", não era útil.

– O senhor estava disposto a agredi-lo se fosse preciso – prosseguiu o policial.

– Estava – disse ainda meu pai.

– Prossiga o seu relato!

O interrogatório foi feito então com meu pai deitado. Ele podia se mexer, fazer um monte de pequenas coisas, mas não podia fazer esforços. Seu corpo era um campo de batalha, pois além das facadas ele sofrera três operações. "A cura dele é um milagre", nos confiara o cirurgião. Milagre talvez! Mas a vida era um milagre perpétuo, e ele, em seu colchão, estava doravante bem colocado para sabê-lo.

– Eu estava indo na direção da casa dos Saad sem perdê-lo de vista. Eu não estava prestando atenção no que se passava em volta ou atrás de mim. Será que ele se colocou de propósito naquele lugar? Não sei. O fato é que, bem na altura da porta de entrada dos Saad, recebi um golpe nas costas e senti uma queimadura nos pulmões. Fiquei com dificuldade de respirar. Não tive tempo de me recuperar, pois recebi outros golpes antes de me dar conta de que estava cercado. Eram muitos.

– Quantos, mais ou menos? – perguntou o policial.

– Não sei dizer. Não tive tempo de contar. Além disso, sabe, não estava muito claro.

– O senhor se lembra de ter distinguido um dos rostos de seus agressores?

– Vou lhe dizer uma coisa, não sei se o senhor vai acreditar em mim, vi rostos sim, mas estavam desfigurados, eu tinha a sensação de estar vivendo um pesadelo, as coisas, os homens e as facas estavam longe e próximos ao mesmo tempo, meus membros estavam pesados como troncos de árvore mortos e secos. Eu me via agredido, como se tivesse deixado meu corpo para me olhar. A cena durou muito tempo, os movimentos eram lentos, e as facas penetravam em mim como num saco, eu não as sentia mais.

– Bem, bem – disse o policial. – Então o senhor não conhece os seus agressores?

– Não! Sim... sim, os rostos me eram familiares, mas...

– Mas o quê?

– O senhor não entende. Eles eram, não sei... eles eram horrorosos, como se fossem fantasmas.

– O senhor não vai dizer que foi agredido por fantasmas? – ironizou o policial, que anotava tudo o que meu pai dizia. Mamãe lhe serviu café e, para ilustrar o estado do marido, lhe mostrou as roupas, as que pai usava no momento da agressão. Estavam muito vermelhas de sangue, mas secas como uma pele morta. O número de furos que havia nelas era impressionante. A camisa estava quase que cortada em tiras e as calças tinham um buraco na altura do fecho e um outro atrás, no nível da cintura.

– Guarde-as, não é necessário – disse o policial, que saboreava seu café, tão à vontade e relaxado quanto num ambiente de festa.

As roupas viravam trapos cada vez que mãe as dobrava. O sangue era como uma camada de cera. Mamãe amontoou-as, envolveu-as num pano limpo e foi guardá-las cuidadosamente num canto de sua cesta de roupas.

O caso não teve seqüência. Agressores desconhecidos, testemunho confuso e policial parcial, estava tudo feito para anular o processo. Mas, se o processo pôde ser abafado, isto não impediu que o estado de guerra entre as duas famílias durasse pelo menos uma década.

Eles não freqüentavam mais o nosso bairro, nem nós o deles. Para mim, era um pesadelo toda vez que eu devia acompanhar os amigos através da aldeia. Os filhos dos Mahmoud me conheciam, e eu tinha que fugir para evitar ser linchado. O mesmo acontecia com eles.

Lembro-me de uma noite em que éramos uns dez meninos brincando nas plantações de batata perto da aldeia. A lua nos clareava como um sol de meia-noite e as estrelas brilhavam em sua infinita multidão. O campo estava lavrado, deixando de vez em quando aparecer um tesouro de batatas esquecidas. Pegamos um monte e fizemos um fogo para cozê-las. Alguns jovens se juntaram a nós para participar do festim e, de repente, como que por milagre, um Mahmoud apareceu. Era um homem de uns vinte anos. Eu o conhecia bem. Ele não parecia ter-me notado, pois eu estava sentado na segunda fila, imediatamente atrás de Omar. Seus olhos brilhavam à luz do fogo, o que lhe dava um ar odioso. Tinha um pequeno rosto magro de maçãs salientes e uma testa tão baixa que nada separava os cabelos das sobrancelhas. Estranhos tiques junto ao olho esquerdo faziam estremecer seus músculos faciais até a comissura esquerda da boca. Devia estar solitário e entediado para vir até nós. Em todo caso, tinha muita fome, pois, mal as batatas ficaram cozidas, desembainhou a adaga para pegá-las na brasa com a ponta da lâmina. Sem mastigar, comeu três ou quatro, arriscando queimar-se. Uma espécie de gozo o animava a manejar a arma como ele fazia.

– Sabem como isto se chama? – perguntou, mostrando-nos a faca. – Ela se chama abre-pança – disse rindo. – É, uma abre-pança. Já abriu uma meia dúzia. Vejam: há duas maneiras de fazer, ou vocês abrem de baixo para cima ou de cima para baixo. A posição da lâmina muda a cada vez.

Os meninos olhavam, maravilhados pela demonstração malsã. Estavam todos de boca aberta, quase hipnotizados pelo reflexo que a lâmina nos enviava. Ele imitava seus golpes, as contorções e as dores dos outros, era realmente pavoroso. Pai tinha razão. Era preciso vê-lo naquele estado para acreditar. Havia algo de desumano, de monstruoso que o invadia.

Apertei meu canivete na mão. Queria matá-lo, nada me segurava mais, o sangue corria quente em minhas veias, meu coração batia a ponto de estourar. Eu respirava rápido, mas com dificuldade. Um suor frio molhava-me a testa e o rosto. Depois, de repente, fiquei enjoado e vomitei, quase nas costas de Omar.

– O que é que você tem? – perguntou-me Omar em voz baixa.

– Não estou me sentindo bem.

– Vamos embora. Não deixe esse canalha perceber você.

Saímos na ponta dos pés enquanto o outro batalhava a golpes de adaga contra seus adversários fictícios.

– É um canalha, filho de canalha – acrescentou Omar aliviado, assim que ficamos fora de perigo. Voltamos para casa caminhando lentamente, nossas sombras diante de nós. A luz por trás continuava a brilhar como uma promessa de esperança.

XVIII

Durante duas semanas ficamos sem notícia alguma de Djamila. No início da terceira, recebemos uma senhora do clã Fathi, originária de uma aldeia vizinha. Os Fathi eram em sua aldeia mais ou menos o equivalente dos Saraj na nossa. Os dois clãs eram unidos por vínculo de casamento bem como por interesses comuns. Essa senhora de uns cinqüenta anos usava, como todas as muçulmanas de sua geração, uma *chéchia* branca na cabeça, roupas escuras e um manto preto. Chegou numa tarde no final de novembro. Fazia frio e estávamos todos apertados em volta do aquecedor a óleo no meio da sala. Minha mãe convidou-a para sentar-se junto do fogo e ofereceu-lhe uma xícara de café. Ela o saboreou um pouco e disse toda sorridente:

– Já provei deste café. Vocês são uma família nobre. Pena que não tenhamos tido a sorte de conhecê-los em condições diferentes. Vocês são gente honrada. Nós também. Vamos cuidar para que a honra de vocês continue sem mancha.

Mãe compreendeu imediatamente do que se tratava. Pediu um monte de notícias de uma pessoa sem nome, inquietou-se com o seu estado e evocou a eventualidade de seu casamento mais tarde.

Não era uso raptar mulheres em nossa aldeia, mas Djamila não era a primeira nem seria última. Todos no fundo sabiam que, quando uma filha ia embora assim, é porque ela consentira. E se isso nem sempre acabava em drama é porque as duas partes aceitavam entrar num jogo em que o lesado, isto é, a família da filha, saía engrandecida. Esse tipo de casamento era muito mais freqüente entre os cristãos. Era um bom meio de se escapar ao dote tanto de um lado como do outro. Havia até aldeias que cercavam essa prática de um halo de glória, pois a filha raptada tornava-se preciosa, uma Helena, e o homem audacioso, um Páris. Entretanto, era preciso todo o humor dos cristãos para desdramatizar, até mesmo para tirar proveito desse uso contra a natureza. Os muçulmanos eram menos sutis, presos em demasia à honra, à aparência.

Quando uma moça aceitava ser raptada, era a própria prova de que não era mais virgem, mas mesmo assim uma senhora era enviada para soprar ao ouvido da mãe e ser ao mesmo tempo ouvida pelo resto da família que a filha continuava virgem e pura e que só pedia a volta à casa para entregar-se voluntariamente ao julgamento da família, fosse ele da natureza que fosse, correndo o risco de aceitar seu terrível destino junto daquele homem indigno que a raptara à força. Colocada diante do fato consumado, a família acabava aceitando a mediação de uma pessoa ou de um grupo mais ou menos numeroso em função do lugar social da família, e depois tudo voltava à ordem.

Por que pai não aceitou a regra social? Talvez porque perdera seu pai jovem sem ter se beneficiado de outra presença masculina que lhe tivesse permitido ser introduzido no mundo dos adultos e familiarizar-se com as leis que regiam suas relações. Ele recusou a mediação dos Fathi como fizera para os Saraj e teimou em sua recusa, ao risco de contrariar todo mundo. Essa recusa decisiva significava duas coisas: ou o homem era indigno demais para se entregar à arbitragem de gente digna ou então era a guerra. Por isso é que os Saraj quiseram dar uma lição em meu pai.

Sem nosso consentimento, Hassan e Djamila se casaram. As cerimônias duraram três dias, os Fathi e os Saraj, os Mahmoud e uma boa parte dos aldeães assistiram às festividades, deliberadamente grandiosas com o único intuito de nos provocar. Tivemos apenas direito aos ruídos das detonações que, durante três dias, rasgaram a calma da aldeia. Mãe estava louca de raiva. Tratava o marido de todos os nomes, mas não podia nada contra ele.

– Mas o que ele quer mais, este homem? – queixava-se às outras mulheres. – Aquela gente tem tudo: dinheiro, glória, até o governo eles têm no bolso. Além do mais, com toda a nobreza que têm na alma, vieram todos pôr-se à disposição dele, pagar pelo erro de um deles e quase lhe pedir perdão. Mas o que vocês querem, quando não se é nobre, não se é sensível à nobreza. Quem sabe ele não queria alguém vulgar, sem família, feito ele.

Sete meses mais tarde, Djamila, a virgem, deu à luz uma menina. Não a tínhamos visto durante todo esse tempo. O parto coincidiu, com alguns dias de diferença, com a agressão contra meu pai. Quando este ficou fora de perigo, Oum Elias introduziu-se com o bebê nos braços no quarto do hospital. Lá estavam minha mãe, Ali, Zeine e dois ou três vizinhos. Oum Elias foi na direção de meu pai, colocou o bebê na cama e lhe disse:

– Chama-se Farida. É sua neta.

Pai endireitou-se bruscamente, como se tivessem acabado de colocar uma bomba perto dele. Olhou um a um os visitantes, buscando uma resposta no olhar ou talvez tentando ganhar tempo e sair do embaraço. Ninguém reagiu ou disse o que quer que fosse. Um silêncio pesado invadiu o quarto e deixou o ambiente intolerável. Pai deu uma olhada rápida no bebê que dormia tranqüilamente junto do avô atento e reexaminou os rostos à sua volta. Pareciam anjos adoradores diante de José e do Menino Jesus, quando pai enfim pegou o bebê nos braços, o ser inocente que ele era, sorriu, afetuoso e reconhecido. As lágrimas escorreram nos rostos dos adultos, como uma resposta reflexa às solicitações enternecedoras de Farida, que acabava fazer o que os notáveis de todos os lados não tinham podido realizar.

Farida era o retrato da mãe, Hassan, o do diabo. Em todo caso, foi o que descobrimos depois. Segundo seu pai, era um "vagabundo" e um "bastardo" e, na verdade, um ladrão notório. Fosse na casa dos amigos ou em outra parte, nunca conseguia dominar-se. Tudo servia: dinheiro, jóias, roupas, animais domésticos, etc. Sem dinheiro, sem profissão, sem morada, instalou-se com sua encantadora esposa em nossa casa. Mentiroso feito um arrancador de dentes, diariamente nos prometia o paraíso, mas só nos fazia conhecer o inferno. Como era um golpe sujo atrás do outro, não conseguimos mais suportá-lo, para grande desencanto de minha mãe. Geralmente ele não se levantava antes do meio-dia e se, por infelicidade, Djamila lhe fazia uma observação, ele ficava louco de raiva com ela. Um pequeno momento de desatenção bastava para que esvaziasse a caixa da loja, já desguarnecida. Nunca tínhamos sido tão miseráveis, amontoados uns sobre os outros num único cômodo. Mal podíamos bastar às nossas necessidades mais fundamentais. Mas ele não se constrangia nunca. Quando não havia mais dinheiro nas gavetas, esvaziava as prateleiras. Djamila ainda era jovem, muito impressionável por aquele homem rude e fascinante ao mesmo tempo; mãe era imatura, descobria com Hassan a autoridade masculina em seu sentido mais primário; Ali, o homem antes dedicado à casa, apagava-se, inibido talvez por um desejo incestuoso por aquela irmã de sexualidade tão atraente; os outros, aterrorizados, só podiam aceitar o intruso cara-de-pau à espera de que pai tomasse uma decisão.

Mas foi só dois anos mais tarde que ele pôs o casal, já com dois filhos, porta afora. Nesse meio tempo, víamos desfilar em nossa casa dezenas de conhecidos, desconhecidos e policiais. Tinham todos um motivo em comum: os delitos de Hassan.

Foram então morar na estrada de Damasco, numa velha casa alugada a um tio de Abou Elias, um verdadeiro selvagem. Era um homem bem alto, gordo e solitário. Nunca, na lembrança dos aldeães, ele fora visto fora de suas plantações ou do pátio de sua casa. Vestia-se sempre todo de preto, das calças bufantes turcas até o *keffieh*. Só a barba cinzenta, mal cuidada, rompia a monotonia enlutada de sua aparência. Conhecíamos superficialmente seus três filhos: Farah, o mais velho, Salem e Najah, o caçula. Eram todos honestos, trabalhadores e simpáticos. Um dia, não sei como, Salem descobriu a nossa casa. Depois, continuou vindo nos ver. Salem havia herdado de seu pai o tamanho, o rosto inchado e os olhos ligeiramente globulosos. Sem ser de fato belo, era agradável e divertido, com tendência a falar muito, até a inventar. Contava-nos um monte de coisas verdadeiras ou falsas, mas sempre divertidas. Salem usava culote de montaria e gravata aos domingos. Fazia suas compras conosco e até pagava adiantado para encher o caixa:

– Não se preocupem – nos dizia com bonomia –, tenho dinheiro e sou só.

Najah era um belo homem, mas incompreensível. Vestia-se à ocidental, paletó, camisa branca e gravata, e parecia ter um nível de vida de grande senhor. Farah parecia com o pai, gordo, selvagem e fugidio. Quando começavam uma discussão com ele, ela rapidamente virava um monólogo, pois ele só respondia com frases curtas, banais e desanimadoras.

Salem conhecera Djamila pequena. Tinha relações com ela da mesma forma que com os outros. Nada em seu comportamento deixava pressagiar o que quer que fosse em relação a ela ou em relação a Myriam.

– Não tenho irmã – gostava de nos dizer. – Myriam e Djamila são as minhas irmãs.

Ele continuava a vê-la depois que ela se casou, fosse em nossa casa ou em seu novo lar. Hassan o recebia de braços abertos, fez dele até o seu melhor amigo. Como eram vizinhos, logo se tornaram inseparáveis. Hassan o apreciava em larga medida em razão de sua generosidade quase irresponsável. Hassan tinha muitas idéias e o outro, muito dinheiro: havia com o que fazer a felicidade dos dois. Hassan tinha gosto pelo luxo. O outro era simples. Em suma, Hassan era o desejo, Salem, a bolsa. Associaram-se em diversos pequenos projetos sem futuro até o dia em que Hassan propôs a compra de um táxi. Um devia fornecer o capital e o outro, o trabalho. Mas, se o capital era a condição necessária para encontrar o instrumento de trabalho, essa condição não era suficiente para garantir a produção. Na realidade, Hassan sonhava apenas possuir um carro para levar melhor sua vida de paxá. Pegava a estrada, fazia mil coisas, mas nunca o que era preciso. E, para coroar tudo, acabou vendendo o táxi e gastando o dinheiro em tempo recorde. Essas tramóias só conseguiam exasperar Djamila e, aos poucos, abriam-lhes os olhos para a realidade de seu marido.

Se ela se separou dele depois, é porque havia outro homem, alguém cujo caráter contrastava em tudo com o do marido. Salem era trabalhador, honesto, generoso, simples, atencioso e sensível, qualidades que não deixavam indiferente um coração infeliz.

Ninguém pode ganhar em todos os campos. Hassan durante anos continuou a se aproveitar de Salem, mas estava irremediavelmente perdendo Djamila. No dia em que se deu conta, já era tarde demais.

XIX

No final do mês de julho, a aldeia falava numa só voz: a de Nasser, que anunciava a nacionalização do Canal de Suez. Ofegantes de emoção, prestes a explodir, os aldeães iniciavam um diálogo extraordinário com esse homem que, num discurso de infinita simplicidade, lia como num livro aberto os sentimentos e as convicções das massas árabes.

– Há quatro anos, aqui mesmo, Farouk fugia do Egito. Hoje, eu, em nome do povo, assumo a Companhia... Esta noite, nosso canal egípcio será dirigido por egípcios.

Com essas poucas palavras, cada um dos camponeses, dos jovens, das crianças sentiu que se tornava o herói corajoso, a glória e a honra do povo árabe; simplesmente, mas não sem audácia, cada um de nós vinha por esse gesto apagar para sempre séculos de vergonha e submissão. A partir desse momento, o mundo era nós, nós éramos o mundo, seu destino e seu motor. Estava acabado o despotismo, acabada a arrogância do Ocidente. Havíamos combatido, tendo à mão a espada de nossos ancestrais gloriosos, e ali estávamos vencedores.

À medida que o tom do discurso subia, pai colava o ouvido cada vez mais perto do aparelho, seu corpo vibrava quase ao mesmo ritmo que os tímpanos de seus ouvidos, como se estivesse em transe. Mãe ficava também ali. Escutava com ar atento e grave. Só podiam subtrair-se à solenidade do momento as duas últimas, que dormiam no colo materno. Karim jubilava. Executava com as mãos os movimentos invisíveis das mãos de Nasser.

– O que quer dizer "nacionalização"? – perguntei discretamente à minha mãe.

– É importante e grave – respondeu, sempre atenta ao rádio.

– Sei, mas o que quer dizer? – insisti.

– É uma palavra egípcia, mas é importante.

– Você não conhece o egípcio?

Não tive resposta, pois um "cale-se" lançado secamente por meu pai pôs fim às perguntas. Calei-me, mas continuava não sabendo o que queria dizer "nacionalização". O canal ficava no Egito, cavado em seu território e por seus camponeses. Então, como era possível nacionalizar o que já fazia parte de um país? Para mim, nessa época, era como se eu descobrisse que a minha mão esquerda ou a minha perna ou qualquer outra parte de meu corpo me pertencia. Era insensato. Para meu pai, esse termo significava "expulsar o inimigo", e quando lhe perguntei quem era o inimigo ele me respondeu "os judeus".

Na verdade, muita gente, como meus pais, não entendia ao certo o que se passava. Mas, para eles, esse gesto vindo de Nasser só podia ser grandioso. Seria preciso esperar o mês de outubro e a agressão tripartite anglo-franco-israelense para que esse ato revelasse todo o seu tamanho. A guerra dava razão a Nasser, dava-lhe autoridade mesmo aos olhos daqueles que ainda eram reticentes a seu respeito. E, nós também, só podíamos ter razão em nossa identificação com ele e sua causa. Essa guerra nos glorificava e o consagrou definitivamente na posição do herói.

Quando os israelenses penetraram no Sinai, tudo o que se dissera a respeito dos judeus revelou ser verdadeiro para nós, os jovens. Eis que os judeus nos pareciam traidores, infiéis e infames. A lista dos crimes que haviam cometido era longa. Não tinham eles traído Moisés, crucificado Jesus e tentado assassinar o Profeta? Não estavam eles na origem de todos os vícios: luxúria, usura e álcool? Esta última palavra tinha para mim um gosto amargo, soava como um lamento em minha consciência, rebaixava-me ao nível de nossos inimigos, em meu juízo de mim mesmo. Grande pai! Sobre um fundo de álcool, os judeus e nós estávamos no mesmo barco. Que querem, ninguém é perfeito!

Chafika, a irmã de Abou Isaïah, conhecia os judeus. Não sei como, mas os descrevia como se tivesse convivido com eles desde sempre. Ela me fascinava, essa mulher, perdão, essa moça donzela. Quatro traços animalescos caracterizavam bem a sua pessoa: ela tinha o nariz e o rosto de uma ave de rapina, o temperamento de um dragão, o andar de uma garça, o cheiro e o apetite de uma fera. Ela cheirava a alho. Adivinhávamos a sua presença cinco minutos antes de sua chegada. O alho espantava os maus espíritos mas também os pretendentes, pois na época do casamento nenhum homem pensara em colher a sua flor, agora murcha. Vivia sozinha num cômodo sem sanitários que se abria para a passagem de Abou Elias. Como se entendia muito mal com Oum Isaïah, esta lhe proibia o acesso à casa; por isso, Chafika ficava reduzida a fazer as suas necessidades num penico cujo conteúdo ela jogava pela porta, sem prestar atenção nos passantes. A cada acidente desse tipo, Abou Elias lhe dizia com seu humor habitual:

– Não é com os odores naturais que se excitam os homens. Informe-se.

Chafika tinha as lágrimas fáceis. Elas escorriam por um sim ou por um não. Seu nariz também escorria pelas duas narinas. Assim, por reflexo ou simplesmente *pro forma*, ela enfiava a mão no bolso em busca de um lenço que nunca encontrava e acabava sempre usando a echarpe cinza que lhe cingia a testa e ficava amarrada atrás da cabeça. Ela tinha bom coração, exceto para a cunhada. Com o nariz curvado, olhos pequenos quase redondos e a boca amarga, elas se pareciam como duas corujas. Mesmo assim, não se gostavam. Chafika adorava os sobrinhos a ponto de se fazer detestar por eles, torturando-os com tantos "meus queridos", sem jamais ficar desanimada com os "deixa a gente em paz", lançados à guisa de resposta às suas solicitações.

Suas histórias de judeus eram aterrorizantes, mas a que mais havia me marcado relatava a horrível mania que tinham de beber sangue: "Os judeus bebem sangue fresco. Mas não qualquer um. Eles têm uma espécie de predileção por crianças pequenas, de sangue menos denso que o dos adultos. Há certamente um judeu atrás de cada desaparecimento de criança. Toda casa judia é provida, no subsolo, de um verdadeiro labirinto com esconderijos múltiplos cheios de criancinhas raptadas aos pais. Num quarto de crianças arrumado da forma mais comum do mundo, há uma caminha de fundo falso que se comunica através de um encanamento com um reservatório disposto abaixo desse móvel. A criança é deitada nua, de boca tapada e olhos vendados, e um sistema de agulhas lhe suga o sangue todo. Não se ouve estritamente nada, exceto talvez um fraco gemido imperceptível ao ouvido humano, mas não ao dos animais. Quando ouvirem um animal gemer queixoso, saibam que uma criança acaba de sofrer essa terrível sorte. Quando recebemos um amigo, nós lhe oferecemos chá ou café, é a nossa maneira de sermos hospitaleiros; mas, infelizmente, eles entre si só se oferecem sangue, e chegam até a beber uma, duas crianças por pessoa". Deus, que angústia essa história me causava! Por isso é que, no dia em que Omar me expôs seu plano de represálias contra os judeus, meu coração parecia sair pela boca.

Fora no final do mês de outubro, início de novembro. As tropas israelenses haviam invadido o Sinai, pondo Nasser em perigo. Omar era o primeiro a reagir:

– Os judeus não passarão – decidiu. – Temos de combatê-los.

Procurou então os amigos, pediu que se juntassem a ele numa ação de guerra inevitável naquele momento grave. Eu tinha nove anos na época, ele devia ter dez, mas dava a impressão de ser mais velho por causa da força e do tamanho. Reagia de corpo e alma a tudo o que o emocionasse de perto. Que seus olhos brilhassem de inteligência ou se umedecessem de lágrimas de emoção, que seus traços ficassem tensos ou se distendessem, que seu ar se alegrasse ou se entristecesse, ele estava sempre presente, e em sua presença se manifestava toda a riqueza da infância. Nunca nos entediávamos com ele, pois nunca lhe faltavam idéias. Sua imaginação estava submetida a um emprego do tempo muito carregado.

Havia herdado essa qualidade do pai? Omar afirmava que não, que não tinha nada em comum "com aquele velho fabulador que só lamenta uma coisa: não ter nascido príncipe". Jurava dez vezes, vinte vezes que cortaria o bigode do pai, que sujaria seu fez de excrementos. Para ele, era o único meio eficaz de exprimir seu nojo de filho quanto à vaidade pomposa do pai.

Nunca pôs o projeto em execução, mas um dia, o acaso ajudando, obteve um pequeno sucesso inesperado contra ele. Uma bola miraculosa, chutada, de propósito segundo Omar, fortuitamente ao que tudo indica, jogou ao chão o fez de Abou Ahmad na poeira em frente à nossa loja. Louco de raiva e ferido em seu amor-próprio, ele se pôs diante de nós e começou a gritar que era um escândalo ao mesmo tempo que nos prometia um castigo exemplar. Omar, calmo mas determinado, foi em direção ao pai, parou a alguns passos dele e, em seguida, olhando-o bem nos olhos, disse-lhe:

– Vá com calma, fanfarrão, não precisa confundir todo mundo na sua invectiva. Fui eu quem jogou a bola.

O pai, como que tomado por um espasmo que o sacudia todo, retorquiu meio-paz, meio-guerra:

– Muito bem, meus cumprimentos! Quer uma medalha?

O filho, sempre desafiador, ou talvez inconsciente da gravidade de seu gesto, continuou no mesmo estilo provocador:

– Pedi a meus amigos.

Um par de sonoras bofetadas fez cessar a troca de palavras. Omar juntou-se a nós, de rosto inchado, mas contente.

– O azar desse homem – comentou – é que ele é como uma nota falsa. Todo mundo sabe, menos ele.

Omar estava convencido de que espiões judeus usavam a estrada nacional para irem de Beirute a Damasco, e até mais além das duas capitais. Se até então tinham conseguido passar despercebidos, era porque ninguém havia dado atenção suficiente ao problema. Na ausência de um controle eficaz, os espiões circulavam, assim, em completa impunidade, para felicidade deles e de Israel.

Nosso plano consistia em identificá-los e impedi-los de agir. Como? Essa era toda a questão. É difícil reconhecer alguém num carro rodando a toda velocidade; certo, mas não para um olho entendido, para alguém que tem experiência com judeus.

– Quem? – perguntei, cada vez mais interessado.

– Ismael.

– Ismael? – repeti meio espantado. – Mas ele tinha só dois anos quando os pais deixaram a Palestina.

– Ele, é claro – interrompeu Omar. – Mas o pai dele já tinha idade suficiente.

– Você está pretendendo associar Farés a essa ação? – inquietei-me seriamente.

– Não, não – respondeu, tranqüilizando. – Tudo o que estou dizendo é que o pai dele conhece os judeus de cor, logo, Ismael poderia bem reconhecê-los.

Omar parou um momento, como se tivesse acabado de perder o fio das idéias; depois, hesitando um pouco, perguntou-me:

– Você acha que a gente pode confiar nele?

– Não o conheço mais que você, mas mesmo assim acho que é um garoto confiável, digam o que quiserem dele, do pai ou dos palestinos em geral. Se continuássemos a dizer que eles venderam a Palestina, acabaríamos todos dizendo que Nasser vendeu o Sinai.

Omar me havia seguido com um interesse evidente.

– É verdade – aquiesceu. – Nasser não é um homem capaz de trair o Egito ou os árabes – acrescentou com um ar sério.

Nunca tínhamos visto um Ismael tão radiante. Não estava acostumado a nos ver vir procurá-lo, bater à sua porta e entrar em sua casa. Dizer que morava em uma casa seria lisonjeiro. Era um cômodo desprovido de janelas; não havia o mínimo buraco que tivesse aspirado um raio de sol, sinal de dia ou simplesmente sinal de vida. Era escuro, escuro como uma caverna pré-histórica. Farés era o tempo todo chamado de Farés e nunca de Abou Ismael, como o código social teria exigido. Farés era um caso à parte, um indivíduo reduzido ao prenome por falta de outras referências que permitissem valorizá-lo no que era. Passageiro em trânsito num *hall* de estação, não estava em lugar algum. Tudo era miserável nesse cômodo; só um tapete disposto no meio testemunhava a presença do homem que ali residia.

Ismael era mais alto que nós, mas também mais franzino. Quando saímos, tudo nele demonstrava uma alegria evidente. Os olhos negros riam, o rosto retangular de queixo largo se alegrava e o corpo frágil vibrava de excitação.

Omar foi direto ao cerne do assunto:

– Temos uma coisa importante a lhe dizer, uma missão importante a lhe confiar. Você quer?

– É claro que eu quero – respondeu Ismael, sem a mínima hesitação.

– Reflita um pouco, é muito importante.

– Não faz mal, estou de acordo – disse, sempre entusiasmado.

– Já que é assim, escute bem então. Será que você é capaz de identificar um judeu?

– É claro! Os judeus são bem altos, barbudos e têm cabelos longos. Vestem-se de preto e usam chapéus – contou, fixando um buraco no ar, como se visse a sua Palestina através dele.

– Será que são todos iguais? – perguntou Omar, tomado pela segurança inesperada de Ismael.

– Sim, são todos iguais. Sou até capaz de reconhecê-los de longe. Eu me lembro deles como se tivéssemos morado juntos o tempo todo. Eram altos, posso lhes garantir, meu pai está de acordo comigo. O sujeito que ele acertou era um gigante. Foi meu pai quem me contou. Ele acha até que não há árabes tão altos quanto eles. Sabem por quê? É que são ricos e comem bem, muita carne fresca, comem todos os dias. Meu pai os viu. Ele mesmo pode lhes dizer.

– Pois bem – disse Omar satisfeito. – Você é o nosso homem.

Omar não queria associar os cristãos a nosso plano. De Gaulle contra Nasser, cada um no seu campo. Precisávamos recrutar combatentes nos bairros vizinhos, limítrofes ao nosso. Eu não os conhecia muito bem, mas Omar fizera umas amizades lá. Assim, recebemos o reforço de três meninos, dentre eles Khalil, mais velho que nós, cuja voz estava na muda e cujo bigode começava a lhe escurecer o lábio superior. Seu nariz enorme, de narinas imensas, fazia pensar que ele respirava por três. Umas espinhas vermelhas e pretas rematavam a sua beleza. Logo no primeiro encontro, Khalil não apreciou a minha presença, pois, sem nomeá-la diretamente, chamava a minha família de espiã a soldo dos cristãos. Falava sempre com voz nervosa, as mãos trêmulas, agitado a ponto de me dar medo.

– Vocês comem porco? – perguntou-me com cara de nojo.

– Não, de jeito algum – gritei, escandalizado.

– Então bebem álcool? – continuou no mesmo ritmo.

Ele havia tocado no meu ponto fraco: o álcool, sempre o álcool, que diabo de líquido que sempre estava ali para designar o culpado em nós e nos rebaixar! Como podia eu negar a evidência sem me tornar ridículo? Como condenar o álcool e salvar a face daquele pai pecador? Difícil, eu sempre precisava improvisar, argumentar, apelar para a imaginação sem nunca convencer meus adversários.

– Beber álcool, nós? Você me faz rir – falei, desdenhoso. – Pai vende aos cristãos, é verdade. Mas cada um é responsável por seu pecado – concluí, pensando fechar-lhe o bico com esse argumento profundo. Mas não houve jeito, pois ele voltou rápido à carga:

– Vocês não acham que vão demais à igreja, em qualquer ocasião e sem ocasião? – perguntou-me num piscar de olho malicioso.

Igreja, eu não conhecia outra coisa. Ia lá todos os dias. Fazia lá a minha primeira escolaridade. Ia até nos feriados. Tinha a minha vela, ajoelhava-me diante do Menino Jesus e de sua mãe, fazia o sinal da cruz toda vez que ouvia o sino tocar. Nossos vizinhos faziam questão de nos levar, ora Chafika, ora Oum Elias, ora os Khouri e sei lá mais quem ainda. Ficavam felizes de nos levar, e nós de ir com eles. A igreja era meu elemento. Eu sabia entoar a ave-maria como mais ninguém e sentia orgulho disso, e lá estava eu embaraçado à primeira interpelação de um Khalil, pelo que eu fazia e pelo que sabia. Era preciso que aquele garoto infeliz me acordasse para essa verdade que era a minha até ali e semeasse a dúvida em meu coração.

– Meu pai diz que isso é tolerância – respondi, quase demolido.

– Tolerância, é, é bem isso – riu, zombando. – Em sua grande tolerância, o seu pai se esqueceu de lhe mostrar o caminho da mesquita.

O tirano dera o golpe de misericórdia. Sim, como eu poderia ter encontrado resposta para isso? Vá-se lá saber por que, pai havia esquecido de nos falar da mesquita, de nosso dever de muçulmanos e de nos circuncidar. Vá-se lá saber, também, como um praticante feito ele podia ser tão exigente consigo mesmo e de uma indiferença desconcertante no que dizia respeito à religião dos filhos. Mistério. Era preciso que eu saísse de meu pequeno bairro, que encontrasse um Khalil, um Selim e um Adnan para que descobrisse a curiosidade de nossa situação e que perdesse minha paz, muito apreciada até esse dia. Como eu ainda poderia ouvir o sino da igreja, ou fazer o sinal da cruz? Como, dali por diante, tomaria o caminho da escola sem me sentir culpado e mal considerado aos olhos dos muçulmanos que me virariam pelo avesso? Como iria ainda carregar minha vela em paz, sem um sentimento de traição para com os meus, muçulmanos? Pronto, eu não era mais inocente, eu agora sabia, e teria de sofrer com esse saber em excesso.

Eu disse a Khalil "conheço o caminho da mesquita", mas teria feito melhor me calando: somos fortes no silêncio mesmo quando não temos resposta. Eu estava sem jeito, minha resposta só fez provocar seu sarcasmo. Ele repetia, quase hilário: "Ele conhece o caminho da mesquita! Ei pessoal, vocês estão ouvindo isso?". Selim e Adnan, aparentemente estupidamente submetidos à sua escolha, responderam de concerto, dobrados em dois, "é claro... é claro".

Para minha infelicidade, as coisas não iam parar ali. Eu ainda teria direito a seus comentários sobre a honra, sobre Djamila e um monte de outros elementos de minha vida privada até que Omar interviesse para temperar o entusiasmo de seu amigo. Não sei se era cúmplice dele, se, no fundo, não pensava a mesma coisa de mim e de minha família, pois, durante toda essa cena terrível, Omar dera a impressão de deixar rolar, de demorar a reagir e de sentir prazer em me ver infeliz. Talvez eu estivesse errado? Minha grande decepção a seu respeito era forçosamente do tamanho da confiança que eu tinha nele.

Omar nos chamou à ordem.

– Nossa missão é importante demais para que percamos tempo falando bobagens...

Khalil o interrompeu, nervoso.

– Confiar uma missão importante a um renegado? Não, não entro nessa.

Seu indicador me apontava, ameaçando feito um cano de pistola pronto para cuspir fogo e pôr fim àquela existência infeliz que dali por diante ia ser a minha. Suas narinas se dilatavam ou encolhiam em função de suas caretas, seus olhos negros enviavam-me um olhar duro como uma bofetada e eu tinha medo. Selim e Adnan, mais jovens que Khalil e mais simpáticos, riam, mas acho que não tinham escolha. Selim, olhos claros e traços regulares, devia ter a nossa idade. Adnan era gordo, quase obeso. Devia ser palhaço nas horas vagas, pois não parava de fazer caretas durante todo esse penoso encontro.

Omar usava de sua arte de dissuasão para fazer o amigo mudar de opinião, mas em vão. Para Khalil, eu era "um renegado enquanto não provasse o contrário". Eu me sentia como uma tara nessa ação de pura raça, um gene pervertido num corpo são diante de um cirurgião disposto a abrir o nosso corpo social para me eliminar. Onde ficava o meu lugar naquele complexo de religiões? Quem eram os meus? A alegria do padre, o orgulho dos vizinhos e nossa tolerância não bastavam para criar um sentimento de pertencimento; o descontentamento do xeque, a hostilidade dos muçulmanos e nossa grande culpa não bastavam para nos desviar do que no fundo éramos. Com essa posição bastarda, havíamos descontentado uns sem satisfazer os outros.

Naquele dia, Khalil me propusera a redenção, no fim da qual o paraíso de ser muçulmano me era oferecido. Essa chance valia o sacrifício de um "porco". Omar aceitara o desafio por mim, Ismael também. Tinham confiança em mim, em minha lealdade e coragem.

Estávamos no espaço verde da aldeia, a terra estava molhada e lamacenta em certos lugares. O céu estava cinza, umas gotas de chuva caíam para molhar nossos cabelos e refrescar nossas idéias. Luzes brilhavam através dos vidros das casas vizinhas. Para encerrar nossa primeira sessão, Omar negociou a natureza da prova que eu devia cumprir para me redimir aos olhos de Khalil e seus amigos. Eu não me metia, pois estava indeciso. Como ousaria atacar os vizinhos? Aquela gente que eu amava profundamente, só para dar prazer àquele energúmeno. Como ousaria cuspir no calor e na bondade de um Abou Isaïah, trair a sinceridade fraterna de Abou Elias ou a solidariedade incondicional dos Khouri? Meu Deus! Havia com o que hesitar: o preço que me pediam era alto demais para o que eu ia obter em troca. Sentia inveja de Omar, pois ele não tinha os meus escrúpulos. Estava sempre disposto a tudo quando sua honra estava em jogo. Só tinha princípios quando serviam primeiro a ele enquanto homem cioso de sua dignidade. Comprometera-se por mim, prometendo deixar rastros que assinalariam a nossa ação.

Naquela noite, ao voltar para casa, eu chorava de desespero. Omar pôs o braço no meu ombro e me disse, encorajador:

– Não se preocupe, vamos pegá-los.

– Não posso – respondi, continuando a chorar. – Os judeus sim, eu os mataria todos se você quisesse, mas não os cristãos. Nós nos gostamos muito.

– Escute-me – disse ele cheio de segurança. – Tenho uma idéia. Você não atacará qualquer um, não os nossos amigos, você atacará os Saad. Lembre-se do que eles fizeram com o seu pai. Eles o deixariam morrer como um cão.

Bondade divina, essas palavras soaram em meus ouvidos como uma revelação sagrada. Os Saad! Eu não pensara nisso e, no entanto, não havia por que hesitar um segundo. Cristãos ou não, eles tinham de pagar o preço da indiferença que manifestaram ao sofrimento de meu pai jazendo inanimado diante da porta deles. Eis que soava a hora da vingança e eis-me homem de honra: eu iria ao encontro. Mas minha alegria durou apenas um momento. A palavra "vingança" soava falsa. Eu pensava nos Saad. Na verdade, a única culpa que tinham era serem uma presa fácil de ser alcançada para saciar uma cólera mal exprimida. Ninguém tinha o direito de lhes contestar seu medo dos Mahmoud, pois com certeza estavam aterrorizados, da mesma forma que os Ghaber, os Jaffal, os Kharoub e numerosas outras vítimas.

Já era noite. A chuva continuava a cair em pequenas gotas finas que penetravam em nossas roupas já encharcadas. As ruas estavam quase vazias. Omar continuava a me segurar, com o braço sobre meus ombros. Ismael caminhava perto de nós, pensativo. Desprezado todo esse tempo, excluído de nosso grupo, ei-lo que de repente se jogava no cerne de nosso problema, imprudente. Minutos mais tarde, chegamos ao cruzamento entre a nossa rua e a que ia na direção do bairro dos Saad e dos Mahmoud.

– Não há ninguém – disse Omar com uma voz abafada. – Vamos.

Não respondi. Omar estava seguro demais do que fazia para que eu duvidasse do valor ou da justeza de suas idéias. Eu não tinha forças suficientes para argumentar com ele ou mesmo para lhe falar de minhas preocupações profundas. Aliás, para quê?! Aquilo tudo era apenas um estado de espírito transitório, um de meus estados de espírito que ensombreciam ou ensolaravam a minha mente, embora nem por isso fosse inverno ou verão. Aquilo tudo não tinha importância para mim e só contava a excitação de Omar, sua crença profunda em suas ações e sua determinação inabalável que costumava me tirar de minha indecisão quase paralisante.

– Vamos desenhar um porco no muro deles, vamos apedrejá-lo e depois nos retiraremos discretamente, deixando a Khalil o trabalho de constatar o tamanho de nossa ousadia. Amanhã, direi a ele para dar uma volta no bairro. Ele virá nos felicitar, tenho certeza.

– Você já viu um porco? – perguntei-lhe, para voltar às coisas práticas.

– Não – respondeu. – Mas isso não tem nenhuma importância. Posso bem imaginá-lo. Não deve ser difícil de representar. Deve ser como um cachorro, mas com uma cabeça que parece com a de um ogro. Deve ter dentes compridos e afiados feito lâminas de facas...

– Não! Não – interrompeu Ismael. – Já vi a foto de um porco num livro. Parece mais com um carneiro, mas mais alto e mais comprido, com um rabo em forma de saca-rolhas e um focinho achatado.

– Ah! Ah! – explodiu de rir Omar, zombando. – Por que Alá o proibiria, então? O porco só pode ser um animal pavoroso, sujo e repugnante. Aliás, quero desenhá-lo eu mesmo. Vou colocar nele um rabo de diabo, dentes de ogro, patas de abutre e o corpo de um... digamos, de um carneiro.

A confiança de Omar em si mesmo e sua força por estar em casa suplantaram a ciência de Ismael. Este só tinha que fechar seu livro, ou melhor, queimá-lo, e prestar um ouvido atento àquele homem forte de seus direitos, forte de sua casa, forte dos seus e forte de sua aldeia.

Ismael contentou-se em catar pedras. Era para esses pequenos serviços que era tolerado. Será que entendia isso? Só por instinto, talvez, pois estava acostumado a pagar assim por suas imprudências, sem contrapartida.

O resultado foi mais que satisfatório, pois, além do apedrejamento do porco, duas pedras mal intencionadas quebraram dois vidros.

XX

Tínhamos três dias para aperfeiçoar nosso plano de ataque contra os espiões judeus. Durante esse tempo, Ismael estudava o terreno e recenseava os carros suspeitos que pegavam a estrada nacional. Era sério, minucioso e não recuava diante de nenhuma dificuldade. Saía cedo de manhã, com qualquer tempo, e só voltava ao cair da noite, colhendo um monte de informações de alta importância. Ao fim de três dias, havia anotado o número de condutores barbudos, as horas em que costumavam passar, a cor dos carros e o número da placa.

Enquanto Ismael partia corajosamente para cumprir seu dever, eu só tinha um único temor, o de cair nas mãos do inimigo feroz e sedento de sangue. O relato de Chafika me obsedava. Via-me aberto feito uma vulgar garrafa e esvaziado a seco. "Não, não! eu pensava, melhor morrer, mil vezes morrer que ser amassado feito uma laranja para proporcionar um prazer sádico àqueles monstros". Imagens pavorosas se desenrolavam em minha imaginação feito um filme de terror, proibindo-me qualquer descanso. Via-me escorrendo sangue, sufocando apertado naquela cama diabólica, o ruído fatídico das gotas de sangue caindo sobre o fundo metálico do receptáculo ressoava em meus ouvidos feito marteladas. Um sentimento de vazio invadia meu corpo, pele seca presa numa teia de aranha. Taças cheias até a beira dividiam meu conteúdo entre meus bebedores.

– Vou ficar longe – tranqüilizei-me. – Vou fugir na primeira ocasião de perigo.

Mas eu tinha dificuldade de aceitar a idéia de fugir deixando meus companheiros entregues àquela triste sorte.

– Não. Será melhor eu ficar doente. Melhor ainda, vou quebrar um braço ou uma perna. Basta eu pular do telhado. Nada mais simples e mais natural. Todos vão pensar que foi acidente, como com Karim no ano passado.

Eu estava contente por ter encontrado essa idéia; era genial. Cinco minutos mais tarde, eu estava no telhado, pronto para pular. Mas acho que cometi um erro ao olhar para baixo. Deus, como me parecia alto! Morto, tremendo de medo, recomendei-me prudência.

– É melhor tentar outra coisa. Outra coisa, sim, mas o quê?

Essa questão tinha para mim o gosto do drama. Na falta de idéias, não encontrei nada melhor que danar Omar e suas idéias satânicas, e danar-me por minha leviandade na escolha de meus compromissos. Ou então, e se eu parasse de comer? Jejuar durante três dias para ficar esquelético, ter um aspecto doentio a ponto de cortar o apetite mais vampiresco. Eu ria de alegria. Dito e feito. Mamãe me perguntava sobre minha saúde, pai também, mas, diante de minha vitalidade e de meu bom humor, acabaram não se inquietando mais. Eu nunca vira a minha família comer tanto como nesses três dias. Parecia que todos tinham se transformado em ogro. Karim, que havíamos apelidado o "touro" precisamente por causa de seu apetite selvagem, parecia-me ultrapassar os limites. Seu queixo girava sem parar feito um moinho, mastigando a dentadas as delícias que antes haviam feito a minha felicidade. De onde aqueles buracos sem fundo buscavam a energia necessária para engolir tanta comida? Não dava mais para suportar. Eu começava a detestar pais, irmãos e irmãs, a desejar a morte de uns e outros, só por causa de um pedaço de pão que eles introduziam na boca sob meus olhos suplicantes. Nunca odiei tanto Karim, ao qual eu atribuía todos os meus males, até mesmo todos os males do mundo. Nada espantoso que houvesse gente que morresse de fome: Karim comia a parte de todo um povo.

Enfim, a data fatídica chegou. Omar veio me ver com um plano traçado numa folha de caderno. Nele víamos a estrada nacional na altura da curva da ponte. Subimos no telhado para ficarmos protegidos de um eventual ouvido curioso.

– Ismael vai se postar bem no meio da curva – explicou-me. – Os carros costumam diminuir a velocidade nesse lugar, o que vai permitir a Ismael identificar melhor a cabeça do condutor. Os cinco que restam vão se separar em dois grupos. Eu vou me esconder com você na saída da curva na direção de Damasco e Khalil e seus amigos na outra saída, na direção de Beirute. Assim dominaremos as duas vias. No momento oportuno, Ismael, com a ajuda de um espelho de bolso, vai assinalar a presença do inimigo a um dos dois grupos e em função da direção tomada pelo veículo. O resto será simples. O grupo com mais sorte jogará pedras no pára-brisa dianteiro e, depois, todos fugirão. Não sei se Omar havia visto um filme americano do pós-guerra. Admiravelmente à vontade em seu papel de cérebro militar, ele havia previsto tudo nos mínimos detalhes. Em pontilhado, em vermelho, azul e amarelo, cada cor indicava um elemento de base e tudo se encadeava logicamente para formar um conjunto sólido e coerente.

– Estaremos lá pelas três horas – continuou. – Parece que é a hora mais propícia de acordo com as observações de Ismael. Aliás, não me espanta da parte deles. Devem saber que muita gente faz a sesta nessa hora. Assim, os espiões aproveitam para agir. Imagine a cara que vão fazer quando descobrirem que um punhado de garotos conseguiu estragar os planos deles! Em suma, iremos cada um por si, para não chamar a atenção. Vamos nos postar cada um em seu lugar, esperando a hora H. É isso, esteja preparado.

Às duas horas, eu já estava no local. Omar deve ter chegado alguns minutos antes de mim. Tinha um ar preocupado. Ia pela beira da estrada dando pontapés nervosos em tudo o que encontrava no caminho.

– Assim não dá – disse-me, quando o chamei de longe.

Juntei-me a ele. O fosso que devia nos servir de esconderijo estava cheio de água da chuva. O gênio militar de Omar não levara em conta os elementos naturais. Chovia muito nessa época. O céu colocara seu véu negro como um preâmbulo aos acontecimentos trágicos que iam se seguir. A terra estava lamacenta, a tal ponto que atolávamos a cada passo. Nossas botas de borracha pesavam muito na lama, o que anunciava uma retirada difícil.

– O sol! – exclamei. – Não tem sol. Ismael não vai poder usar o espelho.

Omar bateu na testa.

– Nada dá certo – disse. – Precisamos de uma lâmpada de bolso, mas não temos mais tempo.

Três silhuetas surgiram no horizonte, uma na frente e duas atrás. Ismael dirigia-se em nossa direção, excitado, ar contente.

– Temos alguns problemas – abordei-o. – Os fossos estão cheios d'água.

– Mas eu tinha lhe avisado – disse ele a Omar.

– Nós lhe dissemos para vigiar os carros, só isso – reagiu este, com ar contrariado.

Ismael se calou. Conhecia seus limites assim como o limite de tolerância a seu respeito. Baixou os olhos, como à guisa de lamento diante daquele senhor ferido em seu amor-próprio. Sim, em casa somos senhores. Omar tinha perfeitamente o direito de esquecer a chuva e o sol em seus cálculos. Era livre, perfeitamente livre em sua casa. E Ismael talvez nunca tivesse colocado essa realidade na cabeça.

A corpulência de Adnan e a agressividade de Khalil nos saudaram. Khalil bateu-me no ombro em testemunho de amizade e reconhecimento. Adnan respirava forte e com dificuldade. A marcha a pé parecia extenuá-lo.

– Selim está doente – disse Khalil. – Acha que destroncou o braço direito.

E eu que estava cheio de escrúpulos de fazê-lo! Grande Selim! Ninguém ficou surpreso com a história, muito menos Khalil, o cético. Vou sentir raiva de mim o resto da vida. Eu estava com fome. Deus, como eu sentia fome.

– Vamos – disse eu, para acabar com aquela história.

– Vamos nos sentar à beira dos fossos e Ismael nos apontará o carro espião balançando um braço.

Omar não contestava. Propôs apenas que trocássemos nossas roupas para nos camuflarmos melhor. Peguei a de Omar e ele, a minha. Adnan fazia palhaçadas com a roupa pequena demais de Khalil, e Ismael ficou com a própria, contentando-se em nos dizer:

– Em todo caso, ninguém me conhece aqui.

Estávamos a aproximadamente quinhentos metros da primeira casa, que parecia com um cubo perdido por um garoto displicente. Nos últimos anos, as casas surgiam feito cogumelos dos dois lados da estrada. Eram pequenas ilhotas de concreto que davam a impressão de servir de marcas de quilometragem. Sem gosto, sem estética, mais frias no inverno, mais quentes no verão, mas o concreto era sinal de civilização e os aldeães se entregavam de coração aberto. Os carros passavam, e os condutores atentos poderiam muito bem ter notado a nossa presença. Os carros zumbiam para felicidade e infelicidade dos ribeirinhos. Os acidentes na estrada eram numerosos e faziam muitas vítimas entre as crianças, pouco habituadas a uma circulação como aquela. Nascidos na calma e no imobilismo da antiga aldeia, viram-se da noite para o dia no coração da civilização moderna com suas vantagens, mas, sobretudo com seus inconvenientes, agravados por uma falta crônica de planificação e de organização. Novos hábitos se impunham à vida cotidiana. Acostumados a viver em toda liberdade ao ar livre, tinham agora que aprender a se confinar entre as quatro paredes das casas construídas, sabe lá Deus por que razão, nas beiradas próximas da estrada.

Ismael bruscamente se agitou. Eu nem havia notado a máquina que acabara de passar do outro lado da via na direção de Beirute. No mesmo momento, um par de belas pedras voaram, uma única acertou o pára-brisa. O condutor perdeu o controle do carro, mas conseguiu pará-lo, evitando por pouco o fosso. Num salto prodigioso, Khalil pulou a trincheira, atravessou a estrada e nos alcançou uns cem metros mais adiante. Adnan, prejudicado pelo peso, incomodado por uma roupa apertada demais e tomado de pânico, aterrizou com um enorme puf bem no meio da água. O condutor correu para socorrer o afogado e ajudou-o a sair. De longe, víamos os dois face a face, agitados.

Profundamente angustiado, eu esperava que o espião fosse forçar Adnan a subir no carro. Obeso como era, eu o imaginava exangue nessa noite mesma. Tinha medo por ele, e medo por nós enquanto responsáveis aos olhos de sua família. Os outros olhavam, hesitando entre o desejo de ir embora e a vontade de ficar. Uma vontade devida ao sentimento de culpa que tinham em relação ao pobre Adnan.

O cara-a-cara terminou com um par de bofetadas que ressoaram até os nossos ouvidos. Metade vítima, metade herói, Adnan chegou, assustado, trêmulo de frio e de emoção. Nós o recebemos aliviados, procuramos encorajá-lo com palavras tranqüilizadoras antes de lhe perguntar o que se passara entre eles.

– Era um judeu – disse com voz medrosa. – Falava uma língua estranha, uma língua esquisita. Não entendi nada do que ele me dizia. Acho que estava armado. Tinha uma pistola na cintura e acho que um fuzil no carro. Estava preparado para atirar. Quanto a isso não há dúvida. Fiquei pequenininho. Era melhor. Sabem, não quero perder a pele. Em todo caso, escapei por pouco! – concluiu, num tom de bravura.

– Mas o que ele lhe disse? O que ele lhe disse? – perguntou Khalil.

– Ele me perguntou quem e por que tinham jogado pedras nele. Mas eu não disse nada, você me conhece. Contei-lhe qualquer coisa. Disse que estávamos brincando de jogar pedras, que vocês eram todos palestinos e que não moram na aldeia. Acho que ele acreditou em mim, pois me disse quando me bateu: "que isto sirva para que você e seus palestinos sujos aprendam a encontrar brincadeiras menos imbecis".

Ismael abaixou os olhos. Não tinha muito do que se queixar, pois havia conquistado seu lugar entre nós. No dia seguinte, ficamos sabendo que se tratava do xeque da aldeia vizinha.

Nesse momento, ninguém sabia que esse acontecimento ia marcar o destino de Ismael. Mas talvez já estivesse decidido no dia em que, com a família, ele cruzara a fronteira para se refugiar no Líbano. Era apenas um pequeno passo de um menino pequeno, mas era o bastante para levá-lo longe no impasse de sua vida e da vida de seu povo. Ele tinha dificuldade de assimilar essa história em sua cabeça. A casa, a aldeia, a terra e a mãe que eles haviam enterrado às pressas em algum lugar entre a Palestina e o Líbano. Até a morte ele iria se lembrar da pressa do pai na fuga em direção aos irmãos do norte, da fraqueza extrema de sua mãe, que atrasava a caminhada rumo à salvação. Farés se irritava, a avó segurava a nora, e Ismael, nas costas do pai, assistia como num sonho a essa ruína desonrosa. A mãe sangrava no baixo-ventre e, a cada passo, afastava-se de sua Palestina mas também do Líbano e da vida. Uma noite, enquanto a esperança parecia renascer ao se aproximarem do objetivo, esgotada ou morta, ninguém sabia, sua mãe caiu inanimada, de cara na poeira. Estava morta, ou talvez não, era difícil decidir. Com a faca de bolso, Farés cavou no solo um pequeno buraco insignificante e lá depositou o corpo da mulher. Fez uma pequena prece por sua alma antes de retomar o caminho. Ninguém chorara. Estavam cansados demais para sentir dor.

Para Ismael, a Palestina era isso e nada mais: o desespero do pai, a caminhada rumo à morte da mãe, o sofrimento da avó e sua cabecinha incapaz de entender o que estava acontecendo. Estranho país essa Palestina que só tinha lugar no coração de seus filhos. E estranha gente esses palestinos, que, desde que deixaram a pátria, só imaginavam um lar no coração de sua pátria. Ano após ano, o menino dava lugar ao adulto e a anedota, à dura realidade da vida cotidiana. Ano após ano e à medida que o sonho invadia todas as instâncias da vida dessa gente, Ismael ia distanciar-se de nós por seus interesses, sua maneira de ser e seu discurso, que parecia pertencer a outro mundo e a um tempo futuro. Depois, um dia, Ismael deixou de correr atrás de nós, de esmolar com seus olhos melancólicos a nossa companhia. Como se, de repente, ele se tivesse colocado no mesmo nível que nós, até mesmo nos superasse num processo mental que, conforme todas as aparências, se desenrolava mais rápido nele que em nós. Havia encontrado outra gente, em outro lugar, gente como ele, animada por um ideal inspirado por um passado e uma vivência como os seus. Enquanto estávamos ocupados com nossos problemas escolares, Ismael, por falta de escolha, já havia se lançado na vida ativa. De manhã, carregando nosso material de estudantes pelas estradas de nossas respectivas escolas, os trajetos de nossos destinos desenhavam-se divergentes do de Ismael. Em seu cara-a-cara com a terra que ele trabalhava com coragem, Ismael só conseguia pensar em seus amigos. Ficávamos intrigados por vê-lo, duas vezes por semana, subir na bicicleta e pegar as estradas de noite numa direção por nós desconhecida. Talvez nos estivesse mentindo quando dizia, para justificar suas ausências:

– Em minha solidão e no silêncio da noite, nada mais me separa de minha pátria. Então, duas vezes por semana, vou depositar uma flor no túmulo de minha mãe e respirar o ar da Palestina.

Tínhamos tentado segui-lo várias vezes, mas ele sempre percebia as nossas manobras e voltava conosco. As poucos, e para seu grande alívio, cansamo-nos desse tipo de esconde-esconde. Essa história durava anos, sem que ninguém imaginasse nada até o dia em que a polícia apareceu na casa deles e passou o cômodo a pente fino em busca de sabe lá Deus o quê. Vimos a polícia se apresentar assim duas ou três vezes, e a cada vez Ismael nos explicava:

– Como estrangeiros, temos de nos submeter a um controle permanente da polícia.

Ele nos dizia isso da forma mais natural do mundo, como se se tratasse de uma formalidade banal e familiar. Depois, um dia, a polícia não se contentou em revistar: levou Ismael algemado. Ao passar perto de nós e de uma multidão de pessoas reunidas em nossa loja, ele nos cumprimentou e disse em voz baixa:

– Pois é, estou deixando vocês. Não vou esquecê-los.

As reações das pessoas eram diversas. Uns associavam a sua prisão a um caso de tráfico de drogas, motivo célebre desde a condenação de meu pai por um caso igual, outros sugeriam roubos noturnos como explicação possível para suas aventuras duas vezes por semana. Foi preciso esperar algum tempo, durante o qual Farés esteve excluído da vida social da aldeia, antes de ficarmos sabendo a verdadeira razão de sua prisão: Ismael pertencia a uma organização terrorista clandestina.

Foi pelo início dos anos sessenta. Após anos de espera e de apagamento, os palestinos puseram-se em ação. Haviam assumido seus assuntos e organizavam-se, secretamente primeiro, sofrendo a repressão das autoridades dos países que os recebiam, e depois cada vez mais publicamente, para ganhar uma legitimidade incontestável após a derrota dos exércitos árabes em 1967. Ismael, como tantos outros, pegava a estrada daquela Palestina de miséria.

Nunca mais vimos Ismael de novo. Teria morrido sob tortura dos agentes libaneses de informações gerais? Teria sido pura e simplesmente executado? Ou teria se juntado aos seus após ser libertado? Nunca mais soubemos. De um celerado Farés se tornara um herói para o conjunto dos aldeães. Não chorava a perda do filho; ao contrário, falava dele com orgulho, de modo quase feliz.

– Ismael está na Palestina agora – nos dizia. – Um dia vamos todos voltar para lá.

Oum Farés, cujo negro do luto recente vinha se acrescentar ao eterno negro de suas roupas, perdeu definitivamente a razão. Era vista perambulando pelas ruas da aldeia, sempre dobrada em dois, um bastão na mão, em busca do neto. Toda vez que um de nós a cumprimentava ao encontrá-la, ela se aprumava um pouco, nos encarava com seus olhos apagados e perguntava:

– Você viu o meu pequeno Ismael?

XXI

Era a primeira vez que alguém de fora se associava a nosso grupo. Graças à sua escola, Omar mantinha uma rede social que se estendia bem além das fronteiras de nosso bairro. Embora ampla, essa rede quase sempre me era proibida por causa da resistência de uns e outros à minha presença. Havia sempre alguma coisa em minha história familiar que chocava os bons espíritos e que me valia a hostilidade deles. Por ser de natureza tímida e muito fechado, eu raramente abordava as pessoas, deixando aos que se interessavam o cuidado de vir a mim. Karim, talvez pela mesma razão, havia escolhido outra via, a da violência. Desde bem pequeno e até tarde na vida, ele abria caminho a socos. Forte, belo e gritador, sabia impor respeito, até ao mais recalcitrante.

Motivado por um sentimento de insegurança e amor-próprio, Karim sentia prazer nas relações em que agredia os outros. A infelicidade do pai, o mal-estar da família, a burrice das pessoas haviam-no aparentemente levado a assumir por conta própria todas as injustiças que havíamos sofrido. Eram numerosos os pais e mães de família que vinham queixar-se de seus procedimentos, mas nunca um Saraj ou um Mahmoud. Karim se impunha limites e entrava no jogo hierárquico das agressões. Cada um com a sua vítima; ele escolhia as suas nas pequenas famílias, em geral sem defesa e sem recursos. Karim entendera isso instintivamente, ou talvez por experiência. A agressão dos Mahmoud contra nós ainda estava muito presente em nosso espírito para que Karim cometesse uma nova gafe. Era seguro de sua força física, seguro de sua imunidade e seguro de suas espertezas. Tinha doze anos quando respondeu a uma mãe de família que se queixava dele com meu pai:

– Escute pai, ela está achando que eu sou seu filho.

Do soco banal trocado durante uma briga ele passou em tempo recorde às armas de fogo. Mas, graças a Deus, nunca precisou fazer delas outro uso que pacífico. Aos dezesseis anos, no banco da escola, despertado pelo barulho de um desfile durante uma cerimônia de casamento, deixou seu lugar de pistola na mão. O professor, surpreso com aquela exibição inesperada, instintivamente levantou as mãos. Karim foi para a janela num passo seguro e esvaziou o carregador para o ar a fim de saudar a passagem dos felizes noivos.

A cada repreensão do pai, Karim limitava-se a ficar calado ou a pretextar uma legítima defesa. Mais tarde, pôs-se a sumir de casa por dois ou três dias seguidos, até mesmo uma semana. Georges representava para ele um aliado de porte. Georges tinha a minha idade, mas seus interesses estavam mais próximos dos de meu irmão. Karim era a cabeça, Georges tinha o bolso. Era o único a conhecer o dinheiro e a poder consegui-lo tanto quanto queria. Deixava todos os amigos aproveitarem, mas com Karim as coisas eram mais bem organizadas. Eles tinham suas reservas de cigarros, álcool, cartuchos de dinamite para pesca e latas de conserva de todos os tipos. Iam ao cinema, freqüentavam os restaurantes e os cafés, visitavam a capital e experimentavam suas mil delícias, proibidas ou não.

Georges era um fantasista, um sonhador cortado da realidade e das exigências cotidianas. O mundo o fascinava e, em sua fascinação, ele tinha tendência a moldar novamente o mundo de acordo com seus desejos. Fraco e frágil do ponto de vista físico e moral, investia em Karim como se investe numa carapaça necessária à sobrevivência. No verão, quando Georges voltava à aldeia, cada dia prometia uma nova aventura. Íamos primeiro nos aprovisionar com dinamite, cartuchos de revólver e iscas; em seguida, íamos para o rio que corre fora da aldeia. Costumávamos ser sete ou oito, quase sempre os mesmos: Karim, Omar, Georges, Ismael, Khalil, Adnan, Selim e eu. Ninguém nos perguntava nada. Tomávamos banho a manhã inteira e, por volta do meio-dia, quando a fome apertava o estômago, Karim, com todos atrás, ia acender a mecha de sua banana de dinamite com a ajuda de um cigarro. Lançada com destreza, a água nos devolvia as riquezas do rio segundos mais tarde: dezenas de peixes de tamanhos diversos flutuavam na superfície de barriga para cima. Pulávamos na água e pegávamos tanto quanto podíamos, para comê-los fritos na lenha. Às vezes recebíamos visitantes inesperados, tais como policiais em ronda de inspeção. Na primeira vez, vendo-os chegar subitamente entre nós, tivemos medo. Mas os policiais nos tranqüilizaram com palavras gentis: tinham vindo comer conosco e, para nos testemunhar seu reconhecimento, contavam-nos histórias de ladrões e policiais.

Na verdade, não éramos os únicos a nos entregar a essa prática. Costumávamos ver aldeães virem pescar com dinamite ou pólvora amarela.

Feito carniceiros, pulávamos na água, rio abaixo, para pegar o que a corrente nos trazia. Os pescadores, como bons jogadores, nos permitiam, pois sempre havia peixes que se perdiam. Um dia, enquanto corríamos, todos nus, pênis balançando entre as pernas, para ir pegar nossa parte de uma pesca que parecia abundante, alguém atirou em nós com um fuzil de caça. Deve ter visado o maior, Karim, que recebeu uns cinqüenta chumbos no meio das costas. Não entendendo o que lhe acontecia, Karim girou em volta de si mesmo, como se procurasse ver-se de costas. Vimos quatro pescadores saírem correndo sem que pudéssemos identificá-los. Karim ficou pálido, mas não parecia sofrer. O sangue jorrava, como se passasse pelos furos de um escorredor, em filetes contínuos até os calcanhares. Nós o olhamos, fulminados, profundamente chocados e mortos de medo e angústia. Ao nos ver assim, Karim deu-se conta da gravidade de seu estado. Ninguém ousava dizer o que quer que fosse, como se tivéssemos medo de matá-lo com nossas palavras. Foi preciso que ele falasse primeiro para que nos sentíssemos autorizados a fazer uma observação qualquer.

– Será que é grave? – perguntou, inquieto.

Como poderíamos saber se era grave ou não?

"Você está sangrando", respondeu Omar. Era tudo o que ele sabia dizer. E era normal; o resto era assunto do médico, mas nenhum de nós tivera essa idéia. Sentíamo-nos culpados demais para nos permitir falar desse incidente com nossos pais. Sim, em nossas cabeças de crianças, estávamos errados, pois não tínhamos o direito de ir pegar os peixes dos pescadores, levar bala e ser feridos. Em suma, não tínhamos o direito, ao pé da letra, pois ninguém nos havia ensinado isso. Assim, entre nossa tendência natural de fazer o que tínhamos vontade e nossa impossibilidade de nos referir a um discurso de adulto, a culpa só podia ser inerente a nossos atos.

Não podíamos, não sabíamos nesse momento examinar esse incidente com um olho crítico. Precisávamos de tempo para que pudéssemos falar disso, para ver nisso uma agressão quase gratuita contra crianças sem defesa. Aqueles homens poderiam ter nos matado, só por causa de um peixe a menos para eles. Mas era realmente por causa de um peixe? Não acredito. Da mesma forma que nós, crianças, aqueles pescadores haviam perdido sua referência a um interdito. Pois não é muito mais fácil quebrar os valores de uma sociedade do que produzir outros? A lei do Estado havia sucedido à lei da tradição, mas uma lei que brinca de lei só pode ser uma lei fantoche. Quando um homem se autoriza com toda impunidade a assassinar um rio, ele também pode autorizar-se a matar o próximo. Que diferença há entre um homem e um peixe se o interdito não existe?

– Está doendo? – perguntei a Karim, em sinal de solidariedade com ele.

– Não – respondeu, talvez para me tranqüilizar. – Só coça um pouco.

Ele tinha quatorze anos na época. Uma penugem loura já cobria seu rosto redondo e uma pilosidade espessa valorizava seu membro viril. Seu corpo de atleta e seus músculos salientes pareciam estar separados de sua idade e se desenvolver como queriam. Karim era forte e, nesse dia, resistia como uma montanha. Ao fim de uma hora, o sangue havia coagulado nas costas, de onde caía em pequenas palhetas ocres a cada um de seus movimentos, revelando pequenos caroços que lhe salpicavam os ombros, o pescoço e as costas. Khalil molhou a camiseta e pôs-se a limpar as feridas de Karim. Este caminhou devagar por alguns minutos, com uma expressão de dor nos olhos; depois, de repente, jogou a roupa no rio e estourou em soluços, berrando de vez em quando a palavra "desgraçados". Eu nunca vira Khalil em tal estado. Ele sempre me dera a impressão de ser duro, impiedoso, até mau. O tiro, as feridas de Karim, nosso desamparo e nossa incapacidade de compreender o porquê daquilo tudo haviam remetido cada um de nós à sua verdade profunda, ali onde cada um está desesperadamente só. Tomamos o caminho de volta, pálidos e melancólicos. Uma metade de sol vermelho, encarapitado no cume do Monte Líbano, esquentava um pouco o coração com um último raio humanizante.

Uma vez em casa, limpei em segredo as costas de Karim com álcool iodado. Só no segundo ou terceiro dia é que a dor se fez sentir. O pescoço inchou, as costas também, obrigando Karim a dormir de barriga para baixo e a evitar a companhia das pessoas. Às perguntas de meus pais, inquietos com o seu estado, ele respondia num tom tranqüilizador:

– Acho que estou com um nervo contraído.

Recuperou-se ao fim de um mês de sofrimentos, guardando uns cinqüenta chumbos de lembrança dessa prova particular.

O rio continuava a nos atrair feito um canto de sereias. Todos os anos, do início ao fim das férias escolares, para lá nos dirigíamos todos os dias, sem exceção. Ele era pequeno, três gotas de água pura e fresca que brotavam do ventre da terra no pé do Anti-Líbano e corriam numa espécie de veia a irrigar as nossas terras e a com elas formar um corpo vivo. Toda vez que mergulhávamos na água, não sabíamos mais se continuávamos a ser nós mesmos ou se nela nos fundíamos numa multidão de microorganismos que nunca haviam deixado a água. Com o rio éramos autônomos e livres. Não tínhamos outro desejo que esse estado de liberdade. Nem mesmo sabíamos se outra coisa podia existir ou preocupar as nossas mentes. Pertencíamos à terra, a essa terra, e nesse pertencimento simbiótico o desejo não existia mais. Nessa época, eu ainda não podia entender o sofrimento de meu pai por ter perdido a sua terra. Pai não possuía mais seu campo, mas este, como tantos outros, nos pertencia como crianças. A não ser que os adultos construíssem a muralha da China em volta de cada terra, os verdadeiros proprietários éramos nós, tanto quanto os pássaros, as raposas e os camundongos dos campos. Como eles, éramos livres. Como poderia eu ter explicado meus sentimentos a meu pai nesse momento? Como poderia eu ter-lhe dito que ele não havia perdido nada, já que eu e meus amigos lá vivíamos feito abelhas felizes e que essa terra dava a nossos dias o gosto do mel? Talvez eu tenha feito bem em não dizer nada, os adultos são bobos demais para entender essas coisas.

Foi preciso esperar a chegada de Georges entre nós para que descobríssemos o dinheiro e seu poder fascinante. Georges, menino pequeno, franzino, colérico, falante e caprichoso, não passava da serpente que nos apontava o fruto do pecado. Despertados de repente para nossos desejos, íamos, da noite para o dia, ser expulsos de nosso paraíso. Pouco a pouco, Georges enriquecia a nossa experiência com a sua contribuição, mas empobrecia a nossa imaginação.

Nosso grupo assim permanecia estável algum tempo, com Karim sempre como o líder. Quase esquecíamos nossas misérias, nossos escândalos e a rejeição de minha família pelos aldeães. Mas foi justamente ali, no momento em que havíamos retomado o gosto de viver, que o azar nos fulminou novamente.

Abou Elias, a quem a sorte parecia sorrir eternamente, veio um dia nos ver com um ar muito preocupado. Proprietário de um carro enorme e de uma soberba mansão projetada por um arquiteto de Beirute no meio de um pomar na estrada de Damasco, usando chapéu, última pincelada no quadro do homem moderno, ele parecia até então ser o dono de seu destino. Seu enriquecimento fascinante continuava a ser o enigma dos enigmas para os aldeães. Cada um tinha a sua hipótese, até mesmo uma explicação, mas ninguém, no fundo, estava certo de nada. Uns o admiravam, outros o detestavam a ponto de procurar briga com ele, mas ele, feito uma rocha, prosseguia seu caminho sem o menor passo em falso. Quando mais lhe manifestavam antipatia, mais ele buscava chocar com seus trajes e a extravagância de sua vida.

– É a melhor maneira de dar aos invejosos o troco de sua moeda – costumava comentar, antes de acrescentar: – A fala dos miseráveis só vale para os miseráveis. Comigo não é o caso.

Toda vez que ouvia uma observação referente a seu carro ou à sua mansão, ele respondia com elegância:

– Custou-me caro, mas acredite, vale a pena.

Essa indiferença não era a mais apropriada para melhorar suas relações com as pessoas. Havia os que estavam dispostos a dar tudo o que tinham de mais caro só para vê-lo cair. Mas tais desejos não davam em nada.

Nesse dia, Abou Elias tinha um favor a pedir a meu pai. Era a primeira vez, ao passo que o contrário era freqüente. Foi numa manhã do mês de setembro. Ainda fazia calor e estávamos sentados na Mastaba tomando o café da manhã. Ele nos parecia sonhador e menos alegre que de hábito. Sentou-se à beira da Mastaba com os pés pousados no pátio. Minha mãe lhe estendeu um copo de chá. Ele o bebeu fervendo, sem nem mesmo soprar para esfriá-lo. Pai lhe perguntou como estava, mas, como ele não reagiu, pai não insistiu. Minutos mais tarde, pai louvou Deus, pousou a mão no ombro do amigo e lhe disse:

– Conte comigo.

Os dois entraram na sala, ficaram lá algum tempo antes de saírem a passos rápidos para a rua onde Abou Elias estacionara o carro. Voltaram, carregando cada um dois sacos de uns vinte quilos cada, que depositaram no interior da casa. Nenhum de nós teve a idéia de perguntar o que era. Só que nos sentimos aliviados por ver o sorriso voltar ao rosto de Abou Elias. Será que meu pai sabia do que se tratava? Será que tinha consciência do risco que corria ao prestar tal serviço ao amigo? Eu nunca soube. O fato é que, uma semana depois, vimos policiais, armados até os dentes, cercar a nossa casa e nos intimar a sair de mãos para o alto. Não entendemos de imediato que tínhamos a ver com aquilo. Olhamo-nos bestamente, mas espantados. Mamãe teve uma fúria monstro, lançou-se sobre Karim, pegou-o pela orelha e perguntou-lhe num tom autoritário:

– O que foi que você fez?

Este, surpreso pelo tamanho da mobilização e pela reação inesperada da mãe, confessou:

– Fui eu sim, fui eu quem a matou.

– Criminoso, bandido, assassino!... – repetia, sem muito procurar entender. Ela levantou a mão esquerda, ordenou ao filho que levantasse as mãos e puxou-o pela orelha em direção à rua.

– Não atirem, não atirem, ele confessou – gritou na direção dos policiais.

Um sargento, ou um sargento-chefe, não me lembro mais, de revólver em punho, veio na direção deles. Mamãe continuou no mesmo impulso:

– Ele confessou, moço, foi ele quem a matou. – Mas ela bruscamente se interrompeu, como se acabasse de se dar conta da enormidade da palavra "matou". Encarou Karim, em pânico e pálida de repente, e exclamou:

– Miserável, você matou? Você matou quem?

– A galinha preta dos Saad – disse ele, tentando livrar-se da dominação materna.

Pai saiu primeiro, mãos para cima, e explicou que só havia as crianças. Os vizinhos se juntaram às pencas diante das portas de entrada, assistindo impotentes à nova infelicidade que nos atingia.

– Mas, enfim – perguntou meu pai –, digam-nos ao menos o que está acontecendo.

– Pergunte a seu filho – respondeu mamãe. – Ele matou uma galinha.

– Uma galinha? – interrogou ele com um ar incrédulo.

Os policiais invadiram a casa com meus pais no encalço. Havia Myriam, Zeine, minhas duas irmãs pequenas e eu; Ali estava na loja. Os policiais dividiram-se em três grupos. O primeiro encarregou-se de revistar a sala, o segundo, o estábulo, o terceiro, a loja. Conseguiram em tempo recorde revirar tudo, arrombar, esvaziar e saquear: a farinha, o trigo, a *lingerie*, as roupas, numa confusão assustadora. E, de repente, nosso gato começou a miar feito um diabo, pois um zeloso tira pisara no seu rabo. O policial, com os nervos aparentemente à flor da pele, deu um pulo até o teto e apertou acidentalmente o gatilho, berrando a plenos pulmões. Pai começou a rir sem parar, e eu também. Ele ria às lágrimas, dobrava-se em dois e acabou por arrastar todos em seu riso. Os outros, alertados pelo barulho da detonação, vieram em reforço. Todo hilário, pai disse, mal compreensível:

– Isso me lembra a história dos quarenta cavaleiros e do chacal.

Ao fim de quinze minutos de aviltamentos inúteis, um dos furiosos acabou notando os quatro sacos colocados bem à vista, num canto da sala. "Chefe" – exclamou, vitorioso –, "encontrei". Era haxixe em pó. Estava enfim esclarecido o mistério de Abou Elias. Meu pai foi levado, sempre hilário, mas algemado, para um pequeno furgão. Ali já estava lá. Em sua grande estupefação, ele não havia pensado em se livrar de sua pistola. Foi preso por porte proibido de armas.

Assim que os policiais foram embora, os vizinhos nos invadiram. Apesar do estado lamentável da casa, as pessoas só se interessavam pelo buraco cavado pela bala no chão da sala. Depois, de um pequeno comentário a outro, todos acabaram rolando de rir. Nunca uma prisão se fizera com tanto humor. Só Abou Isaïah permaneceu sereno. Mal se mantinha de pé, tão fraco estava. Pegou a mão de minha mãe, puxou-a para si e disse numa voz trêmula:

– Temos que denunciar esse sem-vergonha.

Abou Elias chegou no meio da tarde, acompanhado da mulher. Oum Elias estava pálida e nervosa. Beijou minha mãe e lhe disse num tom muito afetado:

– O idiota, o cretino, ele não me disse que tinha a intenção de esconder suas porcarias na sua casa. Ele poderia ter escondido os sacos debaixo da terra, ou tê-los levado para o diabo, lugar em nosso canto é que não faltava. Vocês têm de denunciá-lo. Senão, eu mesma vou fazê-lo. Não, por Jesus, não vou deixar esse assunto ficar assim!

Abou Elias estava desolado. Quase tinha lágrimas nos olhos.

– Eu não podia imaginar que a polícia ia descobrir com tanta facilidade.

– Escutem ele! – comentou Oum Elias, com raiva. – Será que era realmente difícil para a polícia deduzir que se o haxixe não estava na sua casa provavelmente estaria na casa de seus amigos? Mas isso não é o mais importante, mesmo assim é forte... A polícia não se incomodou em vir revistar a nossa casa. Exijo explicações. Diga a Oum Ali. Senão eu juro que vou denunciá-lo... Os seus amigos de Beirute têm a ver com a história? Confesse!... Eles encontraram uma presa fácil para poupar você da prisão? É isso.. Conte para Oum Ali...

Abou Elias mordia os lábios. Não sei se era de raiva ou de lamento. Ele não reagia às palavras duras de sua mulher. Após um momento de indecisão, levantou a cabeça até então abaixada, olhou minha mãe, hesitou um momento e lhe disse:

– Me denunciem ou não, eu assumo a minha responsabilidade, e assumo meu gesto até o fim.

Com isso, deixou-nos. Oum Elias ficou até o fim da noite para ajudar minha mãe a recolocar a casa em ordem.

Pai recusou-se a denunciar o amigo. Os jornais sensacionalistas o qualificaram de rei da bandidagem. Na cadeia, prisioneiros e guardas tratavam sua pessoa com respeito.

– Por uma vez, sou rei. Bem que terminaria a minha vida aqui – disse, respondendo às solicitações de Oum Elias que o pressionava para denunciar o marido. – Fazem a minha cama, servem-me a comida, limpam a minha cela. Só estou esperando a coroa.

Ele ria, o riso frouxo não parecia tê-lo deixado. Abou Elias pagou dois advogados para sua defesa e a de Ali. Talvez tivesse comprado o juiz, além disso, pois Ali saiu ao fim de uma semana e pai, ao fim de um mês.

A prisão de meu pai provocou novamente a nossa rejeição. Khalil deixou o nosso grupo, seguido dos amigos. Ele descobria em mim o filho de um bandido e, em Karim, um punho de ferro. Ao nos deixar no dia seguinte, com um olho roxo, ele nos disse de longe:

– Virei apresentar-lhes meus pêsames quando o pai de vocês for enforcado.

Adnan, solidário com o amigo, imitou admiravelmente um enforcado. Assim, só me restava investir novamente em nosso bairro.

Os aldeães, aparentemente indiferentes, tiveram apenas uma reação moderada. Uma das raras observações desagradáveis que ouvimos depois foi:

– Nada vai nos espantar mais, vindo desse desgraçado.

XXII

Zeine, até então um garoto sem história, de repente decidiu parar os estudos e entrar na vida ativa. De seu regime de *loukoum* durante a infância ele havia guardado um tamanho pequeno, uma constituição fraca e ossinhos quase raquíticos. De nós todos, era o único a ter herdado as cores de pai e a altura de mamãe. Nós, ao contrário, éramos altos e louros ou baixos e morenos; ao passo que Zeine era baixo e louro. O ódio por Ali era seu traço de caráter dominante. Ele o odiava a ponto de fazer sempre o contrário do irmão mais velho. Diante da falta de caráter e da indecisão do primeiro, o segundo buscava sempre definir seus objetivos e resolver suas escolhas pessoais. Diante da dependência quase mórbida do mais velho em relação aos pais, o mais jovem escolheu a independência e a autonomia, e, enfim, diante das excentricidades histéricas de Ali, Zeine optou pela discrição e pela eficiência. Tinha dezesseis anos quando começou um aprendizado de mecânico numa empresa familiar de conserto de automóveis. Era uma família de gregos católicos originários do centro administrativo da região. Talvez tenha escolhido o bom momento, pois em muito pouco tempo o simples aprendiz foi chamado a desempenhar um papel importante na sobrevivência da empresa.

Estávamos em 1958. O ano se anunciava quente. Um ambiente de guerra civil reinava em Beirute e ia, ao fim de alguns meses, ameaçador, estender-se por todo o país como um fogo na palha. Essa explosão repentina de violência não surpreendia ninguém, pois nada era menos evidente que a natureza das relações que ligavam as pessoas. Era difícil de ser traçada a fronteira entre o sentimento de amizade que aproximava uns dos outros e a pulsão mortífera que os incitava a se matar. Como tudo passava pelos subentendidos no cotidiano das pessoas, a palavra era portadora de duplo sentido, que era recebido bem ou mal em função do humor do momento, fazendo assim do amigo um inimigo que se ignorava. Vá-se lá saber por que as pessoas se digladiavam por um sim ou por um não. Vá-se lá entender como, partindo de uma base amigável, de repente um se levantava contra o outro. É difícil estabelecer as causas profundas dessa instabilidade afetiva se não levarmos em conta a agressividade subjacente que costumava se manifestar de maneira inesperada, dominando não só as comunidades, mas igualmente seus membros, pouco importando o pertencimento.

Bastava uma pequena cobertura política para que a guerra civil latente se tornasse uma realidade justificável. Em muito pouco tempo, quase todos os aldeães portaram armas, não para defender uma causa comum, mas por temor físico do vizinho. Os Saraj, os Mahmoud e todos os sem-escrúpulos de nossa aldeia tornaram-se revolucionários. Hassan também tinha sua opinião a dar nessa marcha rumo à vitória final.

Foi em 8 de maio de 1958. A personalidade de Nasser não cessava de fascinar os libaneses. Vitorioso da agressão tripartite de 1956, o Egito recolhia o entusiasmo da maioria dos muçulmanos, que de repente passaram a ver com um olhar hostil a sorte que lhes era reservada num país onde o Presidente da República deveria ser sempre um cristão maronita. A política pró-ocidental, tal como a praticava o presidente Chamoun logo após o caso de Suez, era pouco apta a apaziguar os espíritos. Quando o Líbano anunciou sua adesão à doutrina Eisenhower, a prova de força para a qual caminhávamos há algum tempo tornou-se inevitável. Se, em tempo normal, a maleável neutralidade libanesa revelava-se vantajosa, o mesmo não podia acontecer numa época de crise aguda, em que se fazia apelo aos sentimentos nacionalistas árabes do povo. Foi um clamor geral quando o presidente Chamoun manifestou a intenção de pedir a renovação de seu mandato, contrariamente à constituição. Para os pró-nasseristas, a pretensão de Chamoun trazia a prova do que já afirmavam, isto é, que o equilíbrio político do Líbano fora rompido por iniciativa da comunidade cristã e em seu favor.

Em 9 de maio de 1958, a oposição se lançou na batalha sustentada pelos sírio-egípcios. Centros de recrutamento foram abertos em Damasco, encabeçados por notáveis libaneses. A um Saraj foi confiada a responsabilidade do recrutamento e da distribuição de armas às pessoas que desejavam se engajar na revolução. Ia-se para a Síria escalando o Anti-Líbano e voltava-se carregado de armas e munições para em seguida vendê-las a quem pagasse mais. Em algumas semanas, a aldeia tornou-se um verdadeiro arsenal. Com a ajuda do medo da vendeta, os aldeães viam-se condenados a viver com o dedo no gatilho. Ninguém mais se aventurava fora de casa assim que caía a noite, pois cada um fazia sua própria guerra. Os viajantes eram assaltados, as minorias chantageadas, as casas arrombadas, os carros roubados e sabe lá Deus mais o quê, tudo em nome da revolução. Da noite para o dia, a região virou uma selva e os homens, animais selvagens.

Hassan se especializou nos assuntos da minoria cristã. Chegava de noite pelo telhado, capuz na cabeça, fuzil na mão, e ia metodicamente de casa em casa recolher seu "imposto revolucionário" dos chefes de família, em função do número de crianças. Ninguém ousava revoltar-se ou queixar-se, mesmo com os vizinhos mais íntimos da outra comunidade. Era como se, desse momento em diante, as pessoas não dessem mais importância a seu destino no seio da aldeia e não tivessem mais nada a pedir, nem mesmo a mais simples justiça. Só Abou Elias enviava as filhas para se refugiarem em nossa casa, toda vez que os acontecimentos se anunciavam quentes. Mas, à exceção desse gesto simbólico, ele também, como os outros membros de sua comunidade, tinha medo dos muçulmanos.

É verdade que cada muçulmano considerava um dever proteger os vizinhos e os amigos, mas nenhum era lúcido o bastante para colocar o problema da proteção da comunidade cristã em seu conjunto. Ao contrário, havia aqueles que no íntimo admitiam a infelicidade dos vizinhos dos outros muçulmanos, isto é, daqueles de quem não gostavam muito, mas que eram fortes demais para serem atacados de frente. Era como se, no fundo, cada um admitisse implicitamente este mesmo princípio:

"O outro cristão, o vizinho dos outros muçulmanos, era um porco, mas, como todo cristão era vizinho de outro muçulmano, eles todos eram, por conseguinte, porcos bons para o abate".

Ali tentou juntar-se ao movimento, pois tinha uma velha conta a acertar com os Saad. Atravessou a montanha com um grupo de aldeães em busca de armas e munições, mas logo voltou decepcionado e amargo. A contradição maior com o inimigo comum não parecia primar aos olhos do chefe local da revolução (da família Saraj) sobre a luta menor que opunha os Saraj a nós. Contra toda lógica revolucionária, recusaram a Ali um fuzil, a pretexto de que tinha uma deficiência física. Ferido profundamente, antes mesmo de poder se engajar, Ali voltou para casa, deixando o campo de honra para os outros.

Zeine, por outro lado, foi desde o início chamado a desempenhar um papel importante em sua firma. Seus patrões, cortados de seu contato com a clientela muçulmana, recorreram a ele, felizes por tê-lo acolhido. Ele era o intermediário designado para manter a ligação com as aldeias muçulmanas e oferecer o serviço que nenhum deles podia oferecer sem correr sérios riscos. Zeine tinha todo o interesse em aprender rápido seu ofício. Eles também, a fim de garantir a sobrevivência da oficina, tinham todo o interesse em colocar toda a sua arte à disposição do aprendiz e salvador. Assim é que, ao fim de alguns meses, Zeine dominava o serviço tão bem quanto seus chefes. Solicitado diariamente por aldeães que afluíam cada vez mais numerosos à nossa casa, Zeine bem rápido se viu encarregado de um trabalho gigantesco. De bicicleta, com uma enorme caixa de ferramentas amarrada no porta-bagagens, ele pegava a estrada de manhã cedo e percorria as aldeias, desprezando o perigo, para atender à demanda de uma clientela cortada da cidade regional de forte maioria cristã. Tínhamos medo toda vez que ele partia. Morríamos de inquietude sempre que se atrasava ao voltar de noite. Mas ele, determinado e inabalável, continuava a fazer seu caminho, feliz por se ver livre daquela sorte que até então oprimira a nossa família. Quando, no final de cada semana, dava seu pagamento à mãe, uma alegria intensa irradiava seu rosto. Zeine tornou-se inconteste o homem da casa. Aliás, quem teria ousado afirmar o contrário? Mamãe fez questão de comprar primeiro uma cama para ele e, tempos mais tarde, um armário. Ninguém tinha o direito de tocar neles, nem mesmo Zeine. Esses móveis atravancaram a sala durante uns dez anos, mas esse incômodo nunca era capaz de perturbar o orgulho reencontrado de mamãe. Ao fim de um ano e meio, Zeine, sem pedir a opinião de ninguém, fez as malas e tomou o caminho do Kuait. Pai tentava chamá-lo à razão, convencê-lo a voltar atrás em seu projeto, mas Zeine só tinha uma resposta a lhe dar:

– Papai, reze por mim, talvez eu precise.

Karim, excitado pelos acontecimentos, tinha uma única idéia na cabeça: ver a guerra de perto. Toda vez que ouvia o barulho de uma detonação, ninguém conseguia segurá-lo. Partia por dias inteiros em busca do que podia parecer uma batalha e, correndo de uma decepção à outra, acabou se ausentando por longas semanas, para a infelicidade de meus pais, que nada podiam fazer. Uma noite, voltou tarde, após três dias de fuga. Quando abriu a porta, mamãe lhe disse meio adormecida:

– Até que enfim! Não acha melhor parar de fazer o que lhe dá na cabeça?

– Prometo-lhe que não saio mais – respondeu, com uma voz pequena quase culpada, inédita até então.

Naquele dia, Karim nos havia escondido um segredo terrível*.

No meio de julho, os marinheiros da sexta frota americana desembarcaram em Beirute sob pretexto de desfazer o complô egípcio-sírio que visava anexar o Líbano à República Árabe Unida. Dezenas de aviões americanos de combate sobrevoavam permanentemente o país numa demonstração de força que tinha por objetivo enfraquecer o espírito aventureiro dos nacionalistas árabes. Em cada uma de suas preces, pai suplicava Alá que os fizesse cair todos de uma só vez, mas os aviões, com um ruído de trovão, prosseguiam seu vôo, desafiando, invulneráveis, o pobre pai. Chafika, em cada uma de suas passagens, fazia o sinal da cruz e desejava-lhes vida longa. Assim, durante meses, os olhos ficavam voltados para o céu, esquecendo completamente o que se passava no solo. Entre olhares benevolentes e olhares hostis, os aviões só faziam hipotecar os últimos vínculos que ainda uniam as duas comunidades.

Lá pelo início do mês de agosto, o céu nos chamou com sua voz de fogo e aço. Como de hábito, estávamos na beira do rio, quando, acima de nossas cabeças, três aviões pareciam entregar-se a um jogo de perseguição, um na frente e dois atrás; voaram em círculos, embicaram, subiram novamente e, de repente, os aviões perseguidores abriram fogo. Uma coluna de fumaça negra escapou bruscamente do avião perseguido, o piloto saltou de pára-quedas e veio aterrizar a uma centena de metros do lugar onde estáva-

* Ver *A palavra destituída*, do mesmo autor.

mos. O avião se arrebentou a alguns quilômetros, no meio de um pomar. Corremos, todos nus, a acolher o piloto. Era um americano. Primeiramente angustiado com o nosso número, rapidamente tranqüilizou-se ao ver a nossa idade. Abordou-nos primeiro, falando ao mesmo tempo que soltava o pára-quedas. Era um homem alto, atlético, olhos claros sorridentes e rosto simpático. Só de vez em quando entendíamos uma palavrinha, a palavra *money* voltava sempre, e, quando acabou de se desfazer de seu fardo, puxou uma carteira de um dos bolsos da blusa e nos ofereceu dólares.

Omar disse "não" dirigindo-se para nós. Não estamos à venda. O americano nos olhava, continuando a estender seus dólares em nossa direção.

– Deixem comigo – continuou Omar. – Eu falo inglês. – Em seguida, dirigindo-se ao piloto, disse: – *No money*.

O americano guardou suas notas, revistou de novo os bolsos e de lá tirou um maço de cigarros:

– *No cigarettes* – apressou-se em dizer Omar antes mesmo que o outro procurasse nos oferecê-los. Omar virou-se para nós e declarou solenemente:

– O americano é nosso prisioneiro de guerra. Proponho a vocês enviá-lo a julgamento popular. Com o acordo de vocês, designo-me juiz. Permitam-me primeiramente informá-lo de que fazemos dele nosso prisioneiro. Omar virou-se na direção do americano e lhe disse: *You with us...*

Não sei o que o piloto entendeu dessa frase enigmática, pois olhou nossos pênis um após o outro e sorriu amigavelmente a Georges, Ibrahim e eu. Nossos pênis representavam o fator comum de nós três, pois não éramos circuncidados. Ele devia conhecer bem os modos dos povos da região, pois parecia ler admiravelmente, embora errado (com uma exceção, no caso), nossos pertencimentos religiosos em nossos sexos. Omar, intrigado com o sorriso de nosso homem, examinou por sua vez os nossos sexos e o seu e, enfim, o de Ismael, e acabou por balançar a cabeça em sinal de desaprovação de sabe lá Deus o quê.

Não pudemos enviar o americano a julgamento. Carros, cavalos, bicicletas e pedestres chegavam de toda parte, e logo toda a aldeia estava presente. Pobre piloto, não sabia mais o que lhe acontecia. A angústia se lia em seu rosto feito um anúncio luminoso. Hassan, sob pretexto de descobrir a sua identidade, permitiu-se revistar seus bolsos e apropriar-se de tudo o que continham. Num dado momento, o americano manifestou sua desaprovação, e Hassan, ofendido, replicou administrando-lhe um soco na barriga.

A chegada dos policiais salvou-o do linchamento. Hassan sumiu com o pára-quedas além dos outros objetos pessoais do piloto. Foi ver minha mãe para lhe pedir que lhe fizesse camisas com ele. Mamãe examinou atentamente o tecido e deduziu que era "seda pura" e que havia o bastante para fazer uma camisa para cada um dos filhos. Tomou nossas medidas com um barbante, mas o sonho de seda parou ali: os policiais acabaram com ele.

Chamoun acabou renunciando ao desejo de renovar o mandato. Chéhab, um oficial cristão do exército libanês que soubera desempenhar um papel moderador ao longo do conflito, foi eleito Presidente da República. A fórmula mágica de "nem vencido nem vencedor" selou a reconciliação nacional, e tudo ia ser como antes. Não exatamente. Algo irremediavelmente se rompera nas relações da maioria muçulmana com a minoria cristã de nossa aldeia. Meses mais tarde, os Saad foram os primeiros a deixar a aldeia. Instalaram-se na cidade vizinha de dominação cristã. Depois, pouco a pouco, nossa aldeia esvaziou-se inexoravelmente de sua minoria; os operários, os artesãos e os jovens partiram primeiro, os proprietários em seguida. Quando os muçulmanos se deram conta do erro, já era tarde demais para remediar a situação.

Lembro-me do dia em que os Khouri também decidiram partir. Pai, desesperado, falava-lhes com lágrimas nos olhos.

– Mas não é verdade! O que é que vocês todos têm para nos deixar assim?

O mais velho respondeu, aparentemente tão desolado quanto ele:

– Escute Abdul! De você gostamos muito. Você é nosso vizinho e nosso irmão. Mas algo nesta aldeia não é mais como antes. Nosso futuro aqui não é mais seguro. A partir do momento em que a moral não conta mais, não estamos mais protegidos entre os nossos.

XXIII

A infidelidade conjugal é um assunto mais de coração que de sexo. Quando, dia após dia, os parceiros se esvaziam de sua paixão um pelo outro, quando fazem amor exatamente como abrem qualquer comporta para evitar a tensão ou o calor extremos, está claro que a relação com o corpo pesado demais impede o vôo do coração.

Hassan não conseguia entender isso. Aliás, como poderia entender? Djamila não tinha arriscado a infâmia, a desonra, até mesmo a vida para ficar com ele? Não tinha abandonado tudo para viver com ele? De fato, ele tinha todas as razões para crer que continuava sendo o único, o único entre todos os homens a ocupar um lugar inteiro junto a ela. Seguro de ter a sua estima, seguro de atraí-la fisicamente, ele tinha tendência a traduzir a frieza de sua mulher como um estado de espírito passageiro. Assim, fora preciso o tempo e o sentimento de ternura que Djamila demonstrava de modo cada vez mais aberto por Salem para que ele entendesse que nada era mais problemático que a constância do amor.

Um mau jogador é um mau perdedor, é bem conhecido. Hassan considerava sua mulher o que ele tinha de mais caro no mundo, embora nunca lhe dissesse isso ou talvez não o bastante. Ele estava disposto a tudo, repetira várias vezes, para conservá-la. Disposto a tudo! Djamila não se alarmara e, de qualquer modo, não podia mais aceitar as regras do jogo. Hassan a enojava a tal ponto que ela endurecia feito um cadáver toda vez que ele vinha para junto dela, movido pelo desejo de seu corpo. Ela mesma se espantava com a reação inexplicável de seu corpo, que parecia funcionar independentemente de sua vontade, e com a atitude do marido, que reagia de modo cada vez mais hostil. Vá explicar a alguém que ele não é mais amado sem decepcioná-lo! Vá lhe dizer que, uma vez apagado o fogo, as cinzas não queimam mais, pouco importa o esforço que se faça! Vá lhe dizer ainda que, em respeito ao amor que tinham um pelo outro, aos momentos maravilhosos que haviam partilhado, é dever de cada um respeitar os sentimentos do outro. É difícil.

– Você o ama! – acabou enfim por dizer Hassan, exasperado com o estado da mulher.

– Como você – disse ela enigmaticamente.

– Repita isso mais uma vez! – ordenou ele, prestes a saltar para lhe torcer o pescoço.

– Salem é o seu melhor amigo! Você gosta muito dele, não pára de dizê-lo. Você não me pediu a minha opinião quando me o impôs. Em outras palavras, não tenho escolha. Só podia gostar dele para agradar você.

Ninguém teria entendido o que Djamila queria dizer ao certo. Ela o amava de fato? Hassan concluiu que sim, e perdeu a cabeça. Precisava de um rival para melhor assumir sua decepção? Precisava de um diabo sobre o qual jogar a responsabilidade que ele mesmo não podia admitir como sua? Pouco importa a razão, pois, qualquer que fosse, não podia justificar o ato. Num acesso de loucura, Hassan atirou em Salem com a espingarda de caça e o feriu seriamente. Uma semana mais tarde, matou Najah à queima-roupa. O acaso o pusera no caminho desse demente sanguinário. Djamila refugiou-se em nossa casa com medo de sofrer a mesma sorte que os dois pobres infelizes. Mas um outro destino não menos horrível a esperava. Hassan deu a entender que atirara nos dois Khouri para vingar sua honra ultrajada e que ia matar sua mulher pecadora. Ninguém sabia onde ele se encontrava nesse momento. A polícia o procurava ativamente, mas em vão. Esse assunto nos punha de novo na berlinda, mas desta vez era muito grave. Todos estavam dispostos a acreditar em Hassan, ainda mais que a história anterior de Djamila parecia justificar isso. Não ousávamos mais andar na rua, pois todos nos cuspiam em cima. Até ali havíamos sido tolerados, mas desta vez o cálice se enchera até a borda. Mesmo a família que sempre nos esquecera se manifestava. Tio-avô, que não colocara mais os pés em nossa casa desde a perda de nossa terra, voltou à superfície. Kassem, meu tio que, desde que se casara, se pusera inteiramente à parte, encontrou a oportunidade para retomar coragem. Em seguida os primos, próximos ou afastados, foram chegando um por um para pedir a cabeça de Djamila. Nunca tínhamos visto tanto a nossa família. Era uma verdadeira corja. Cada um excitava o outro com a sua virulência e, nesse ambiente explosivo, só o sangue da pobre Djamila podia apaziguar os espíritos.

– A honra da família está em jogo – diziam todos.

Ninguém pensara nisso quando estávamos em dificuldade. Ninguém estendera a mão para nos socorrer ou ao menos nos dar apoio, ainda que fosse verbal. Pai não era digno deles, não era digno de seu nome e de seu pertencimento familiar. Toda a sua vida fora um perdedor. E agora estavam todos ali, feridos pela má conduta de uma mulher que nunca haviam reconhecido antes. Ela estivera só durante todo esse tempo, só em sua miséria e em seu sofrimento. Só, podendo morrer por isso, e agora, no impasse, todos reivindicavam sua parte de sangue para lavar a honra.

Lembro-me de uma noite: havia uns dez homens em nossa casa, todos tios e primos. Havia Kassem, o sósia de meu pai, só que mais magro, havia também tio-avô, seus quatro filhos e alguns outros que eu mal conhecia. A sala estava lotada. Djamila jurava por seus deuses que nunca traíra o marido, que nunca houvera relações desonestas entre ela e Salem. Derramava-se em lágrimas sentada num canto da sala, de cabeça baixa, com o último filho no colo. Tio-avô, já velho, mas sempre cáustico, lhe disse:

– A julgar pela abundância das suas lágrimas, somos tentados a crer que nem era você quem foi embora com Hassan.

Djamila enfiou o rosto nas mãos e continuou a chorar em silêncio. Seus dois outros filhos brincavam alegremente à sua volta, ignorando o que acontecia. Ali estava presente, armado de uma pistola cuja forma se adivinhava sob a camisa transparente. Como o mais velho dos filhos homens e herdeiro legítimo da autoridade paterna, ele sabia que era o designado para o trabalho de execução da irmã. Estava incomodado, com certeza, pois me parecia bem incoerente; movimentos descontrolados animavam as suas mãos e desfiguravam o seu rosto. A noite inteira não cessou de levantar os braços como se fosse pegar algo, depois os abaixava de modo igualmente automático. Em certos momentos, fazia caretas como se estivesse tomado por uma dor brusca. Pai estava sentado entre Kassim e tio-avô. Estava calmo e parecia inanimado como se tivesse entregado a alma. Encostado à parede, olhava os pés descalços, com os olhos fixos e sem expressão. Karim, mãos nos bolsos, mantinha-se de pé na porta de entrada, o ombro esquerdo apoiado na porta. Olhava constantemente em minha direção, como se se esforçasse para ler meu estado de espírito. Além deles, havia o primo Kazem, de ar envelhecido por uma cabeleira precocemente branca. Com uns trinta anos, tinha o corpo mais para atarracado, ombros largos e o rosto grave com ou sem razão. A seu lado, havia Kamal, ele também pelos trinta, mais retilíneo que Hussein e de caráter impulsivo e lunático. Khalaf, baixinho e miúdo, era perigoso por ser capaz de tudo. Falava pouco, com exceção de algumas frases curtas, apimentadas de agressividade. Embora desse a impressão de acompanhar o que se dizia à volta, sempre provava por seus atos que não entendera nada. Havia outros, suficientes para encher o umbral da porta com seus sapatos vazios. Tio-avô, em razão da idade, presidia essa assembléia extraordinária. Para ele, não havia dúvida: Djamila era culpada. Não se matava um homem por divertimento. Hassan devia ter reagido enquanto homem atingido em seu amor-próprio e em sua honra. Não havia outra explicação.

Djamila, abatida, ainda encontrou forças suficientes em seu martírio para dizer:

– Atingido em sua honra? Mas, antes de mais nada, tinha ele honra? Vocês falam como se não o conhecessem. Vocês todos recusaram abrir-lhe as portas sob pretexto de que era um ladrão, vocês recusaram dirigir-lhe a palavra, porque um homem como ele os suja até com seus cumprimentos. Vocês não tinham dito isso? E agora vocês descobrem nele um homem de honra. Vocês fazem questão de que eu morra. Pois seja. Estou pronta.

Djamila falava num último sobressalto de coragem, aquele que se tem diante da certeza da morte. Não penso que buscasse morrer como heroína ou desculpar-se; talvez quisesse apenas nos dar uma última chance diante de seus carrascos.

– Você devia ter feito essa observação antes de ir embora com ele. Culpada, mas arrogante – respondeu tio-avô, cortando como uma espada antes de acrescentar:

– Tirem-na daqui com os filhos e as mulheres, vigiem-na bem, não quero que nos escape. Seria o cúmulo.

Trancaram-na no estábulo. Dois primos montaram guarda diante da porta enquanto a assembléia retomava as suas deliberações.

– É a você, filho, que cabe a honra de livrar a família desse verme – disse tio-avô a Ali. – Não, não vou pedir a mesma coisa a seu pai, pois é um mole. Se ele ao menos fosse capaz de segurar as mulheres desta casa, não teríamos chegado a esse ponto. Mas não faltam homens nesta família, não é, Ali? Designamos você, filho, para cumprir esse dever e para salvar o que ainda pode ser salvo sob este teto.

Ali levou um susto ao ouvir seu nome. Olhou as pessoas à volta como se buscasse socorro, ou não sei que milagre que o tirasse daquela situação de pesadelo. Os outros balançaram a cabeça, aprovando unanimemente a decisão do mais velho e tornando toda idéia de recurso inaceitável.

Tio-avô bateu amigavelmente no ombro de Ali e lhe disse:

– Pois bem, que Alá esteja com você.

Ali se levantou, pegou com uma mão trêmula seu revólver, lançou um último olhar à volta e ia sair, quando pai o interpelou.

– Dê-me esse revólver, filho. Ainda estou vivo e sou eu quem manda aqui.

Ele alcançou Ali num único salto, tirou-lhe o revólver e dirigiu-se aos homens, dizendo:

– Farei o necessário eu mesmo. Essa honra é antes de mais nada a minha. Eu a salvarei. Agora, peço a todos que saiam imediatamente. Não quero ver mais ninguém.

Eles se atropelaram em direção à porta em busca dos sapatos. Ali, sem saber o que lhe acontecia, desabou no meio da sala como se acabasse de receber uma bala no meio do coração. Minutos mais tarde, a sala estava vazia. Pai sentou-se perto de Ali, levantou-lhe a cabeça e disse:

– Pois é, filho, é duro matar alguém intencionalmente, ainda que seja uma irmã culpada.

Ouviram-se passos. Era Abou Elias. Eu nunca o vira tão excitado. Ofegante, disse alguma coisa, mas tinha dificuldade de articular e de se fazer entender. Sentou-se, serviu-se do café colocado sobre o aquecedor e calou-se por alguns minutos, dando com seu silêncio a impressão de refletir ou de escolher as palavras.

– Vi a honra sair em massa daqui! – disse, enfim, rompendo o silêncio. – Eles querem matar essa pobre infeliz, mas meu Deus, com que direito? Por acaso se preocuparam com ela quando precisou deles? Preocuparam-se com vocês quando estavam em dificuldade? Não é da honra do homem vir em socorro dos seus em caso de infelicidade? Com certeza que não. Prova é que eles os rejeitaram como pestilentos... Vocês os viram sair? Eu sim! É sempre a mesma coisa! É preciso ser sem escrúpulos para fingir ser virtuoso em situações dramáticas. Aqueles que só vêem a felicidade entre as pernas não podem ter honra verdadeira.

Ali se aprumou e prestou ouvido. Karim sentou-se, interessado, e pai, ainda sob o golpe, parecia indeciso. Oum Elias entrou, seguida de minha mãe, de Myriam, dos pequenos e das crianças de Djamila. Um traço de alívio deixara os rostos menos tensos; algo de reconfortante com certeza se passara. Elas se instalaram no chão, apertadas umas contra as outras como que por um impulso instintivo de solidariedade. Oum Elias nos encarou por um momento e disse sem a menor hesitação:

– Tirei Djamila do estábulo. Não é um lugar digno de um ser humano. Ela agora está lá em casa. Vá lá matá-la se faz questão absoluta disso.

Mamãe achou oportuno dizer uma palavra para inocentar a filha e tornar a situação menos dramática.

– Ela é inocente, essa pobre menina, inocente como uma virgem no paraíso!

Teria feito melhor se calando. Sua intervenção só teve por efeito fazer pai explodir.

– Se alguém deve morrer, é bem você quem deve morrer. Você bem merece.

Mamãe, chocada com a agressividade do marido, caiu nos braços de Oum Elias, inconsciente. Era seu trunfo nos momentos difíceis. Ela podia comandar seu desmaio como se interrompe uma corrente elétrica.

– Acordem-na! – ordenou pai. – Senão sou capaz de passar ao ato.

Ela despertou como que por encanto, assumiu um ar de enterro e calou-se pelo resto da noite.

– Mate-a – retomou Abou Elias –, e estará dando razão a esse celerado. Só com a sua recusa de cair na armadilha que lhe estão preparando é que você encontrará os meios de fazer a verdade surgir e de recolocar cada um em seu lugar. Isso pede audácia, mas a audácia o conhece. Esta não é a primeira experiência que você vive.

Não sei por que, mas o discurso de Abou Elias teve um duplo efeito sobre mim, um efeito de apaziguamento e um efeito de humilhação. Eu me sentia profundamente humilhado. A história de minha família se desenrolava em minha memória numa série ininterrupta de escândalos. De um incidente a outro, os aldeães só paravam de nos detestar para nos odiar ainda mais. E a cada vez era sempre esse mesmo Abou Elias quem nos estendia uma mão amiga, nos levantava o moral com sua fala pertinente e sua segurança infalível. Mas nesse dia a sua presença me rebaixava, não porque eu não gostasse mais dele, mas porque ele era o sinal de tudo. A submissão de pai, o abatimento de Ali, a histeria da mãe, a teimosia do destino, os carniceiros de minha família investindo contra o que restava de nosso cadáver. A intolerância dos aldeães, minha impotência e todo o resto me rebaixavam ao mais fundo de meu ser. Eu queria morrer. Desejava-o a tal ponto que adormeci quase morto de cansaço e desespero. No dia seguinte, engoli dez comprimidos de aspirina para pôr fim a meus dias, pensando que não teria nunca coragem de rever os outros – e de reviver outra exclusão. Por volta das dez horas, Omar e Ismael vieram me buscar para me expressar sua solidariedade. Eu me sentia fraco, mas contente de saber que continuava a ter um lugar junto a eles. Perguntei a Omar: "O que é que Hitler teria feito em meu lugar?". Ele me prometeu reler *Mein Kampf* para tentar encontrar a resposta. Ismael reagiu vivamente. Era a primeira vez que eu o via tão seguro de si e de suas palavras.

– Vá para o diabo com o seu Hitler – disse furioso. – Não somos mais garotos, é um problema humano demais para que nos inspiremos num monstro para resolvê-lo.

Omar o olhou, embasbacado. Eu também. Não estávamos acostumados com a ousadia por parte de Ismael. Até então, ele se deixara levar por nós, apagado e reconhecido pela generosidade de coração e nossa tolerância por sua presença entre nós. Decididamente, não era mais o mesmo Ismael quem falava. Havia nele alguém diferente, alguém que falava outra língua e tinha outra concepção das coisas e da vida.

– E os judeus? – disse Omar, extremamente surpreso. – Hitler não lutou contra os judeus? Um palestino não deveria falar como você – concluiu, indignado.

– Hitler matava porque era racista. Ele poderia ter exterminado todos se as condições históricas tivessem permitido, pois nós também pertencemos às raças inferiores assinaladas por ele.

Não acreditávamos mais no que estávamos ouvindo. Esses julgamentos eram novos para nós. Eis que um palestino se punha a defender os judeus! Para nós, nesse momento, era o mundo ao avesso. Em seguida, como se quisesse acabar por esse ponto, acrescentou:

– Vamos lutar contra os israelenses, com certeza, mas virá o dia em que precisaremos dos judeus para nos defender dos nossos... Nós nos parecemos tanto!

Onde aprendera tal raciocínio? Soubemos alguns anos mais tarde. Aprendera com pessoas como ele. Por causa de suas misérias diárias e das dificuldades da condição em que viviam, eles haviam entendido mais rápido que os outros. E talvez fosse por ter entendido rápido demais que Ismael caiu vítima de seu saber a mais. Os seus, seus irmãos, não haviam apreciado isso.

– Escute – disse-me. – Eu entendo a sua infelicidade. É claro que é duro para você. Omar não pode ser de bom conselho em tal situação, pois ele é como os outros, tem muito a perder afastando-se dos costumes. Vou lhe contar uma história de honra, a minha. Pai deixou a Palestina essencialmente por medo de ver a sua mulher ser violentada pelos Haganas. Decidiu abandonar tudo: casa, terra, aldeia e país, só para pôr o sexo de minha mãe ao abrigo. Pai não estava só. Muitos fugiram como ele, na idéia de salvar a honra. Só que, por ironia da sorte, minha mãe morreu a alguns quilômetros da fronteira libanesa. Mas pai, em vez de fazer meia-volta para ir defender sua casa, mesmo assim cruzou a fronteira. Vá buscar a honra nessa história! Eu estou aqui por excesso ou por falta de honra? Sei lá. No entanto, uma coisa é certa, a nossa casa está perdida em algum lugar entre esses dois extremos. Está vendo, o mais importante nem sempre é evidente.

Ismael tinha dezesseis anos. Talvez mais, talvez menos. Ele tinha todas as idades, exceto a dele.

De noite, ao voltar para casa, dei-me conta de que havia esquecido de morrer.

As semanas passavam, e pai ainda não havia matado Djamila, mas a incerteza permanecia, até o dia em que ele decidiu romper o silêncio. Foi durante um jantar. Estávamos todos sentados em volta de uma grande bandeja de cobre, quando ele revelou enfim o seu desígnio:

– De jeito algum matarei Djamila. Eu só queria dar a Ali o tempo de refletir. Se ele a tivesse matado naquele momento, ele o teria feito por orgulho e de modo algum pela honra. Quando penso que, durante toda aquela triste noite, ninguém emitiu a mínima dúvida, ou exprimiu o temor de enganar-se, eu meço a que ponto só se tratava para eles de salvar a face. Fosse Djamila culpada ou não. A querida família tinha a consciência tranqüila demais em relação à morte para que eu acreditasse em sua integridade. É isso! Djamila não morrerá, em todo caso não pela minha mão.

Em seguida, com voz suave, acrescentou:

– Não sei como lhes explicar, mas o destino dessa filha me lembra o de minha mãe. Quero lhe dar uma segunda chance.

Djamila teve essa chance. Um mês mais tarde, tomou o avião com seu Salem em direção à América Latina.

Para nós, as coisas eram menos alegres. Totalmente rejeitados dessa vez, estávamos por anos reduzidos ao espaço de nossa casa. Mais nenhum homem da aldeia, até mesmo da região, queria as nossas irmãs. Mais nenhuma mulher nos queria. Mesmo o xeque, que em princípio devia desempenhar um papel moderador, proibiu as filhas de conviverem com minhas irmãs. As pessoas eram abertamente más, indo dos comentários humilhantes ao cuspe barulhento. E agora, toda vez que penso nesse período, digo a mim mesmo, bom Deus, foi milagre se Karim não matou ninguém!

Nesse meio tempo, cada um de nós buscava sua própria saída mal ela se afigurava possível. Ali foi ao encontro de Zeine, Karim engajou-se no exército e eu descobri a paixão pela leitura. Minha mãe, toda manhã antes de eu ir para a escola, mandava-me abrir a boca e despejava uma colher de azeite, "que faz ficar inteligente", e me pedia para estudar muito para me tornar alguém. Assim, na escola, havia uma fratria de três, um irmão e duas irmãs que eram sempre os primeiros, pois a escola era o único meio para eles de se vingarem do mundo hostil à volta.

Só tivemos paz graças a Zeine, o menino pequeno que se criara só. De seu regime de *loukoum* ele havia guardado um corpo pequeno mas tirado uma grande determinação. Certo verão, esse quase raquítico chegou ao volante de um carro como ninguém jamais vira antes. Era um *cadillac* preto, digno de um príncipe. Ele deu a volta na aldeia e veio parar diante de casa. Terno branco, gravata vermelha, óculos escuros, havia com o que ofuscar os olhos de um cego. Quando cruzou a porta do pátio, pai chorou de alegria, mamãe berrou seu iuiu a estourar os pulmões e eu pulava alegre em seu pescoço. Minutos mais tarde, a casa se animou. Havia muito gente em nossa casa e em volta do carro. A entrada de Zeine fora um sucesso. A cada saída, pai lia um versículo do Corão para que Alá benzesse o querido automóvel do filho e mãe nele pendurou algumas pérolas azuis em diversos lugares para protegê-lo do mau olhado. Ia pintá-lo de cal se Zeine não a tivesse segurado no último momento.

Mas outras mudanças iam acontecer. Pai foi obrigado a vestir terno e gravata e mãe, um vestido na moda para grande alegria e aplausos de Abou Elias. Mas, se essas novidades conseguiram provocar uma reação mais ou menos mitigada por parte dos aldeães, foi com certeza a compra de um pedaço de terra na beira da estrada nacional que teve mais repercussão. E quando, sob a vigilância de pai, uma dezena de operários se puseram a construir a "mansão Hassoun" sob o grande anúncio do arquiteto, os aldeães, cada vez mais numerosos, o abordaram para lhe perguntar como estava passando e, sobretudo, para se informar sobre as possibilidades de emigrar para o Kuait...

Companhia de Freud
editora

OBRAS PUBLICADAS

Psicanálise e Tempo
Erik Porge

Psicanálise e Análise do Discurso
Nina Leite

Letra a Letra
Jean Allouch

Mal-Estar na Procriação
Marie-Magdeleine Chatel

Marguerite ou "A Aimée" de Lacan
Jean Allouch

Revista Internacional nº 1
A Clínica Lacaniana
A Criança na Clínica Psicanalítica
Angela Vorcaro

A Feminilidade Velada
Philippe Julien

O Discurso Melancólico
Marie-Claude Lambotte

A Etificação da Psicanálise
Jean Allouch

Roubo de Idéias?
Erik Porge

Os Nomes do Pai em Jacques Lacan
Erik Porge

Revista Internacional nº 2
A Histeria

Anorexia Mental, Ascese, Mística
Éric Bidaud

Hitler – A Tirania e a Psicanálise
Jean-Gérard Bursztein

Littoral
A Criança e o Psicanalista

O Amor ao Avesso
Gérard Pommier

Paixões do Ser
Sandra Dias

A Ficção do Si Mesmo
Ana Maria Medeiros da Costa

As Construções do Universal
Monique David-Ménard

Littoral
Luto de Criança

Trata-se uma Criança – Tomos I e II
Congresso Internacional de Psicanálise e suas Conexões – Vários

O Adolescente e o Psicanalista
Jean-Jacques Rassial

— Alô, Lacan?
— É claro que não.
Jean Allouch

A Crise de Adolescência
Octave Mannoni e outros

O Adolescente na Psicanálise
Raymond Cahn

A Morte e o Imaginário na Adolescência
Silvia Tubert

Invocações
Alain Didier-Weill

Um Percurso em Psicanálise com Lacan
Taciana de Melo Mafra

A Fantasia da Eleição Divina
Sergio Becker

Lacan e o Espelho Sofiânico de Boehme
Dany-Robert Dufour

O Adolescente e a Modernidade – Tomos I, II e III
Congresso Internacional de Psicanálise e suas Conexões – Vários

A Hora do Chá na Casa dos Pendlebury
Alain Didier-Weill

W. R. Bion – Novas Leituras
Arnaldo Chuster

Crianças na Psicanálise
Angela Vorcaro

O Sorriso da Gioconda
Catherine Mathelin

As Psicoses
Philippe Julien

O Olhar e a Voz
Paul-Laurent Assoun

Um Jeito de Poeta
Luís Mauro Caetano da Rosa

Estética da Melancolia
Marie-Claude Lambotte

O Desejo do Psicanalista
Diana S. Rabinovich

Os Mistérios da Trindade
Dany-Robert Dufour

A Equação do Sonhos
Gisèle Chaboudez

Abandonarás teu Pai e tua Mãe
Philippe Julien

A Estrutura na Obra Lacaniana
Taciana de Melo Mafra

Elissa Rhaís
Paul Tabet

Ciúmes
Denise Lachaud

Trilhamentos do Feminino
Jerzuí Tomaz

Gostar de Mulheres
Autores diversos

Os Errantes da Carne
Jean-Pierre Winter

As Intervenções do Analista
Isidoro Vegh

Adolescência e Psicose
Edson Saggese

O Sujeito em Estado Limite
Jean-Jacques Rassial

O que Acontece no Ato Analítico?
Roberto Harari

A Clínica da Identificação
Clara Cruglak

A Escritura Psicótica
Marcelo Muniz Freire

Os Discursos e a Cura
Isidoro Vegh

Procuro o Homem da Minha Vida
Daniela Di Segni

A Criança Adotiva
Nazir Hamad

Littoral
O Pai

O Transexualismo
Henry Frignet

Psicose, Perversão, Neurose
Philippe Julien

Como se Chama James Joyce?
Roberto Harari

A Psicanálise: dos Princípios
Ético-estéticos à Clinica
W.R. Bion – Novas Leituras
Arnaldo Chuster

O Significante, a Letra e o Objeto
Charles Melman

O Complexo de Jocasta
Marie-Christine Laznik

O Homem sem Gravidade
Charles Melman

O Desejo da Escrita em Ítalo Calvino
Rita de Cássia Maia e Silva Costa

O Dia em que Lacan me Adotou
Gérard Haddad

Mulheres de 50
Daniela Di Segni e Hilda V. Levy

A Transferência
Taciana de Melo Mafra

Clínica da Pulsão
Diana S. Rabinovich

Os Discursos na Psicanálise
Aurélio Souza

Littoral
O conhecimento paranóico

Revista Dizer – 14
A medicalização da dor

Neurose Obsessiva
Charles Melman

A Erótica do Luto
Jean Allouch

Um Mundo sem Limite
Jean-Pierre Lebrun

Comer o Livro
Gérard Haddad

Do Pai à Letra
Hector Yankelevich

A Experiência da Análise
Norberto Ferreyra

A Fadiga Crônica
Pura H. Cancina

O Desejo Contrariado
Robert Lévy

Psicanálise de Crianças Separadas
Jenny Aubry

Lógica das Paixões
Roland Gori

Um Narrador Incerto, Entre o
Estranho e o Familiar
Lucia Serrano Pereira

Gide-Genet-Mishima
Catherine Millot

Dependência Química na Adolescência
Hélcio Fernandes Mattos

O Sexo Conduz o Mundo
Colette Chiland

A SEREM EDITADOS:

Os Nomes Indistintos
Jean-Claude Milner

O Caminhante Analítico
Victor Smirnof

Figuras do Real
Ginette Michaud

O Amor do Outro ao Amor de Si
Patrick Delaroche

A Topologia de Lacan
Jean-Paul Gilson

O Conhecimento Paranóico
Revista Litoral

Letra e Pulsão de Morte
Andre Green

A Arte de Reduzir as Cabeças
Dany-Robert Dufour

Enigma do Incesto
Laure Rozen

O Inferno do Dever
Denise Lachaud

A Quarta Mulher
Paul Tabet

Lacaniana
Moutapha Safouan

Dez Conferências de Psicanálise
Moustapha Safouan

Estados de Abandono
Jacques André

Transferência e Estados Limites
Jacques André

Da Paixão
Jacques André

A Anotomia da Terceira Pessoa
Guy Le Gaufey

A Criança no Espelho (Freud Wallon Lacan)
Émile Jalley

A Sombra do Teu Cão:
discurso analítico – discurso lésbico
Jean Allouch

O Livro das Separações
Emílio Rodrigué

A Violência na Adolescência
Pierre Kamerer

O Próximo
Isidoro Vegh

Para uma Clínica do Real
Isidoro Vegh

A Significação do Falo
Diana Rabinovich

A Angústia e o Desejo do Outro
Diana Rabinovich

O Fracasso do Fantasma
Silvia Amigo

A Topologia de Jacques Lacan
Jean-Paul Gilson

Do Amor do Outro ao Amor de Si
Ginette Michaud

As Figuras do Real
Patrick Delaroche

O Caminhante Analítico
Victor Smirnof

A Ambivalência Materna
Michele Benhaïm

De Poetas, Crianças e Criminalidades:
a propósito de Jean Genet
Isidoro Vegh

IMPRESSÃO

GRÁFICA MARQUES SARAIVA
Rua Santos Rodrigues, 240 - Estácio / RJ
Telefax: (21) 2502-9498